Janet Luhrs

Lebe
einfacher!

Janet Luhrs

Lebe einfacher!

Ein HandlungsBuch
für mehr
Gelassenheit

Aus dem Amerikanischen von
Annemarie Pumpernig

Knaur

Originaltitel: The Simple Living Guide
Originalverlag: Broadway Books, a division of Bantam Doubleday Dell Publishing Group, Inc., New York

Die Folie des Schutzumschlags sowie die Einschweißfolie sind PE-Folien und biologisch abbaubar. Dieses Buch wurde auf chlor- und säurefreiem Papier gedruckt.

Knaur Verlag, München

Umschlaggestaltung: Agentur ZERO, München
Umschlagfoto: Premium, Düsseldorf
Satz und DTP: Gaby Herbrecht, München
Druck und Bindung: Clausen & Bosse, Leck
Printed in Germany
ISBN 3-426-66550-6

5 4 3 2 1

Inhaltsverzeichnis

Dieses Buch ist meinen
absoluten Lieblingskindern auf der
ganzen Welt gewidmet
- Jessica und Patrick -
und meiner Familie:
Mom, Dad, Don und Karen.

Danksagung

Ein großes Dankeschön an meine Freunde, Kollegen, freiwilligen Helfer und alle anderen, die mich bei der Entstehung dieses Buches unterstützt haben.

Als erstes möchte ich meinen Kindern dafür danken, daß sie mir immer vor Augen halten, was im Leben wirklich zählt. Ebenso gilt mein Dank meinen Eltern, weil sie mich den Wert der Einfachheit gelehrt haben.

Ich danke auch meinen Freunden, weil sie in der Zeit der Entstehung dieses Buches nie die Geduld mit mir verloren, wenn ich immer wieder sagte: »Wir treffen uns demnächst. Ehrenwort!«

Mein herzlicher Dank gilt den wundervollen, freiwilligen Helfern bei *Simple Living,* die den Newsletter am Leben erhielten, während ich unter einem Berg von Manuskriptseiten begraben war: Patty Lowry, Nancy Reifler, Valerie Neck und Lisa Ely, und den bezahlten Mitarbeitern, die ebenfalls zum Gelingen beitrugen: Heidi Wolf, Teryl Heller, Wendy Cleary und Marin Bjork. Obwohl Ruth Pickering derzeit nicht als Volontärin bei *Simple Living* arbeitet, möchte ich auch ihr für die endlosen Stunden danken, die sie in dieses Werk investiert hat. Auf ihre Freundschaft konnte ich stets zählen. Vielen Dank auch an Magrit Baurecht für die guten Gestaltungsvorschläge und Seitenlayouts für *Simple Living.*

Außerdem möchte ich mich bei den Menschen bedanken, die mir bei bestimmten Kapiteln behilflich waren.

Das Geld: Vielen Dank an Barbara Ahern und ihren Vater Bob Ahern. Sie haben das Kapitel mehrmals gelesen und überprüft, und sie haben all die Tabellen und Grafiken erstellt. Danke, Barbara, daß Du mir alles über Geldanlagen erklärt und mir ein gutes Gefühl für dieses Wissensgebiet vermittelt hast. Danke an Ron Ryan dafür, daß Du mir beim Berechnen der Zinseszinsen geholfen hast, und an Mona Ahern, daß Du all diese Fakten und Ziffern überprüft hast. Übrigens, Barbara, danke auch dafür, daß Du mich in all dieser Zeit davor bewahrt hast, körperlich einzurosten.

Die Ressourcen: Ein großes Dankeschön an meinen Freund Taso Lagos für das Lesen und Kommentieren der vielen Bücher. Ich danke Dir auch für unsere vielen Spaziergänge um den See, bei denen wir die Probleme der Menschheit zu lösen und über den Sinn des Lebens nachzugrübeln pflegen. Manchmal lösen wir dabei sogar unsere eigenen Probleme.

Die Tugenden: Hier gilt mein Dank meiner Seelenmentorin Linda Kavelin Popov. Sie hat mir die Tugenden nähergebracht und mich und so viele andere dazu ermutigt, unseren inneren Werten zum Durchbruch zu verhelfen.

Die Gesundheit und körperliche Betätigung: Vielen Dank an Ruth Streeter für die Empfehlung einfacher Übungen und für das herrliche Zitat aus *Business Week,* demzufolge die Amerikaner am liebsten mit dem Auto zum Einkaufen fahren und zu Hause auf Laufbändern joggen. Ich hätte es nicht besser ausdrücken können.

Die innere Einfachheit: Hier danke ich Rodney Smith, der viele Menschen mit seinen sanften Lehren über Bewußtseinsmeditation inspiriert. Du hast mir die Sicherheit gegeben, das Kapitel über die innere Einfachheit richtig geschrieben zu haben.

Die Arbeit: Ich danke meinem Freund Larry Gaffin, der den Menschen als Karriereberater dabei hilft, ihre Träume wahr werden zu lassen, und der mir beim Ordnen der Kapitel half.

Lektorat: Ich danke den Leuten von Broadway Books, vor allem Betsy Thorpe und Janet Goldstein. Eure Ideen, Eure Kommentare und Eure Hilfe haben dieses Buch noch besser gemacht.

Der Preis für die beste Agentin geht an Theresa Park, die das Projekt mit ihrer Inspiration trug und mich bei Broadway Books einführte!

Das ganze Buch: Dank meinen *Simplicity*-Kollegen und meinen Mentoren, die mir gezeigt haben, daß es möglich ist, einen alternativen, wundervollen Weg zu beschreiten: Duane Elgin, Cecile Andrews, Vicki Robin und das Team von der New Road Map Foundation, und danke auch dem Andenken an Joe Dominguez. Ich habe so vieles gelernt.

Lebe einfacher! Ein HandlungsBuch für mehr Gelassenheit.

Einführung
Ein bewußtes Leben

Ich ging in den Wald, um bewußt leben zu lernen. Ich wollte auf die
grundlegenden Fakten des Lebens zurückgeworfen sein. Ich wollte lernen, was
mich der Wald zu lehren hat, damit ich nicht in der Stunde meines Todes
feststellen müßte, daß ich nie gelebt hatte. Ich wollte tief in das Leben
eintauchen und sein Mark in mich einsaugen ...

Henry David Thoreau

Als ich mich mit der bewußten Einfachheit zu beschäftigen begann, ging mir dieses Zitat von Thoreau nicht aus dem Kopf. Irgendwie hatte ich das Gefühl, daß es für die gesamte Bewegung der freiwilligen Einfachheit stand. Es klang zwar richtig für mich, aber seine tiefe, eigentliche Bedeutung war mir verschlossen. Zuerst verstand ich es so, daß man, um wirklich einfach zu leben, in den Wald ziehen müßte. Nun ja, wer wollte schon sein ganzes Leben in dem Trubel und Lärm einer Stadt verbringen? Ich war so sehr in die Idee der Einfachheit verliebt und wollte es so gern richtig machen, daß ich mich für einen Baukurs für Blockhäuser anmeldete. Mein kleiner Traum war, daß ich mit meiner Familie in eine Blockhütte in den Wald ziehen und dort ein Leben in Einfachheit führen würde. Ab diesem Punkt würde sich alles von selbst ergeben, da war ich mir sicher.

Heute, sechs Jahre später, lebe ich noch immer in demselben Haus in derselben Stadt. Mein Aussehen hat sich nicht wesentlich verändert. Aber innerlich bin ich eine andere geworden. Und mit mir haben sich viele kleine Einzelheiten meines Lebens verändert. Seit 1992 gebe ich ein Journal mit dem Titel *Simple Living* heraus. Ich habe mit zahllosen Leuten gesprochen, die ihr Leben auf jede nur vorstellbare Weise vereinfacht haben. Für dieses Buch habe ich Hunderte von ihnen interviewt. Ich habe alles gelesen, was mir zu diesem Thema in die Hände geraten ist, und ich habe viel darüber nachgedacht, was das alles bedeutet. Und endlich bin ich zu einem tiefen Verständnis von Thoreaus Zitat gelangt. Das Schlüsselwort ist nicht *Wald*, sondern es ist *bewußt*. Und was heißt das, auf die Wirklichkeit übertragen? Nun, dieses eine Wort ist meiner Meinung nach der Dreh- und Angelpunkt eines einfachen Lebens.

Ich werde von Journalisten und anderen Leuten oft gefragt, worin Einfachheit meiner Meinung nach besteht. Sie wollen wissen, mit wie wenig Geld man gerade noch leben kann. Sie wollen wissen, ob sie ihr Reihenhaus in der Stadt verkaufen sollen. Bedeutet ein einfaches Leben, so fragen sie, auf ein Auto zu verzichten? Bedeutet es, niemals zu reisen? Bedeutet es, in Armut zu leben? Muß man, um echte Einfachheit zu finden, wirklich nach Tibet fahren und auf einem Berggipfel meditieren? Muß man in einem spartanischen Haus leben? Muß man ein asketisches Leben führen? Darf man nie ein Restaurant besuchen oder ins Kino gehen?

Einfach zu leben, das bedeutet, bewußt zu leben. Das ist alles. Sie entscheiden selbst, wie Sie leben, anstatt wie von einem Autopiloten gesteuert durchs Leben zu gehen. Ob Sie im Wald oder in der Stadt leben, Teppichreiniger, Ärztin, Büroleiter oder Pensionistin sind, ein Singledasein führen, sechs Kinder haben oder jung oder alt sind, das alles spielt keine Rolle. Ihr Einkommen kann jede beliebige Höhe haben, aber Sie legen einen großen Teil davon zur Seite, ganz gleich, wie hoch es ist. Einfach zu leben, bedeutet, Geld auf der hohen Kante zu haben und frei zu sein von Schulden. Wenn Sie reisen wollen, wählen Sie Ihr Ziel bewußt, und Sie sind bereit, dafür auf etwas anderes zu verzichten. Ich habe mich anstelle eines asketischen Lebens dafür entschieden, daß mein Haus lebendig ist und daß auf dem Boden meines Wohnzimmers die Aufgabenhefte meiner Kinder, Zeitungen und die Hausschuhe meiner Schwester herumliegen. Andere Menschen entscheiden sich für die Askese, weil sie ihnen ein Gefühl des Friedens und der Ordnung bringt. Wie auch immer: Wir entscheiden uns bewußt. Die Dinge »geschehen« nicht einfach. Einfach zu leben, das bedeutet, bewußte, überlegte Entscheidungen zu fällen. Wichtig ist, daß Sie wissen, warum Sie Ihr Leben so führen, wie Sie es führen, und daß Sie sich bewußt für diese Art des Lebens entschieden haben.

Als ich tiefer in die Materie für dieses Buch eindrang, begann das Thema »Bewußt-Sein« seine Stimme so laut in mir zu erheben, daß ich daran dachte, den Titel auf *Ja, du kannst!* zu ändern. Der Grund lag darin, daß buchstäblich alle Menschen, die ich für dieses Buch interviewte, ihr Leben tatsächlich so gestalteten, daß es mit ihren Idealen im Einklang stand. Alle Leute, mit denen ich sprach, leben bewußt. Sie wissen genau, was sie vom Leben wollen. Mit Kreativität und Entschlossenheit erklimmen sie beeindruckende Höhen, um ihre Träume zu verwirklichen. Keiner von ihnen wartet je darauf, daß jemand anderer sein Leben besser machen könnte, und keiner von ihnen gibt anderen Menschen oder Systemen die Schuld daran, ihn von etwas abzuhalten, was ihm wichtig erscheint. Keiner von ihnen fragt sich morgens beim Erwachen, warum denn alles so gekommen sei. Alle diese Menschen leben bewußt, absichtsvoll und nachdenklich. Das ist es, was Thoreau meinte, als er sagte: »Ich wollte tief in das Leben eintauchen und sein Mark in mich einsaugen ...«

Ein bewußtes Leben zu führen, das bedeutet, voll präsent, voll dazusein. Wenn Sie ein großes Haus kaufen, sollte Ihnen bewußt sein, welche Verschiebungen des Gleichgewichts von Yin und Yang Sie sich dafür einhandeln. (Yin und Yang sind chinesische Prinzipien, die Gegensätzlichkeiten, das männliche und das weibliche Prinzip, verkörpern.) Das Yin eines großen Hauses bedeutet, daß es angenehm und komfortabel ist, vielleicht sogar beeindruckend. Das Yang besteht darin, daß wir viel mehr leisten müssen, um es bezahlen zu können, und das bedeutet, daß wir dafür andere Bereiche unseres Lebens aufgeben oder auf sie verzichten müssen. Wenn wir bewußt leben, sind uns diese Polaritäten klar, bevor wir uns für etwas entscheiden. Wenn wir uns aber vom Autopiloten durch das Leben steuern lassen, kratzen wir nur an der Oberfläche und sehen nur die unmittelbaren Vorteile dieses Hauses. Dann fragen wir uns Monate oder Jahre später, warum wir in einer solchen Tretmühle von Arbeit einerseits und Kosten andererseits gefangen sind.

Ein bewußtes Leben zu führen, das bedeutet ein Leben der Intimität, der engen Verbundenheit mit den Menschen, Orten und Dingen, die unser Leben ausmachen. Wenn wir unser Leben einfacher gestalten, schaffen wir uns den Raum und die Zeit, die wir brauchen, um die Menschen unserer Umgebung auf eine tiefere Weise kennen und lieben zu lernen. Wir zeigen der Welt unser authentisches Ich und schaffen uns ein Leben, das unserem Wesen entspricht. Wir umgeben uns mit Menschen, die uns für das mögen und lieben, was wir tief in unserem Inneren sind, und nicht der beruflichen oder anderen Eigenschaften wegen, die wir nach außen hin an den Tag legen. Ein einfaches und bewußtes Leben bedeutet, uns von all den äußeren Imageschichten zu befreien, die uns davon abhalten, uns selbst und anderen Menschen nahezukommen. Es bedeutet ein authentischeres Leben. Einfachheit ist, aus unserer Essenz, aus unserem Wesenskern heraus zu leben. Diese Essenz entdecken wir aber nur, wenn wir unser überhöhtes Tempo drosseln und bewußt und absichtsvoll zu leben beginnen. Dieses Buch zeigt verschiedene Wege auf, um zu einem langsameren und innerlich reicheren Leben zu gelangen. Solche Wege gibt es viele.

Wenn wir bewußt leben und in Thoreaus Sinn das Mark des Lebens in uns einsaugen, werden wir ein innerlich reiches, kraftvolles, ehrliches und intimes Leben führen. Wenn wir hingegen nur an der Oberfläche des Lebens kratzen und niemals innehalten, um echten, tiefen Gefühlen Raum zu geben oder darüber nachzudenken, was wir tun, oder wenn wir uns darauf beschränken, auf Ereignisse zu reagieren, werden wir, wie Thoreau es für sich befürchtete, eines Tages entdecken, daß wir nicht richtig gelebt haben. Das ist die Quintessenz der Einfachheit: Ein Leben in vollem Bewußtsein und mit Leidenschaft zu führen.

Einfachheit ist kein isoliertes Ding, kein einzelner Weg. Es gibt kein einfaches Rezept für Einfachheit und keinen perfekten Weg zu ihr. Es gibt keine bestimmte Summe Geldes, auf die wir uns beschränken müssen, um garantiert ein Abschlußzeugnis der Schule der Einfachheit zu erhalten. Wir fallen aber auch nicht automatisch durch, wenn wir ein Auto besitzen, und wir bekommen nicht unbedingt eine Auszeichnung, wenn wir uns einen Garten anlegen. Einfachheit bemißt sich nicht so sehr an den äußeren Dingen des Lebens wie am inneren Ich, das Entscheidungen trifft. Nicht an unserem äußeren Ich, das Ich, das uns sagt, daß wir ein bestimmtes Auto, ein bestimmtes Haus, bestimmte Kleider, einen bestimmten Job oder einen bestimmten Universitätsabschluß brauchen, um vor der Welt gut dazustehen. Dieses äußere Ich ist weit von unserem inneren Wesenskern entfernt. Es ist dieses Ich, an das wir uns in der westlichen Welt zu halten gelernt haben. Es ist das Ich, das uns in Schulden stürzt und überhöhte Anforderungen an unsere Zeit stellt, indem es uns zwingt, unser nach außen hin geschaffenes Bild aufrechtzuerhalten. Es ist das Ich, das uns in der Nacht den Schlaf raubt, weil wir uns Sorgen darüber machen, wie

28 Geheimnisse zum Glück

- lebe unter deinen Verhältnissen und innerhalb deiner Möglichkeiten;
- gib alles zurück, was du dir ausleihst;
- spende Blut;
- hör auf, anderen Schuld zuzuweisen;
- gib es zu, wenn du einen Fehler gemacht hast;
- verschenke alle Kleidungsstücke, die du innerhalb der letzten drei Jahre nicht getragen hast;
- tue jeden Tag etwas Gutes und versuche, dich nicht dabei erwischen zu lassen;
- gehe jeden Tag eine halbe Stunde in der Nachbarschaft spazieren;
- verzichte jede Woche auf zwei Mahlzeiten und spende das Geld den Obdachlosen;
- strebe nicht nach dem Perfekten, sondern nach dem Optimalen;
- sei pünktlich;
- verwende keine Ausflüchte;
- streite nicht;
- werde ordentlich;
- sei freundlich zu den Menschen;
- sei zu unfreundlichen Menschen noch freundlicher;
- laß es zu, daß sich beim Schlangestehen jemand vordrängt;
- nimm dir Zeit zum Alleinsein;
- lies dein Lieblingsbuch ein zweites Mal;
- achte auf gute Manieren;
- sei demütig;
- mache dir bewußt und akzeptiere, daß das Leben nicht immer fair ist;
- rede zur richtigen Zeit;
- schweige zur richtigen Zeit;
- kritisiere vierundzwanzig Stunden lang nicht;
- lerne aus der Vergangenheit, plane für die Zukunft und lebe in der Gegenwart;
- verheddere dich nicht in Kleinigkeiten.

wir dieses Bild, in das wir so viel Geld, Energie und Zeit investiert haben, weiterbestehen lassen können. Es ist das Ich, das die leise Stimme unseres Wesenskerns übertönt, die darum bettelt, gehört zu werden.

Einfachheit ist der erste Schritt, den wir machen können, um diese lärmende, äußere Stimme zum Schweigen zu bringen. Wie sollen wir das innere Flehen hören, wenn wir vierzig bis sechzig Stunden in der Woche in einem Job verbringen, den wir nicht mögen, wenn wir damit beschäftigt sind, unsere teuren Häuser und Autos zu erhalten; wenn wir zahllose Stunden damit verbringen, uns weitere äußere Statussymbole zuzulegen; wenn wir von einem Termin und einer Verpflichtung zur anderen hetzen und wenn wir abends erschöpft vor dem Fernsehgerät sitzen, weil wir uns vollkommen ausgelaugt fühlen? Daß wir auf diese Weise nichts hören können, liegt auf der Hand.

Einfachheit bedeutet, daß wir innehalten und uns fragen, was, zum Teufel, wir denn eigentlich mit unserem Leben anstellen. Die Einfachheit drängt uns, zu fragen, ob wir uns nur deshalb an den Status quo halten, weil das auch alle anderen tun. Sie fragt: »Stimmt das eigentlich für mich? Für uns?« Wenn die Antwort nein ist, gibt uns die Einfachheit die innere Stärke, die wir brauchen, um nein zu sagen. Vielleicht können Sie nun sagen: »Ich will diese Beförderung, für die ich so lange gearbeitet habe, eigentlich gar nicht. Ich dachte, es müßte so sein: Hart arbeiten und dann befördert werden, denn dann hat man es wohl geschafft.« Was geschafft? »Vielleicht will ich gar nicht so viele Überstunden machen, wie für die Beförderung notwendig wären. Vielleicht möchte ich lieber Teilzeit arbeiten, damit ich mehr Zeit für die Kinder habe, damit ich all die Bücher lesen kann, die sich auf dem Regal stapeln, damit ich mehr Zeit zum Skifahren habe, damit ich meine Freunde wieder öfter sehe, oder damit ich Zeit habe, im Obdachlosenasyl mitzuarbeiten. Vielleicht mag ich diesen Job in Wirklichkeit gar nicht. Ich glaubte, ich müßte ihn ergreifen, weil das im Leben eben so ist. Vielleicht möchte ich nicht mehr so sein. Vielleicht wollte ich dieses Auto, damit die Leute denken sollten, ich hätte es geschafft, aber wenn ich es behalte, muß ich noch mindestens sechs Jahre in meinem Job weiterarbeiten, um es abzuzahlen.« Die Einfachheit fragt: Ist es das wirklich wert? Vielleicht ja, vielleicht nein. Die Einfachheit gibt Ihnen den Raum und das Bewußtsein, die Frage für sich zu entscheiden. »Vielleicht frage ich mich, warum ich nie Zeit für meine Freunde und für meine Familie habe, für meinen Garten oder einfach zum Nachdenken. So viele Jahre lang habe ich, ohne nachzufragen, akzeptiert, daß Zeitknappheit ein Merkmal des modernen Lebens ist. So ist es eben, dachte ich, damit muß ich mich abfinden.« Die Einfachheit sagt uns, daß wir das nicht müssen.

Kehren wir noch einmal zu Thoreau zurück: »Wir müssen lernen, wieder zu erwachen und uns wach zu halten, und zwar nicht durch mechanische Hilfsmittel, sondern durch die unablässige Erwartung der Morgendämmerung ... Millionen sind wach genug für körperliche Arbeit, aber nur einer von einer Million ist wach genug für eine wirkliche, intellektuelle Betätigung, und nur einer von hundert Millionen für ein poetisches oder göttliches Leben. Wach zu sein, das bedeutet, lebendig zu sein.«

Als ich begann, mich mit der Einfachheit zu beschäftigen, wußte ich nicht, was *wach* bedeutete. Natürlich war ich wach, denn sonst könnte ich wohl kaum Auto fahren, telefonieren oder den Müll hinaustragen. Inzwischen weiß ich, daß Schlafen zumindest zwei Formen annehmen kann: Entweder wirklich zu schlafen, wie zum Beispiel in der Nacht im Bett. Aber man kann auch während des Tages schlafen, indem man unaufmerksam ist. Ich kann Auto fahren, aber gleichzeitig an ein Gespräch denken, das ich am Tag zuvor mit meiner Nachbarin führte. Auf dem Weg ins Geschäft werde ich so gut wie nichts von der Landschaft sehen, weil ich vom Autopiloten gesteuert werde und nur an das Gespräch denke. Mir wird das Leben entgehen, das an mir vorüberzieht. Ich spüre nicht einmal meine Hände auf dem Lenkrad. Ich kann telefonieren, während ich im Kochtopf rühre, der auf dem Herd steht, ich kann darüber nachdenken, was als nächstes in den Topf kommt, und nur mit einem halben Ohr auf das hören, was meine Freundin sagt. Mir entgeht die Intimität ihrer Stimme, der eigentliche Sinn ihrer Worte, das, was sie in Wirklichkeit braucht. Ich kann an der Oberfläche dieser Beziehung bleiben. Ich kann mich fragen, warum zwischen mir und den Menschen in meiner Umgebung keine tiefen Beziehungen bestehen. Und ich kann es müde werden, in meinem Leben nur zu funktionieren. Ich kann den Müll, wie vom Autopiloten gesteuert, hinaustragen und mir nicht einmal bewußt sein, daß ich soeben mit einem schweren Sack in der Hand den Gehsteig betrete. Auch so kann ich schlafen.

Vielleicht dringe ich nie tief in die Geschehnisse vor und kann deshalb die Ereignisse meines Lebens nicht wirklich und wahrhaftig erfahren. Ich berühre zwar den Mülleimer, ich berühre die Zwiebel, die ich schneide, ich sehe meinem Gegenüber beim Sprechen ins Gesicht, aber ich tue das alles, ohne viel zu fühlen oder wahrzunehmen. Ich nehme einen Job an und fühle mich nicht wirklich in ihn ein oder denke nicht darüber nach, was er für meinen großen Lebensplan bedeutet. Natürlich dient er mir im Augenblick dazu, die Rechnungen zu bezahlen und meine Fähigkeiten einzusetzen. Und die Leute scheinen auch nett zu sein. Ende. Ich kann aber auch einen Job annehmen und wissen, wie er in mein Leben paßt, und ich kann bis in den innersten Kern meines Wesens spüren, wie er sich anfühlt. Wenn ich bewußt lebe, habe ich auch einen bewußten Umgang mit meinem Geld gelernt, was bedeutet, daß ich eine Rücklage gebildet habe. Somit kann ich einen ungeeigneten Job ablehnen und auf den richtigen warten.

Wenn ich die Zwiebel schneide, spüre ich ihre glatte, spröde Papierhaut. Ich bemerke, daß die Augen meines Freundes ein wenig traurig aussehen, während er mit mir spricht. Er sagt zwar nichts Trauriges, aber ich sehe die Traurigkeit in seinen Augen. Vielleicht kann ich ihm die Hand entgegenstrecken. Dann brauche ich mich nicht mehr zu fragen, warum es zwischen uns keine Nähe gibt, obwohl wir uns gut kennen. Das ist Einfachheit. Das ist bewußtes Leben. Das ist Wachheit. Das ist das Einsaugen aller Bestandteile des Lebens: der guten, der glücklichen, der dunklen, der traurigen: des Ganzen. Das ist das Einsaugen des Lebensmarks. Genügt es uns wirklich, davon zu kosten, um es dann schnell auf die Festtafel zurückzustellen und uns einer anderen Schale zuzuwenden?

Wir brauchen dem reichhaltigen, erfüllten Leben nicht nachzulaufen. Es liegt direkt vor uns und wartet darauf, entdeckt zu werden. Wir brauchen nichts weiter zu tun, als aufmerksam zu sein. Aber wir sind meist zu sehr in unser tägliches Leben verstrickt, um die Zeit dazu zu finden. Wie sind wir so geworden? Wann haben wir entschieden, daß uns das Mehr und Größer ein besseres Leben bescheren wird? Wann hat uns unser voller Terminkalender zum letzten Mal fröhlich gestimmt? Macht es uns wirklich mehr Freude, uns ständig mit Äußerlichkeiten auseinanderzusetzen, als ein intimes Gespräch mit einer Freundin zu führen? Ist es unseren gefühlvollen, nahen Freunden wirklich wichtig, ob unser Haus im neuesten Stil eingerichtet ist oder ob wir uns fünf Minuten lang über eine bestimmte Vase den Kopf zerbrechen? Mögen wir uns selbst wirklich lieber, wenn wir von einem mittelgroßen auf ein großes Fernsehgerät umsteigen? Oder macht uns das nur das Ausblenden am Abend noch angenehmer? Und ist das Ausblenden wirklich das, was wir uns schon immer unter dem Sinn des Lebens vorstellten?

Als mein Kollege Joe Dominguez, Autor des Buches *Your Money or Your Life*, in diesem Jahr starb, sprach unser beider Freund, Duane Elgin, Autor des Buches *Voluntary Simplicity*, bei seinem Begräbnis den berührendsten und doch einfachsten Nachruf, den ich je gehört habe. Die wenigen Zeilen, die er vorlas, faßten die Quintessenz eines bewußten, intimen Lebens zusammen: »Joe interessierte es nicht, ob jemand viel Geld verdiente. Ihm war wichtig, ob man genug Geld hatte, um sein Leben frei mit anderen teilen zu können. Joe war es egal, ›wen man kannte‹. Ihm war es nur wichtig, ob man sich selbst kannte und ob man seiner eigenen, integren Seele treu war. Joe interessierte sich nicht dafür, wie viele Studien man absolviert hatte. Ihm war es nur wichtig, ob man bereit war, jeden Tag in die Schule des Lebens zu kommen und seine Lektionen zu lernen. Joe war es egal, wie alt jemand war. Er interessierte sich nur dafür, ob man alt genug war, das Leben mit Klugheit zu betrachten und seinen Herausforderungen mit Humor, Erfindungsgeist und Wahrhaftigkeit zu begegnen. Joe interessierte sich nicht dafür, ob man einen Guru hatte oder in welchem Sternzeichen man geboren war. Er wollte nur wissen, ob man mit dem Feuer seiner Seele in Kontakt war und ob man bereit war, für das einzutreten, was man liebte und woran man glaubte.«

Und was ist mit uns? Wo ist unser Feuer geblieben?

Ein gewisses Maß an materiellem Komfort ist wichtig. Wir alle brauchen unsere Nester, unsere Nahrung und unsere Kleidung zum Leben. Wir brauchen irgendeine Arbeit, bezahlt oder unbezahlt. Und als Menschen brauchen wir mehr als das nackte Existenzminimum: Wir brauchen ein gewisses Maß an Ästhetik. Das Problem dabei ist, daß die meisten von uns nicht wissen, wann es genug ist. Wir erreichen ein bestimmtes Niveau an Komfort, und dann denken wir: »Das ist ein gutes Gefühl, davon möchte ich noch mehr.« Und schon stellen wir fest, daß wir unter einem Berg von Schulden, Streß und Problemen begraben sind, und dann verlieren wir unser Feuer, unsere Leidenschaft für das Leben.

Ich führte einmal ein wundervolles Interview mit einem Ehepaar. Die Lebensphilosophie des Mannes lautete: »Grundsätzlich meine ich, daß man, wenn man sich die Grundbedürfnisse des Lebens wie Unterkunft, gute Nahrung und Bekleidung gesichert hat - wenn man also diese Dinge abgedeckt hat -, daß man dann nur noch zu versuchen braucht, ein friedlicher Mensch zu werden, anstatt die ganze Zeit Dinge zu kaufen, die man nicht braucht.«

Ein weiteres Interview führte ich mit einer Freundin, die in Nepal und in den Vereinigten Staaten gelebt hat. Sie sagte: »Wir scheinen hier in den USA unheimlich viel zu tun zu haben. Aber wenn wir am Ende unseres Lebens angelangt sind und zurückblicken, haben wir dann wirklich mehr erreicht als ein einfacher Bauer? Wenn wir unser Leben Revue passieren lassen, denken wir dann noch daran, daß wir statt zwei Paar Schuhen zwölf gekauft haben?«

Denken wir noch daran?

1

ÜBER DIE ZEIT

*Es ist nicht genug, beschäftigt zu sein. Die Frage
ist: Womit beschäftigen wir uns?*

Henry David Thoreau

Einmal las ich in einer Zeitung einen Leserbrief gegen die Hektik unserer Zeit. Dieser Brief sprach mir wirklich aus dem Herzen. Er stammte von einem einundfünfzigjährigen Mann, der über seine Beziehung zu seiner Mutter schrieb. Er erzählte, daß nach dem Tod seines Vaters ein Mentor in sein Leben getreten war. Dieser Mentor riet ihm, jeden zweiten Tag seine Mutter anzurufen, einfach, um ihre Stimme zu hören, sie die seine hören zu lassen, zu fragen, wie sie den Tag verbracht hatte, und ihr zu sagen, daß er sie liebte.

Der Mann schrieb, daß er einmal in der Woche mit seiner Mutter aß, normalerweise zu Abend oder zu Mittag. Manchmal frühstückte er aber auch mit ihr. Einmal fand er nicht die Zeit für ein gemeinsames Essen. So besuchte er sie an dem Vorabend einer Reise, die sie machen wollte. Eine halbe Stunde lang studierte er gemeinsam mit ihr die Straßenkarten. Seine Mutter sagte ihm, wie erleichtert sie war, daß er die Reiseroute mit ihr durchgesprochen hatte, denn nun kannte sie den Weg. Er schrieb auch von den Dingen, die er manchmal tat, wenn er im Haus seiner Mutter aß – die Batterien ihres automatischen Garagentoröffners auszutauschen oder ihre Garage aufzuräumen. Er schrieb: »Heute habe ich dank dem Rat meines Mentors eine unbezahlbar gute Beziehung zu meiner Mutter. Ich bin ihr gegenüber so aufmerksam, wie mein Vater es wäre, wenn er noch lebte – ich bin tatsächlich der Sohn meines Vaters.«

Dieser Brief trieb mir die Tränen in die Augen. Jede zweite Schlagzeile in den Zeitungen und Magazinen prangert die Zeitknappheit des heutigen Lebens an. Niemand scheint Zeit für irgend etwas zu haben ... alle rennen wie verrückt im Kreis von einer ach so wichtigen Aktivität zur nächsten. Alle sind erschöpft. Ohne unseren Zeitplaner geht überhaupt nichts. Wir brauchen ihn sogar, um Verabredungen zum Abendessen mit unseren besten Freunden zu treffen. Dann lese ich einen solchen Brief und frage mich: Was, zum Teufel, ist da los?

Mangelnde Intimität

Unser Zeitmangel ist in Wirklichkeit mangelnde Intimität. Es ist viel einfacher, geschäftig und hektisch zu sein, als zu lieben und uns selbst und andere in der Tiefe unseres Wesens kennenzulernen. Wir sind geschäftig, weil wir geschäftig sein wollen. Geschäftig zu sein, gibt unserem Leben Sinn (seht her, was ich alles erreicht habe und was ich in meinem Leben alles tue!) und ein Gefühl der Sicherheit. Solange wir von einer Aktivität zu der nächsten rasen, brauchen wir uns nicht nach innen zu wenden und unser Leben zu betrachten.

Was tun? Wir müssen uns diese mythische »Zeitknappheit« als Sucht vorstellen und uns der Droge entwöhnen. Es gibt keine Zeitknappheit, die wir nicht selbst verursacht hätten. Zeitknappheit macht tatsächlich süchtig. Unser Körper und unser Geist gewöhnen sich an den ständig hohen Adrenalinspiegel. Ergibt sich unverhofft ein kleines Zeitloch, ist uns das alles andere als angenehm. Das Unbehagen, das wir dann verspüren, gleicht dem eines Süchtigen, der seine Droge nicht bekommt, und wir füllen das Zeitloch sofort mit Aktivitäten. Wir mögen uns über dieses hohe Tempo beklagen, aber wir können einfach nicht zurückschalten. Denken Sie an den Satz: »Wenn du willst, daß etwas erledigt wird, beauftrage jemanden, der viel zu tun hat.« Der Satz ist deshalb wahr, weil geschäftige Menschen sich an eine so hohe Arbeitsgeschwindigkeit gewöhnt haben, daß es ihnen leichtfällt, noch eine zusätzliche Aufgabe in ihrem ohnehin vollgestopften Tag unterzubringen. Einerseits ist es ein wundervolles Gefühl, effizient zu sein. Es ist auch herrlich, jemanden mit etwas zu beauftragen und zu wissen, daß dieser Auftrag pünktlich erledigt werden wird. Und es gibt nichts Ärgerlicheres, als einen unverläßlichen Menschen um etwas zu bitten, der einem, wenn man sich nach dem Fortgang der Sache erkundigt, eine Ausrede nach der anderen präsentiert.

Zwischen diesen beiden Extremen gibt es jedoch einen Mittelweg – ein neues Zeitverständnis. Um dieses neue Zeitverständnis zu gewinnen, müssen wir nach innen blicken. Wichtig ist, daß wir die Verantwortung für jede Zeitknappheit übernehmen, die unseren Puls zum Rasen bringt, und sie genau unter die Lupe nehmen. Warum haben wir es so eilig? Wovor laufen wir davon? Vor Intimität? Warum? Vielleicht klingt Ihnen das folgende Zitat von Austin Dobson vertraut: »Die Zeit vergeht ... o nein, bleib stehn! Die Zeit ist's nicht, die geht: Wir gehn.«

Wir wollen wie der Mann sein, der den Brief über seine Mutter schrieb, aber wir verhalten uns vollkommen konträr. Was tun wir und warum? Vielleicht ist es unsere Mutter, die wir öfter sehen wollen, unseren Vater, unsere Kinder, unseren Partner oder unsere Freunde. Vielleicht sind es aber auch wir selbst. Es ist viel einfacher, die Hektik beizubehalten und darüber zu klagen, nicht genug Zeit für andere zu haben, als tatsächlich etwas dagegen zu tun. Natürlich ist es mühsam, zu unserer Mutter zu fahren und mit ihr Straßenkarten zu studieren. Viel einfacher ist es, wenn wir uns auf der Couch vor dem Fernsehapparat ausstrecken. Es verschlingt viel Zeit, mit unseren Kindern Monopoly zu spielen. (Denken Sie nur an all die wichtigen Haushaltsarbeiten, die darauf warten, erledigt zu werden!) Wir müssen viel von unserem emotionalen Ich geben, wenn wir intime Gespräche führen wollen, anstatt an der Oberfläche zu bleiben: »Wie geht's?« – »Gut. Und selbst?« – »Danke, mir auch. Ich muß leider wieder los!«

Wir brauchen Zeit, um Freundschaften und tiefe Beziehungen aufzubauen. Mit jedem Geldautomaten, der einen lebendigen Bankangestellten ersetzt, verlieren wir eine Möglichkeit, mit einem Menschen zu interagieren ... und das alles im Namen der Effizienz.

Sogar unsere gesellschaftlichen Zusammenkünfte werden normiert und reguliert. Wie Steffen Linder in *The Harried Leisure Class* schreibt:

 Die Menschen haben eine überraschende Vorliebe für große Bankette, Konferenzen und Cocktailpartys. Die einzigen Gäste bei einem Abendessen zu sein, empfinden wir im allgemeinen als weniger schmeichelnd als gemeinsam mit vielen anderen eingeladen zu sein. Der Versuch, auf diese Weise ökonomisch mit unserer Zeit umzugehen, führt langfristig unweigerlich dazu, daß wir zwar zahlreiche Bekannte, aber keine Freunde mehr haben.

Wenn wir es ständig eilig haben, können wir uns nicht die Zeit nehmen, sensibel für die Bedürfnisse anderer zu sein und uns wirklich um sie zu kümmern. Beziehungen brauchen Zeit zum Wachsen. Verweisen wir die Technologie auf ihren Platz: Nutzen wir sie, aber lassen wir nicht zu, daß sie unser Leben bestimmt und unsere Kontakte zu anderen Menschen zerstört. Nehmen wir zum Beispiel den Geschirrspüler. Bevor es Geschirrspüler gab, war es üblich, daß zwei Personen gemeinsam das Geschirr spülten. Einer wusch die Teller, der andere trocknete sie ab. Haben Sie je daran gedacht, wieviel bei diesen abendlichen Episoden geredet wurde und welche Bindungen dabei entstanden und vertieft wurden? Haben Sie je daran gedacht, was für ein sinnliches Gefühl es ist, Geschirr in einer Spüle mit warmem Seifenwasser zu spülen? Und wie ist es jetzt? Da arbeitet eine einsame Person, die hastig das Geschirr in den Geschirrspüler räumt, um schnell ihre nächste Aufgabe erledigen zu können. Der Geschirrspüler ist eines jener modernen Geräte, die ich nicht mehr verwende, außer nach größeren Abendessen. Ich habe nämlich festgestellt, daß ich diese meditative Zeit mag, wo der Schaum meine Hände streichelt und das warme Wasser sie wärmt. Dieses Ritual regt mich dazu an, über den Sinn des Lebens nachzugrübeln – etwas, wozu mich eine High-Tech-Geschirrspülmaschine sicher nicht animiert.

Und wie verbringen viele von uns den Rest des Abends, nachdem sie hastig das Geschirr in den Geschirrspüler geräumt haben? Sie glotzen in die Röhre, im Durchschnitt vier bis fünf Stunden täglich. Durch das Fernsehen entstehen keine menschlichen Beziehungen. Erinnern Sie sich noch an die Abende, als wir Tee zu trinken und miteinander zu plaudern pflegten ... Karten spielten ... gemeinsam spazierengingen? (Wir erinnern uns meist nur in unserer Fantasie daran, weil sie hin und wieder in einem Film oder sonstwo aufleben.)

Ein Leben in Eile raubt uns nicht nur die Zeit, die wir brauchen, um mit anderen in Verbindung zu treten, sondern es macht uns auch ungeduldig und reizbar. Wir haben keine Zeit, um uns den Standpunkt unseres Partners anzuhören. Wir haben keine Geduld mit einem Bankangestellten, der noch in der Lernphase steht. Wir haben keine Zeit für unsere Kinder. Wir haben keine Zeit für uns selbst. Wenn unser Terminkalender übervoll ist, werden wir egoistisch. Das ist auch kein Wunder, wenn wir den ganzen Tag über unseren Terminen nachrennen und am Abend versuchen, uns zu entspannen. Wir alle wissen, was die Folgen eines egoistischen Lebens sind: Isolation und Einsamkeit.

» Wenn wir uns Zeit für einen geschäftlichen Termin oder für eine soziale Tätigkeit reservieren, dann gilt diese Zeit als unantastbar. Aber wenn wir sagen: »Ich kann nicht kommen, weil das die Stunde ist, die ich für mich allein haben möchte«, gelten wir als unhöflich, egoistisch oder ein wenig seltsam. Welch trauriges Licht das auf unsere Zivilisation wirft.《

Anne Morrow Lindbergh, Gift from the Sea

Sobald wir unser ungesundes Tempo reduzieren und Platz in unserem Leben schaffen, beginnen uns kleine Dinge aufzufallen. Nun bemerken wir vielleicht, wie die Stimmung unseres Partners umschlägt, indem wir einfach seinen Gesichtsausdruck beobachten. Wenn wir es eilig haben oder erschöpft abzuschalten versuchen, haben wir weder Zeit noch Muße, um von den kleinen Veränderungen und Schwankungen des täglichen Lebens Notiz zu nehmen. Dabei ist es genau dieses Bewußtsein von den kleinen Dingen, das uns ein tiefes, sinnerfülltes Leben ermöglicht. Ich erinnere mich noch an die Zeit, als ich mitten in meiner Scheidung steckte. Eines Tages klopfte eine Frau, die ich nur flüchtig kannte, an meine Tür und schenkte mir eine Flasche duftendes Badeöl. Sie ermahnte mich, auf mich aufzupassen. Sie können sich nicht vorstellen, wie berührt ich von diesem kleinen Akt menschlicher Herzensgüte war. Diese Frau konnte nur deshalb empfindsam für das sein, das im Leben anderer Menschen vor sich ging, weil sie in ihrem Leben Raum dafür hatte. Später, nach der Scheidung, als sich mein Leben beruhigt hatte und ich wieder offener wurde, konnte ich einer Freundin, die ebenfalls eine harte Zeit durchmachte, eine ähnliche kleine Freundlichkeit erweisen. Ich hatte das Gefühl, daß sie ein bißchen Zuwendung gebrauchen konnte. Also packte ich ein Stück feine Badeseife, Duftkerzen und Badesalz in ein kleines Säckchen, das ich ihr brachte und sie bat, sie solle auf sich achtgeben.

Menschen, die dem Tod gerade noch von der Schippe sprangen, berichten sehr oft, daß in den Minuten zwischen Diesseits und Jenseits ihr Leben wie ein Film vor ihnen ablief und daß ihnen in diesem Rückblick die kleinen Zeichen der Liebe, die sie anderen erwiesen hatten, am wichtigsten waren. Dabei zählte nicht, daß es ein Kind zum Leiter seiner Pfadfindergruppe brachte, sondern daß es einer alten Frau über die Straße half; nicht, daß es eine Frau bis an die Unternehmensspitze schaffte, sondern daß sie die Zeit fand, einem elternlosen Kind in einem Tagesheim regelmäßig vorzulesen. Diese kleinen Zeichen der Liebe werden uns erst möglich, wenn wir unser Leben öffnen.

Erheben wir Anspruch auf unsere Zeit

Wenn wir uns der Intimität öffnen wollen, müssen wir die Art und Weise verändern, wie wir die Zeit betrachten und mit ihr umgehen. Nehmen wir das scheinbar harmlose Beispiel des Lesens. Eknath Easwaran, Autor des Buches *Take Your Time,* verwendete das folgende Beispiel, um den Unterschied zwischen einer früheren Einstellung zur Zeit und der heutigen herauszustreichen. Die frühere Einstellung besagt: Wenn sich immer mehr Bücher und Zeitschriften auf meinem Tisch türmen, die ich unbedingt lesen muß, schreibe ich mich in einen Schnellesekurs ein. Auf diese Weise kann ich die Informationen effizienter verarbeiten. Die heutige Einstellung lautet einfach: Hör auf, alles lesen zu wollen.

Unmöglich, sagen wir. Wir leben doch im Informationszeitalter. Wir müssen auf dem laufenden bleiben (für die Arbeit, für die Schule, aus gesellschaftlichen Gründen ...). Dann beginnen wir Bücher und Artikel darüber zu lesen, wie man effizienter arbeitet und lebt. Lassen Sie mich einige Beispiele aus einem Buch zum Thema »Organisieren Sie Ihr Leben« nennen: Wenn Sie fünf freie Minuten haben, die nicht verplant sind (Gott behüte!), können Sie folgendes tun: 1) einen Termin vereinbaren; 2) eine kurze Notiz schreiben; 3) Ihre Nägel feilen; 4) die Blumen gießen.

Und wenn Sie unglaubliche zehn Minuten freier Zeit haben, können Sie sie noch besser ausfüllen. Das Buch sagt uns, wie: 1) Eine Pflanze umtopfen; 2) einige Wollsachen im Waschbecken auswaschen; 3) die Wohnzimmermöbel abstauben; 4) den Schreibtisch aufräumen.

So geht es immer weiter mit den Ratschlägen. Bringen Sie doppelt so viele Aufgaben in Ihrer Zeit unter. Während die Kleider trocknen, können Sie Ihr Silberbesteck polieren. Machen Sie die Betten, während Sie darauf warten, daß das Wasser zu kochen beginnt. Während Sie in Ihrem Auto auf die Kinder warten, können Sie es rasch saubermachen oder die Post sortieren. Ich bin erschöpft. Wir alle sind erschöpft. Wann können wir uns eigentlich erholen?

Wie finden wir zu einer neuen Sichtweise der Zeit? Hier sind einige Ideen: 1) Nähern Sie sich der Intimität; 2) ändern Sie Ihre Einstellung; 3) erledigen Sie eines nach dem anderen; 4) betrachten Sie Ihre Zeit als heilig; 5) stellen Sie »zeitsparende« Geräte und Vorrichtungen in Frage; 6) betrachten Sie die

Gesamtheit; 7) lassen Sie Ihren Job dort, wo er hingehört: an Ihrem Arbeitsplatz; 8) halten Sie einen Ruhetag in der Woche ein, egal, ob Sie religiös sind oder nicht.

Nähern Sie sich der Intimität

Es gibt viele Gründe, warum wir uns ständig beschäftigt halten. Einer davon ist, daß uns die Geschäftigkeit ein Gefühl von Wichtigkeit gibt. Es ist aber an der Zeit, daß wir das Paradigma, daß ein geschäftiger Mensch wichtig ist, überdenken. Erinnern Sie sich an den Film von Woody Allen, *Mach's noch einmal, Sam?* Allens Freund rief in seiner Freizeit immer wieder seinen Anrufbeantwortungsdienst an, um zu melden, wo er gerade war. Das gab ihm das Gefühl, wichtig zu sein.

Wenn wir es genau betrachten, ist unser Wunsch, wichtig zu sein, nichts weiter als der Versuch, Intimität zu vermeiden. Wenn wir »wichtig« sind, vermitteln wir uns selbst und der Außenwelt die Botschaft, daß wir wie jemand behandelt werden wollen, der wichtig ist (also besser!), und nicht wie der Mensch, der wir in unserem Inneren sind. Das ist natürlich verlockend, aber wie wir alle wissen, auf lange Sicht nicht befriedigend. Wenn wir mit jemandem sprechen, den wir für »wichtiger« halten als uns selbst, kommunizieren wir nicht von Herz zu Herz. An der Oberfläche ist alles freundlich, aber niemand braucht zu wissen, was in unserem Inneren vor sich geht.

Das extremste, mir bekannte Beispiel eines Menschen, der seine Wichtigkeit dazu einsetzte, andere einzuschüchtern und auf diese Weise Nähe zu vermeiden, betrifft den ehemaligen amerikanischen Präsidenten Lyndon Johnson. Ich ließ mich einmal durch das alte Präsidentenflugzeug führen, das er zu benutzen pflegte. Der Führer zeigte uns einen Konferenztisch in der Mitte des Flugzeugs. Dieser Tisch war auf drei Seiten von eingebauten Sitzen umgeben. Auf der vierten Seite befand sich ein spezieller Stuhl für Johnson, und es stellte sich heraus, daß dieser Stuhl und der Tisch elektronisch angehoben und gesenkt werden konnten. Die eingebauten Sitze auf den anderen Seiten waren nicht beweglich. Warum? fragten wir. Der Führer sagte uns, daß Johnson den Tisch und seinen Stuhl anheben konnte, wenn er seine Gesprächspartner einschüchtern wollte, und daß er beides absenken konnte, wenn er sich von

Mensch zu Mensch unterhalten wollte. Sie können sich sicher vorstellen, welche Wirkung das hatte. Wenn sein Stuhl und der Tisch höher gestellt waren, sahen die Leute auf der anderen Seite wie kleine Kinder aus, die über den zu hohen Wohnzimmertisch spähten.

Wenn wir das nächste Mal unsere Terminkalender vollstopfen, um uns »wichtig« zu machen, sollten wir innehalten und uns fragen, ob wir den Umgang mit anderen im Stil Johnsons oder von Mensch zu Mensch pflegen wollen. Welche Art ist wohl persönlicher, echter und befriedigender?

Wenn wir es leid sind, auf diese abgehobene Art mit der Welt zu kommunizieren, können wir versuchen, anders mit unserer Zeit umgehen zu lernen. Als erstes müssen wir uns unser Verhalten bewußt machen. Warum akzeptieren wir noch einen zusätzlichen Termin oder absolvieren noch einen Kurs? Warum kaufen wir immer mehr Dinge, die uns dazu zwingen, länger zu arbeiten, um sie zu bezahlen, und warum denken wir auch nur im Traum daran, uns ein größeres Haus zuzulegen? Nehmen Sie Ihre wahren Motive für alle größeren und kleineren Handlungen genau unter die Lupe und denken Sie sie zu Ende. Wenn ich dieses größere Haus kaufe, werde ich mich erst einmal darüber freuen, daran besteht kein Zweifel. Aber damit ist die Sache nicht beendet. Die monatlichen Raten, die ich dafür bezahlen muß, werden mein Leben in den nächsten dreißig Jahren belasten. Was bedeutet das? Ich werde mehr arbeiten müssen. Und dann? Ich werde weniger Zeit haben, um mit meinen Kindern oder mit meiner Mutter auf der Veranda in der Sonne zu sitzen und Äpfel zu schälen und zu plaudern. Oder: Ich möchte nur diesen einen Kurs machen. Ja, der unmittelbare Nutzen ist groß. Aber was dann? Ich werde nicht zu Hause sein. Habe ich einen Partner oder Kinder? Wieder ein Abend, an denen ich sie nicht sehe. Klage ich nicht immer darüber, daß ich nicht genug Zeit für sie habe? Oder: Ich wurde eingeladen, diesem Ausschuß beizutreten. Die Sitzungen finden monatlich, wöchentlich oder in anderen Intervallen statt. Dieses Engagement ist für mein berufliches (oder was immer) Image einfach notwendig. Das macht Sinn, solange Sie die Sache nicht zu Ende denken. Ist mir mein Image wirklich wichtiger als mein privates Leben? Wichtiger, als mit meiner alten Mutter Straßenkarten zu studieren? Denken Sie über diese Dinge einmal genau nach. Einiges wird Ihnen sinnvoll erscheinen, anderes nicht.

Es gibt einen weiteren Grund, warum wir uns beschäftigt halten: Angst. Wir haben Angst vor freier Zeit, weil wir Angst davor haben, zu entdecken, wer wir sind. Ein Meditationslehrer sagte mir einmal, daß wir uns das Leben deswegen so kompliziert gestalten, damit uns nicht bewußt wird, was wirklich vor sich geht. Wenn wir einfach leben, drosseln wir unser Tempo, so daß wir wieder hören und fühlen. Das mag bisweilen unangenehm sein, denn wenn wir ruhig und bei uns sind, erkennen wir den Schmerz, die Unzufriedenheit und die Sehnsucht. Wir halten uns für glücklich, weil wir nicht aufmerksam sind. Wir sind so sehr daran gewöhnt, uns vom Autopiloten durchs Leben steuern zu lassen, daß wir uns nicht die Zeit nehmen, uns selbst kennenzulernen. Wenn wir uns kaum Zeit dafür nehmen, uns um uns selbst zu kümmern, werden wir bald feststellen, daß in unserem Inneren eine ziemliche Leere herrscht.

Wir sind so daran gewöhnt, ständig etwas leisten zu müssen, daß wir es beängstigend finden, innezuhalten. Der Arzt Stephan Rechtschaffen, Autor des Buches *Timeshifting: Creating More Time to Enjoy Your Life*, bittet seine Patienten oft, sich vorzustellen, daß sie einen Augenblick freie Zeit haben, auf ihrer Couch sitzen und nichts tun. Wie fühlen sie sich?

»Ich denke an alles, was ich tun sollte, und ich werde unglaublich nervös«, ist die häufige Antwort.

Rechtschaffen sagt, daß wir uns, wenn wir uns zu entspannen versuchen, zunächst alles andere als entspannt fühlen. Statt Freude oder heitere Gemütsruhe, verspüren wir Angst und Schuldgefühle. So springen wir also von unserer Couch auf und werden wieder geschäftig, weil wir, bewußt oder nicht, spüren, daß dieses vage Unbehagen nur die Spitze eines Eisbergs negativer Emotionen ist, die immer schon da waren. Die Leute sagen oft zu Rechtschaffen, daß sie deshalb sofort aktiv werden, weil sie sich davor fürchten, »ins Rutschen zu geraten«, sobald die Angst einsetzt. Sie haben auch Angst davor, ihren Gefühlen freien Lauf zu lassen, denn sie machen sich Sorgen, was passiert, wenn die Schleusen einmal offen sind. Rechtschaffen sagt dazu:

 Wir haben Angst vor der Einsamkeit, weil wir Angst vor den Gefühlen haben, die in uns hochsteigen, bevor wir uns entspannen können. Wir fürchten uns vor unserem wahren Ich – dem Selbst, das sich offenbart, sobald unsere Geschäftigkeit von uns abfällt. Wir wollen immer von Menschen, von Aktivität umgeben sein. Dazu nehmen wir sogar in Kauf, uns dem Rhythmus anderer anzupassen - alles, nur nicht einsam sein ... Einsamkeit erfordert Übung. Wir müssen uns dem Alleinsein stellen und erkennen, daß es nichts Wichtigeres gibt, als es zu praktizieren. Stille, einsame Betrachtung - Nichtstun - ist zwar alles andere als ein Genuß, aber ein wahres Lebenselixir.

Wie Eknath Easwaran sagt, ist es eben diese drohende Leere, die uns dazu treibt, noch mehr in uns hineinzustopfen. Verzweifelt versuchen wir, das Vakuum in unserem Herzen aufzufüllen. In Wirklichkeit müssen wir genau das Gegenteil tun: Langsamer werden und mit jeder Faser unseres Seins in der Gegenwart leben. Dann werden wir langsam beginnen, uns der Farben bewußt zu werden. Wir werden die Vögel sehen, die in den Bäumen zwitschern. Wir werden Musik tatsächlich hören. Wir werden den Menschen, die mit uns sprechen, genau zuhören, und wir werden Mitgefühl und Sensibilität für andere Menschen gewinnen. Wir werden unsere Gefühle spüren, anstatt sie zu unterdrücken, indem wir jeden unausgefüllten Augenblick sofort mit Aktivität zuschütten. So lernen wir uns selbst kennen. Das ist für mich Intimität.

Ändern Sie Ihre Einstellung

Erinnern Sie sich an die Episode aus der Fernsehreihe *I Love Lucy*, in der es um die Bonbonfabrik ging? Als Lucy und Ethel einen Job in der Fabrik annahmen, bei dem sie Bonbons einwickeln mußten, und der Manager die Geschwindigkeit des Fließbandes ständig erhöhte? Am Anfang konnten Lucy und Ethel mit dem Tempo noch Schritt halten, aber als das Band immer schneller lief, waren sie irgendwann einmal an der Grenze ihrer Möglichkeiten angelangt. Sie begannen, die Bonbons in ihre Kappen, in ihre T-Shirts, in ihre Taschen und in den Mund zu stopfen, damit dem Manager nicht auffallen sollte, daß sie nicht mitkamen. Erinnert Sie das nicht an unser modernes Leben?
Oder nehmen wir das Beispiel des Lesens: Wie wäre es, weniger Bücher zu lesen und sich dafür Zeit und Muße zu nehmen, die wenigen Bücher zu genießen? Warum sollten wir nicht einen ganzen Samstag nachmittag mit

hochgelegten Beinen auf der Couch liegen und lesen? Damit wir uns selbst diese freie Zeit zugestehen, müssen wir zuerst die Tatsache akzeptieren, daß niemand von uns alles, was auf dem Markt ist, lesen und verdauen kann. Das ist schlicht unmöglich. Anstatt also zu versuchen, noch schneller zu werden und sich alles sozusagen im Laufschritt einzuverleiben (und dabei höchstens einen Bruchteil zu behalten), müssen wir selektiv vorgehen. Sehr selektiv. Easwaran sagt in seinem Buch *Take Your Time:*

 Wählen Sie Ihren Lesestoff mit Umsicht und Klugheit aus. Lesen Sie nur Bücher und Texte, die Ihre Zeit wert sind. Und dann nehmen Sie sich die Zeit, um sorgfältig zu lesen. Ich lese am liebsten langsam und mit konzentrierter Aufmerksamkeit. Dabei mag ich nicht einmal Hintergrundmusik oder eine Tasse Kaffee am Couchtisch. Und wenn ich am Ende eines Kapitels oder eines Abschnitts angelangt bin, schließe ich das Buch und denke über das Gelesene nach. Es ist mir viel lieber, mich auf ein gutes Buch zu konzentrieren und es zu verstehen, als eine Liste von Bestsellern zu überfliegen, die keinen Eindruck in meiner Erinnerung hinterlassen und die auf mein Leben oder auf meine Lebenseinstellung keinen Einfluß haben werden. Ein Buch, das mit Konzentration gelesen wird und über das man nachdenkt, ist hundertmal mehr wert als ein Buch, das man nur gedankenlos überfliegt.

Das klassische Beispiel der Wartereihe vor dem Bankschalter ist eine weitere Illustration der Kraft, die einer Veränderung unserer Einstellung innewohnt. Sie gehen zur Bank. Vor dem Schalter sehen Sie eine lange Schlange. Was tun Sie? Murren und sich darüber beschweren, daß Sie warten müssen? Nervös von einem Fuß auf den anderen treten? Herumzappeln? Sich die hundert Dinge vor Augen führen, die Sie an diesem Tag noch erledigen müssen?
Sie wissen natürlich, daß es eine andere Möglichkeit gibt. Nutzen Sie sie! Die Schlange wird sich nicht schneller bewegen, nur weil wir von einem Fuß auf den anderen treten, herumzappeln und ungeduldig sind. Das einzige, was schneller geht, ist unser Puls, und wir wissen ja, wohin es führt, wenn er das zu oft tut. Uns eine neue Einstellung zu eigen zu machen, bedeutet, daß wir diesen Augenblick genießen können. Unser Leben hat durch Technologie und

ständig zunehmenden Druck ein solches Tempo angenommen, daß wir kaum die Zeit finden, um innezuhalten. Aber unsere Körper und unsere Seelen brauchen Raum zum Atmen, damit sie funktionieren und überleben können. In seinem Buch *Timelock* sagt Ralph Keyes: »Die kumulative Wirkung der Tatsache, daß wir eine Möglichkeit zum Atemschöpfen nach der anderen ausschalten, besteht darin, daß eine atemlose Gesellschaft entsteht.«

Überlegen Sie einmal: Während wir fünf oder zehn Minuten in der Schlange warten und uns dabei vor Nervosität auf die Zunge beißen, klagen wir darüber, daß wir keine »Stillstandszeiten« oder keine Zeit zum Meditieren haben. »Im Augenblick sind alle Leitungen besetzt! Wir verbinden Sie in Kürze ...!« Stillstandszeit. Eine Schlange vor dem Bankschalter (oder ein volles Wartezimmer beim Arzt): Stillstandszeit. Wir brauchen uns nicht im Lotussitz auf einen Gipfel des Himalaja zu setzen, um atmen oder einfach innehalten zu können, wir können unsere alltäglichen, natürlichen Pausen dazu benutzen.

Für diese unerwarteten Augenblicke zum Atemholen sollten wir mehr als dankbar sein. Wir können sogar noch einen Schritt weitergehen, indem wir den anderen gestreßten Leuten helfen, die mit uns in der Schlange warten. Eknath Easwaran erzählt, daß er einmal kurz vor Weihnachten in einem Postamt in einer langen Schlange von schwer gestreßten Menschen wartete. Alle zappelten herum und waren ungeduldig. Schließlich wandte sich Easwaran zu dem hinter ihm stehenden Mann, der sich völlig verzweifelt gebärdete, und fragte ihn, ob er seinen Platz haben wolle. Der Mann war vollkommen entgeistert, aber dann begann er sich zu entspannen. Er entschuldigte sich dafür, so hektisch zu sein. Dadurch veränderte sich die Stimmung bei den anderen Wartenden. Auch wenn wir unseren Platz in der Reihe nicht anbieten wollen, können wir zumindest versuchen, freundlich zu unseren Mitwartenden zu sein, um ein Gefühl der Solidarität des Augenblicks zu erzeugen.

Mir verhalf meine Freundin Laura in dieser Hinsicht zu einer großartigen Lektion. Wir waren einmal gemeinsam bei Freunden zu Besuch, und ich fühlte mich nicht gut. Also suchten wir einen Arzt auf, bei dem man ohne Voranmeldung behandelt wurde. Als wir ankamen, sagte uns die Rezeptionistin, daß es eine gute halbe Stunde dauern würde, bevor ich an die Reihe käme. Meine erste Reaktion bestand darin, nervös auf den Nägeln herumzukauen, herumzuzappeln und ernsthaft zu überlegen, ob ich während der Wartezeit nicht einige

Erledigungen machen könnte. Laura hingegen freute sich darauf, dreißig oder sechzig Minuten dazusitzen und Zeit zum Entspannen zu haben. Sie überredete mich, dasselbe zu tun. Das war eine wundervolle Lernerfahrung für mich. Ich erlebte zum ersten Mal, daß ich nicht jede Sekunde meines Lebens mit Aktivitäten vollzustopfen brauchte. Es war so angenehm, einfach dazusitzen und nichts zu tun, daß ich diese Gelegenheiten seither gern ergreife.

Erledigen Sie eins nach dem anderen

Bevor alles automatisiert wurde, hatten die Menschen Zeit, alles, was vor sich ging, zu verarbeiten. Heute werden wir jede Sekunde unseres Lebens mit Informationen aus Computern, Faxen, Pagern und Mobiltelefonen bombardiert ... und immer ist es dringend. Wir bereiten unsere Mahlzeiten in Mikrowellenherden zu. Warum? Nicht, um uns entspannen zu können, sondern um Zeit zu haben, noch mehr zu leisten. Wir lesen Bücher wie das bereits erwähnte über Zeitmanagement, um uns Ideen über all die Dinge zu holen, die wir tun können, während unsere Mahlzeit im Turbotempo erhitzt wird und unser Auto mit angelassenem Motor im Leerlauf auf uns wartet.

Es gibt tatsächlich einen neuen Ausdruck dafür, zwei oder noch mehr Dinge gleichzeitig zu tun: Multitasking. Auf diese Weise leisten wir scheinbar mehr, aber wir können uns nie in eine einzelne Sache vertiefen. Wie können wir die Freude und die Sinnlichkeit des Kochens genießen, wenn wir, während unser Essen in Minutenschnelle in der Mikrowelle erhitzt wird, hastig Formulare ausfüllen? Wie können wir einer Freundin die ungeteilte Aufmerksamkeit widmen, die sie braucht, wenn wir während des Gesprächs etwas anderes tun?

Wenn wir versuchen, zwei oder noch mehr Dinge gleichzeitig zu tun, machen wir keines dieser Dinge gut. Wir sind ständig abgelenkt und eigentlich nie konzentriert bei der Sache. Dann beginnen wir uns Sorgen zu machen. Während wir am Morgen das Haus verlassen, sind wir in Gedanken bereits bei der Arbeit und nicht beim Prozeß des Hinausgehens. So kommt es, daß wir später nicht mehr wissen, ob wir die Tür abgeschlossen haben oder nicht. Wir machen uns Sorgen, vielleicht vergessen zu haben, den Herd abzuschalten, weil wir während des Kochens mit unseren Gedanken anderswo waren. Wir machen uns Sorgen darüber, in der Arbeit nicht mehr unser Bestes zu geben, weil wir nicht mit unserer ganzen Persönlichkeit hinter unseren Projekten stehen.

Wenn wir einmal gelernt haben, uns wirklich zu konzentrieren und unsere Aufmerksamkeit jeweils nur einer Aufgabe zuzuwenden, gewinnen wir einen ungeheuren Vorteil: Keine Sorgen mehr, denn wir wissen, daß wir jede Aufgabe nach unseren besten Möglichkeiten erledigt haben.

Auch für mich ist Konzentration nichts Selbstverständliches. Ich muß mich ständig daran erinnern, nur eine Sache auf einmal zu machen. Wenn ich im Stau stecke, möchte ich am liebsten ein Buch oder eine Zeitung aufschlagen und versuchen, in den Zeiten, in denen das Auto steht, immer wieder einen Blick hineinzuwerfen. Wenn ich telefoniere, spüre ich das Bedürfnis, gleichzeitig den Küchenboden aufzuwischen oder in einem Topf zu rühren. Möchte ich, daß mir jemand, mit dem ich telefoniere, nur diese halbherzige Aufmerksamkeit schenkt? Nein. Und warum tue ich mir das eigentlich selbst an? Warum entspanne ich mich nicht einfach und genieße das Gespräch?

Wenn wir mehrere Dinge gleichzeitig zu tun versuchen, beeinträchtigt dies unsere Nähe zu anderen Menschen. An einem Wochenende dachte ich viel darüber nach. Ich hatte geplant, den Nachmittag mit einer Freundin zu verbringen. Wir wollten uns am Samstag spät nachmittags treffen und an einen Ort fahren, der etwa eine Stunde weit entfernt lag. Es gab dort eine Veranstaltung, an der wir teilnehmen wollten, und wir wußten nicht genau, wie lang sie dauern würde.

Etwa zwei Stunden vor der geplanten Abfahrt rief mich eine andere Freundin an und sagte, daß sie für diesen Abend eine zusätzliche Karte für eine Tanzvorführung hätte. Ob ich gehen wollte? Eine Gratiskarte für etwas, das ich mochte? Natürlich.

Bevor ich ja sagte, dachte ich aber daran, wie meine andere Freundin sich fühlen würde, wenn ich absagte. Wir hatten unseren Plan zwar für den späten Nachmittag und nicht unbedingt für den Abend gemacht, aber ich wußte, wie es mir in ähnlichen Situationen ging. Solche Dinge sind uns wohl allen schon einmal passiert, und wir alle haben sie auch schon anderen zugefügt. Wir verabreden uns mit einer Gruppe von Freunden für einen ganzen Tag, zum Beispiel für eine Wanderung am Samstag. Da gibt es sicher einen Teilnehmer, der sich für diesen Tag trotzdem etwas anderes vornimmt, so daß die anderen früher gehen müssen als ursprünglich geplant. Und das nur, damit der »Doppelbucher« zu seinem anderen Vorhaben – das er plante, nachdem das erste vereinbart war – gehen kann.

Natürlich habe auch ich mich schon dieses Vergehens schuldig gemacht. Trotzdem ärgere ich mich jedes Mal, wenn ich bei anderen damit konfrontiert bin. Normalerweise machen die Doppelbucher Pläne, ohne zuerst die Partner der ersten Verabredung zu fragen, ob ihnen die Änderung recht ist. Sie reservieren sich die festgelegte Zeit für die Wanderung und die Fahrt genau, ohne irgendeinen zeitlichen Spielraum zu lassen. So wird das, was ursprünglich als entspannte Freizeit geplant war, wieder zu einem zeitlich gedrängten Ereignis.

So gerne ich zu der Tanzaufführung gegangen wäre, so überwand ich mich doch, die Einladung abzulehnen. Ich lehnte ab, aus Respekt vor meiner Freundin, und ich sagte auch nein wegen mir selbst. Ich finde, daß das Tempo des Lebens schnell genug ist und daß ich genügend Termine habe, so daß ich in einen Samstag nachmittag nicht noch mehr hineinpacken muß.

Es ist nicht leicht, nein zu sagen. Es gibt Tausende verführerischer Aktivitäten, die jeden Tag um unsere Aufmerksamkeit wetteifern. Wir hassen es, uns auch nur eine davon entgehen zu lassen. Aber das einfache Leben hat mich eines gelehrt: Es macht nicht nur nichts aus, viele Dinge zu versäumen, sondern es ist sogar besser, als überall dabeizusein. Je weniger wir tun, desto mehr können wir jedes einzelne Ereignis genießen, und wenn wir uns auf eine einzige, geplante Verabredung beschränken, zeigen wir damit unserem Gegenüber, wie wichtig uns das Beisammensein mit ihm ist.

Betrachten Sie Zeit als etwas Heiliges

Heilige Zeit ist die Zeit, die wir für uns haben. Wir sind die Besitzer unserer Zeit. Die meisten Menschen haben aber nicht dieses Gefühl! Wir verschenken unsere Zeit nach allen Seiten und fragen uns dann, wo sie geblieben ist. Damit Sie Ihre Zeit zu etwas Heiligem machen können, müssen Sie lernen, Grenzen zu ziehen. Ich lernte es während meiner Studienzeit an der juristischen Fakultät. Eine meiner dortigen Freundinnen nahm einen Teilzeitjob als Assistentin einer Gruppe von Professoren an. Der Job war ziemlich prestigeträchtig, deshalb verleitete er die Studenten, denen er angetragen wurde, auch dazu, mehr zu arbeiten, als sie zu leisten imstande waren. Sie wollten den Professoren um jeden Preis gefallen. Diese Freundin beeindruckte mich jedoch auf eine ganz besondere Art: Als eine Professorin sie bat, eine bestimmte Aufgabe innerhalb einer bestimmten Zeit zu erledigen, sagte sie schlicht und höflich nein.

Studenten sagen nur sehr selten nein zu Professoren. Aber meine Freundin erklärte ihrer Arbeitgeberin ruhig, daß sie in Anbetracht all der anderen Arbeit, die sie in dieser Zeit leisten mußte, auf keinen Fall alles schaffen würde. Die Professorin verzichtete nicht nur darauf, meine Freundin zu feuern, sondern sie respektierte sie dafür, daß sie ihre Grenzen wahrte.

Ich habe gesehen, was geschieht, wenn wir uns keine Grenzen setzen. Ich hatte eine andere Freundin, die in der Wirtschaft arbeitete. Sie war unsicher und konnte nicht nein sagen, wenn ihr mehr Arbeit zugemutet wurde, als sie nach vernünftigem Ermessen bewältigen konnte. Die Folge war, daß sie in dem Versuch, aufzuholen, ständig Überstunden machte, und daß sie chronisch erschöpft war. Sie befürchtete, daß man sie für inkompetent halten könnte, wenn sie nein sagte, und daß man den Respekt vor ihr verlieren oder sie gar feuern könnte. In Wirklichkeit ist das genaue Gegenteil der Fall. Ich kenne beide Seiten der Gleichung aus eigener Erfahrung. Als Chefin habe ich ehrlichen Respekt vor Menschen, die hart und effizient arbeiten, sich dabei aber ihrer Grenzen bewußt sind. Es kommt vor, daß ein Mitarbeiter eine Aufgabe ablehnt, die ich ihm zugedacht habe. Wenn ich weiß, daß es sich um einen hart arbeitenden, ehrlichen Menschen handelt, respektiere ich seine Ablehnung. Mir ist es weit lieber, daß jemand nein sagt, weil er seine Grenzen kennt und weiß, wieviel er bewältigen kann. Natürlich ist es mir angenehm, zu wissen, daß ein bestimmtes Projekt innerhalb einer bestimmten Zeit erledigt wird, und daß es zuverlässig und gut erledigt wird. Aber es beeindruckt mich nicht, wenn jemand gehetzt Überstunden macht, um etwas für mich oder für jemand anderen zu erledigen. Das bedeutet nicht, daß man sich nie bereit erklären sollte, Überstunden zu machen. Es bedeutet nur, daß man, wenn man sich dazu bereit erklärt, seine Grenzen kennen und sich bewußt machen sollte, daß es sich um eine spezielle Situation handelt, die zusätzliche Arbeitszeit erfordert. In diesem vollen Bewußtsein können wir bereit sein, uns besonders anzustrengen. Das ist ein völlig anderes Bewußtsein als das jener Menschen, die sich vom Autopiloten steuern lassen, aus Unsicherheit immer ja sagen und dann mit hängender Zunge hinter ihren Aufgaben herhecheln.

» So bizarr es auch klingen mag: Vielleicht wäre es gut, wenn wir eines Tages alle Telefone abschalteten, alle Motoren abstellten und alle Aktivitäten sein ließen – nur um die Chance zu haben, zur Besinnung zu kommen und darüber nachzudenken, worum es im Leben eigentlich geht, was der Sinn des Lebens ist und was wir wirklich vom Leben wollen. **«**

James Truslow Adams, Historiker

Sie können mit gutem Gewissen nein sagen, wenn zwei Voraussetzungen gegeben sind: 1) Sie arbeiten konzentriert, wenn Sie arbeiten (damit arbeiten Sie automatisch hart und effizient), und 2) Sie sind sich bewußt, was Sie in Ihrem Leben tun und was Ihnen wichtig ist. Wenn Sie sagen, daß Ihnen Ihr Familienleben wichtig ist, warum bleiben Sie dann jeden zweiten Abend bis neunzehn Uhr im Büro, um all die Projekte aufzuarbeiten, zu denen Sie nicht nein sagen konnten? Wenn Sie sagen, Sie lieben die Gartenarbeit, finden aber nicht die Zeit dazu, warum lassen Sie sich dann schon wieder in einen Ausschuß berufen oder warum schreiben Sie sich schon wieder bei einem Kurs ein? Sie müssen aufhören, nur zu reagieren, und sich statt dessen zentrieren. Strukturieren Sie Ihre Zeit um die Dinge herum, die Ihnen in Ihrem Leben wichtig sind.
Das Neinsagen bezieht sich sowohl auf die Arbeit als auch auf das Privatleben. Mich beeindrucken Menschen, die bezüglich ihrer persönlichen Zeit Grenzen setzen, genauso wie die, die es beruflich tun. Ich habe eine Freundin, die gemeinsam mit ihrer Familie entschied, daß an jedem Donnerstag Familienabend sein sollte. Alle kamen überein, an diesem Abend zu Hause zu bleiben. Ich habe an mehr als einem dieser Donnerstage versucht, bei meiner Freundin einzudringen, indem ich ihr vorschlug, gemeinsam mit mir etwas Verlockendes zu unternehmen. Sie sagte jedes Mal nein, denn sie hält ihre heilige Zeit in Ehren. Auch wenn ich im Augenblick enttäuscht bin, respektiere ich sie wirklich dafür, daß sie Grenzen setzt und darauf achtet, daß sie eingehalten werden. Wir müssen unterscheiden lernen. Die Inder kennen ein Sprichwort, das lautet: »Mangelndes Unterscheidungsvermögen ist die größte Gefahr.« Wenn wir nicht zwischen den Dingen unterscheiden können, wissen wir nicht, wann wir uns mit Begeisterung auf etwas stürzen und wann wir uns nicht darauf einlas-

sen sollten. Wir sagen ja zu allem, was an uns herangetragen wird, weil wir glauben, etwas leisten zu müssen – und zwar ständig. Wir können nicht aufessen, was wir uns auf unseren Teller gehäuft haben. Und dann beginnt die Angst an uns zu nagen. Wir müssen uns jede neue Versuchung genau ansehen und uns fragen, was sie in unserem Leben bewirken wird. Wenn es absolut notwendig ist, daß wir ihr nachgeben, oder wenn sie unser Leben auf eine positive, streßfreie Weise bereichert, sollten wir ja sagen. Ansonsten sind wir besser beraten, wenn wir uns mehr offene, freie Zeit verschaffen und ablehnen.

Betrachten Sie kritisch »zeitsparende« Geräte

Ein Mann namens Duncan Caldwell sagte einmal: »Die Amerikaner haben mehr zeitsparende Vorrichtungen und weniger Zeit als irgendein anderes Volk auf der Welt.«

Wie kann das sein? Schließlich kocht man mit einem Mikrowellenherd schneller als mit einem konventionellen Herd; die Küchenmaschine schneidet schneller als ein normales Messer und so weiter.

Natürlich läßt sich eine bestimmte Aufgabe mit einem Spezialgerät schneller erledigen. Aber wenn wir uns die Gesamtheit ansehen, stellen wir fest, daß wir durch all die zeitsparenden Vorrichtungen in Wirklichkeit Zeit verlieren. Der Grund ist folgender: Denken Sie an einen Rasenmäher. Bevor er erfunden wurde, hatten die Menschen keinen Rasen, und deshalb mußte kein Rasen gemäht werden. Nun halten wir es für unser Recht, einen privaten Rasen zu haben ... und bezahlen dafür einen doppelten oder sogar dreifachen Preis: Zum einen die zusätzliche Arbeit, die wir leisten müssen, um das Geld für einen Rasenmäher zu verdienen; zum anderen die Zeit, die wir für die Reparatur dieser neuen Helfer aufbringen müssen. Ein dritter ist, daß wir am Sonntag vormittag Rasen mähen, anstatt uns zu entspannen. Sehen Sie sich einmal in Ihrer Küche um und rechnen Sie das Geld zusammen, das Sie in all die kleinen elektrischen Heinzelmännchen investiert haben. (Auch hier spreche ich aus Erfahrung.) Wieviel verdienen Sie? Wie viele Überstunden müssen Sie machen, um das Geld zu verdienen, das diese Geräte gekostet haben? Wieviel Zeit bringen Sie damit zu, sie zu reinigen? Um wieviel größer muß Ihre Küche sein, damit

Sie all diese Dinge darin unterbringen können? Und schließlich – um wieviel mehr Zeit verbringen Sie in der Küche, damit Sie all diese Spezialmaschinen nutzen können?

Eine Studie der University of Michigan ergab, daß die Zeit, die mit Hausarbeit verbracht wird, zwischen den Besitzern vieler Geräte und jenen, die weniger besitzen, kaum differiert. Ich weiß aus erster Hand, wie das funktioniert. Nehmen wir zum Beispiel meinen automatischen Entsafter für zweihundert Dollar, den ich mir eines Tages kaufen *mußte*. (Frischer Saft würde mich gesünder machen und damit mein Leben verbessern. Das erschien mir damals logisch.) Gut, da presse ich mir schnell ein Gläschen Mohrrübensaft. Aber Sie haben keine Vorstellung, wie lange ich brauche, um das Ding in alle seine Einzelteile zu zerlegen, sie zu reinigen und alles wieder zusammenzubauen. Um wieviel schneller bin ich doch, wenn ich mir eine Mohrrübe aus dem Kühlschrank schnappe und sie einfach esse! Also bitte. Bin ich jetzt gesünder? Nein, denn ich scheue mich davor, das verflixte Ding in Betrieb zu nehmen. Aber vielleicht doch ein wenig, denn jetzt verspeise ich die Originale: Mohrrüben. Dann ist da der Wäschemythos. Zu Großmutters Zeiten war das Wäschewaschen sehr aufwendig. Aber eben aus diesem Grund hatten die Leute nicht so viele Kleider, und die, die sie hatten, wuschen sie nicht sooft. Heute, da es ganz leicht ist, eine Ladung in die Maschine zu werfen und sie anschließend automatisch zu trocknen, finden wir nichts dabei, unsere Kleider zwei- oder dreimal pro Tag zu wechseln, und es wird von uns erwartet, daß wir jederzeit makellos sauber aussehen. In derselben Studie stellten die Forscher fest, daß die durchschnittliche Hausfrau der sechziger Jahre pro Woche eine Stunde *länger* für die Wäsche brauchte als die Hausfrau der zwanziger Jahre.

Was will ich damit sagen? Ich trete natürlich nicht dafür ein, sämtliche Geräte aus dem Fenster zu werfen. Ich empfehle Ihnen nur, die Gesamtheit zu betrachten, bevor Sie Ihr nächstes »arbeitsparendes« Gerät kaufen. Manche Geräte sind ihr Geld wert, andere nicht. Meine Küchenmaschine verwende ich zum Beispiel regelmäßig. Da sie sooft im Einsatz und außerdem relativ leicht zu reinigen ist, ist sie wertvoll für mich. Bei anderen Geräten ist das nicht so. Manche Keller sind richtiggehende Gerätemuseen. Der Mann einer meiner Freundinnen mußte eine teure Maschine kaufen, um selbst ein Treppengeländer zu bauen. Seine Frau wartete endlos auf das Treppengeländer und beauftragte schließlich einen Tischler, der es mit seinem eigenen Werkzeug anfertigte. Wir alle kennen solche Geschichten.

Betrachten Sie die Gesamtheit

In einem Standardwerk mit dem Titel *How to Get Control of Your Time and Your Life* fordert uns der Autor Alan Lakein auf, uns nicht noch kompliziertere Verwendungsmethoden für unseren Tagesplaner auszudenken, sondern statt dessen einmal innezuhalten und uns das »große Bild«, die Gesamtheit, anzusehen. Überlegen Sie: Was wollen Sie von Ihrem Leben? Was wäre, wenn Sie nur noch sechs Monate zu leben hätten? Würden Sie Ihre Zeit so verbringen, wie Sie es jetzt tun? Überlegen Sie nicht, wie Sie das Maximum aus kleinen Zeitbrocken herausholen können, sondern betrachten Sie statt dessen Ihr ganzes Leben. Ralph Keyes faßte Lakeins Theorie in seinem Buch *Timelock* wie folgt zusammen:

 Nur indem wir uns die Zeit schaffen, um einen Schritt zurückzutreten, können wir erkennen, wie zersplittert unser Leben eigentlich ist. Dabei gelangen wir vielleicht zu der Erkenntnis, daß uns dieser Zustand eigentlich sehr willkommen ist, und wie süchtig Eile und Geschäftigkeit machen können. Über diese Dinge nachzudenken, braucht nicht nur Zeit, sondern auch Mut. Die größeren Dinge im Leben lassen sich eben nicht so leicht anpacken wie die kleineren. Bei ihnen steht mehr auf dem Spiel, und wir können mehr verlieren. Es gibt noch einen anderen Grund, warum wir unsere Terminkalender mit all den kleinen Dingen vollstopfen, die leichter in den Griff zu bekommen sind als die großen: Die Geschäftigkeit kann uns davor bewahren, nachdenken zu müssen, Nähe zu riskieren oder die Leere zu spüren. Wir haben keine Zeit ... Auf diese Weise sind wir nie gezwungen, uns zu fragen, was wirklich wichtig ist.

In seinem Buch *The 7 Habits of Highly Effective People* fordert uns Stephen Covey auf, uns vorzustellen, daß wir an unserem eigenen Begräbnis teilnehmen. Was wünschen wir uns, daß die Leute über uns sagen? Daß wir in allen möglichen Ausschüssen sitzen und uns ein kleines oder größeres Vermögen erwerben? Daß wir ein exotisches und protziges Auto fahren? Daß wir in einem riesigen Haus mit supercooler Einrichtung leben? Oder daß wir ein wunderbarer Freund, Elternteil oder Partner sind? Was taten wir, was uns dazu machte? Waren wir liebevoll? Konnten wir gut zuhören?

Der Autor fordert seine Leser auch auf, ihren eigenen Lebensplan darüber zu schreiben, was ihnen in ihrem Leben wichtig ist. Planvorgaben werden meist von Unternehmen verfaßt und beschreiben die grundsätzlichen Zielvorhaben des Unternehmens. Covey fordert uns auf, dasselbe für unser Leben zu tun. Wenn wir ungefähr wissen, was wir von unserem Leben erwarten, steigt die Wahrscheinlichkeit, daß unsere täglichen Entscheidungen mit unseren tiefen, inneren Werten im Einklang stehen. Wenn Ihr Lebensplan also den Wunsch ausdrückt, mehr Zeit mit Ihren Kindern oder mit Ihrem Partner zu verbringen, wird er Sie in die Lage versetzen, einen Job zu wählen, der Ihnen diese Zeit ermöglicht. In der Arbeit werden Sie diejenigen Projekte annehmen können, die in Ihren Plan passen. Sagen Sie nicht, das sei nicht möglich, denn das ist es sehr wohl. Ich habe eine Freundin, die ein technisches Studium absolviert hat und Mutter von zwei kleinen Kindern ist. Sie lehnte einen gutbezahlten, prestigeträchtigen Job ab und ging zu einer Firma, die weniger zahlte, bei der sie aber Arbeit und Familie besser miteinander vereinbaren konnte. Wenn Sie also einen persönlichen Lebensplan verfassen oder ohnedies eine Vorstellung von dem haben, was Sie vom Leben erwarten, können Sie mit diesem Bewußtsein zu Bewerbungsgesprächen gehen. Glauben Sie mir: Jeder Chef, der es wert ist, daß Sie für ihn arbeiten, wird Sie eher respektieren, wenn Sie sich selbst und Ihre Grenzen kennen, als wenn Sie bereit sind, sich vollkommen zu verausgaben, nur um Ihren Job zu behalten. Chefs, die selbst zentriert sind, mögen zentrierte Mitarbeiter. Und zentrierte Menschen haben zentrierte Freunde.

Lassen Sie Ihre Arbeit am Arbeitsplatz

Wie die meisten Dinge im Leben hat auch die Technologie ihre positiven und negativen Seiten. Das Positive ist die Bequemlichkeit und die Geschwindigkeit, die sie bietet. Von Zeit zu Zeit sind diese Merkmale nützlich, daran besteht kein Zweifel. Aber die negative Seite ist, daß die Technologie es uns ermöglicht, fast

Alte Zeiten

Julie Ristau und Ellen Ryan

Ein Farmer in Minnesota saß mit seiner Tochter, die in der Stadt wohnte, am Küchentisch. Sie war wie immer zur Erntezeit aus der Stadt auf Besuch gekommen. Als sie aus dem Fenster auf das reife Getreide auf den Feldern blickte, fielen ihr die Geschichten aus alten Zeiten ein: über Pflüge, die von Pferden gezogen wurden, über die Maisernte und über die Mähdrescher, die von Farm zu Farm zogen. Sie erinnerte sich an die vierreihige Mähmaschine, die ihr Vater vor zwanzig Jahren gekauft hatte. Ihr Großvater, der hoch oben auf einem Wagen voller Mais saß, der von der neuen Wundermaschine geerntet worden war, schüttelte in tiefer Verwunderung seinen Kopf. »Ich kann mich noch an Zeiten erinnern, in denen wir Brüder das Gefühl hatten, wirklich vorangekommen zu sein, wenn wir an einem Tag drei Morgen abernteten«, sagte er.

Sie fragte ihren Vater, ob ihm bewußt sei, wie sich die Ernte im Laufe der Jahre verändert hatte. Er hob seine Kaffeetasse zum Mund, um den letzten Schluck zu trinken, und antwortete: »Heute müssen alle bis Ende Oktober fertig sein.«

»Warum?« fragte sie.

»Weil sie die Maschinen haben, die das möglich machen.«

Sie erinnerte sich daran, daß ihr Vater früher bis in den Dezember hinein pflügte und daß seine Wangen rot von der Kälte waren, wenn er die Arbeit für diesen Tag beendete und zum Abendessen hereinkam. Damals war Thanks-

ständig mit unserer Arbeit in Verbindung zu bleiben. Wir alle haben es schon gesehen, und viele von uns tun es selbst: beim Autofahren oder während des Wartens telefonieren. Eine Freundin erzählte mir, daß sie gesehen hatte, wie ein Mann mit einem Mobiltelefon zwischen Kinn und Schulter geklemmt Baseball spielte! An jedermanns Gürtel hängt heute ein Handy. Früher erkannte man die Ärzte an diesen kleinen, piepsenden Dingern. Heute ist das anders. Jeder ist ständig mit Notfällen konfrontiert.

giving noch ein echtes Erntedankfest gewesen, und man feierte auch die Tatsache, daß alle in der Gemeinde für dieses Jahr so gut wie fertig waren.

Ihr Vater hatte nie große Flächen bewirtschaftet. Andere Farmer hatten in den sechziger und siebziger Jahren begonnen, Land aufzukaufen. Größere Anbauflächen bedeuteten größere Maschinen, und plötzlich wurden die schmalen Eisenbrücken der Landstraßen abgerissen, um Platz für breitere Traktoren und Mähdrescher zu schaffen. Ganze Pappelalleen, die die Bäche und Flüsse säumten, wurden über Nacht gefällt, um die landwirtschaftlich nutzbare Fläche zu vergrößern und den großen Maschinen mehr Raum zum Wenden zu geben ...

Während sie zusah, wie ein sechzehnreihiger Mähdrescher auf der anderen Seite der Straße ein Maisfeld verschlang, sprach sie mit ihrem Bruder, der die Farm der Familie inzwischen führte. »Seit ein paar Jahren«, sagte er, »bekommt man Schwierigkeiten, wenn man mit der Ernte nicht bis Halloween fertig ist.« Man war offenbar nicht mehr gewillt, sich auf das Wohlwollen der Natur zu verlassen. Man steigerte das Tempo und versuchte einfach, schneller zu sein als das Wetter. Die großen Maschinen und die Arbeit rund um die Uhr machten es möglich.

Früher hatten die Farmer diese Möglichkeiten nicht. Sie taten einfach, was sie konnten, mit dem, was sie hatten. Sie konnten nur so schnell ernten, wie ihre Familien arbeiten konnte. Heute sind die Möglichkeiten anders, und das Selbstbild der Farmer hat sich entsprechend geändert. Mit vierzigreihigen Mähdreschern wird die Ernte vielleicht bald an einem einzigen sonnigen Vormittag Mitte August erledigt werden.

Ristau und Ryan sind Ko-Direktorinnen des Minnesota Rural Organizing Project.

Heute brauchen Sie keinen Hörer mehr abzunehmen. (Können Sie sich überhaupt noch daran erinnern?) Heute sind unsere Mailboxen rund um die Uhr für uns da und speichern Nachrichten für uns, auch wenn das Telefon abgestellt ist. Und auch die Entspannung im Flugzeug gehört der Vergangenheit an. (Erinnern Sie sich an die schlechten Taschenbücher, die Sie sich vor dem Abflug am Flughafen zu kaufen pflegten?) Heute tragen wir unser Büro in Form eines Laptop-Computers mit uns.

Und auch mit den natürlichen »Stillstandzeiten« ist es vorbei. Erinnern Sie sich, was früher passierte, wenn wir eingeschneit wurden. Bevor die Elektronik ihren Einzug in unsere Häuser hielt, bekamen wir den Tag frei und brauchten nichts zu tun. Wir konnten nicht zur Arbeit fahren, weil die Straßen gesperrt waren. Also erwartete niemand von uns, daß wir arbeiteten. Und was ist heute? Pech gehabt. E-mail, Handy, Fax, Computer und wer weiß was noch alles stehen bereit. Es gibt kein Entrinnen. Heute wird von uns erwartet, daß wir an solchen Tagen durcharbeiten. Und warum? Weil wir es können. Es gibt keinen anderen Grund. Ich las einmal in einem Artikel über das Erdbeben von San Francisco im Jahr 1989, daß viele Leute, die nicht ins Büro fahren konnten, zu Hause vor ihren Computern saßen, noch bevor sie das zerbrochene Fensterglas vollständig weggeräumt hatten.

Was stimmt nicht an diesem Bild? Nun, im Namen der Effizienz haben wir die Oberhoheit über unsere Zeit aufgegeben ... wir kennen keine Isolation mehr und sind zu Gefangenen unserer mobilen Büros geworden.

Aber wir haben die Möglichkeit, uns zu bestimmten Stunden des Tages von der Technik freizumachen. Meines Wissens wurde in Japan in manchen Büros eine »kommunikationsfreie Stunde« eingeführt, in der die Leute nicht elektronisch miteinander kommunizieren können. Diese Einrichtung erinnert an eine Art verkürzte Siesta. Wir können uns weigern, ein Mobiltelefon oder einen Pager zu verwenden. (Ich komme immer noch ganz gut durchs Leben, ohne daß an meinem Gürtel ein Pager baumelt und ohne daß ich ein Autotelefon habe. Diese altmodischen Telefonzellen stehen schließlich immer noch da und sind für den Fall des Falles dienstbereit. Als Belohnung habe ich ungestörte Zeit beim Autofahren.) Wir können uns weigern, Arbeit mit nach Hause zu nehmen, ausgenommen in Notfällen. Oder wir können unsere Arbeitszeit zu Hause strukturieren, indem wir uns dreißig Arbeitsminuten pro Abend oder ein Wochenende pro Monat zubilligen. Jene von uns, die zu Hause arbeiten, können ihre Arbeitszeiten ebenfalls begrenzen. Die Aussage, die in dieser Hinsicht den größten Eindruck auf mich machte, lautet: »Wer seine Arbeit in acht Stunden nicht bewältigt, schafft sie auch in zehn oder zwölf Stunden nicht.«

Denken Sie an diese Regel, wenn Sie Ihre geistige Arbeit mit nach Hause nehmen oder wenn Sie sich den Kopf darüber zerbrechen, was Sie alles tun sollten. Geben Sie sich, sagen wir, zu Hause zwanzig Minuten Zeit, um über Ihren Job nachzudenken oder sich Sorgen zu machen. Wenn diese Zeit vorbei ist, verbannen Sie die einschlägigen Gedanken. Aber in Ihrer »Sorgenzeit« können Sie sich nach Herzenslust darin vergraben und sich den Kopf zerbrechen, soviel Sie wollen. Setzen Sie sich mit Ihren Sorgen zwanzig Minuten lang ruhig hin, und dann klappen Sie das »Sorgenbuch« im Geiste zu. Diese Methode funktioniert, weil Sie dabei Gedanken und Problemen, die Sie bezüglich Ihrer Arbeit haben, Ihre volle Aufmerksamkeit widmen können. Wenn Sie fertig sind, wissen Sie, daß Sie nach besten Kräften nachgegrübelt haben. Wenn Sie nicht loslassen können, nachdem die vorgesehene Zeit verstrichen ist, machen Sie sich das bewußt und sagen Sie nein zu sich. Verdrängen Sie die Gedanken aus Ihrem Kopf. Mit etwas Übung werden Sie diese Technik bald vollkommen beherrschen, und Sie werden die Gedanken an Ihre Arbeit so gut im Griff haben, daß sie nicht Ihr ganzes Leben in Mitleidenschaft ziehen.

Ein amerikanischer Politiker, der eine Gesetzesvorlage unterstützte, derzufolge es den Arbeitgebern verboten werden sollte, Mitarbeiter zu feuern, die keine Überstunden leisten wollen, fragte: »Soll die Zeit der Menschen von den großen Unternehmen kontrolliert werden, für die sie arbeiten, oder sollten die Menschen das grundlegende Recht haben, ihr eigenes Leben zu führen und selbst über ihre Zeit zu bestimmen?«

Warten Sie nicht, bis irgendein Gesetz verabschiedet wird, das Ihnen grünes Licht gibt, die Kontrolle über Ihr Leben und Ihre Zeit zu beanspruchen. Machen Sie sich selbst ein inneres Gesetz und halten Sie sich daran.

Halten Sie einen Ruhetag in der Woche ein

Es gibt auch zahlreiche Möglichkeiten, um innezuhalten. Eine besteht darin, sich an alte religiöse Bräuche wie das Einhalten des Sabbat zu erinnern. Der Sabbat ist der siebte Tag der Woche, der Samstag, der von Juden und einigen religiösen Gemeinden als Tag der Ruhe und des Gottesdienstes eingehalten wird. Für die Christen ist dieser Ruhetag der erste Tag der Woche, der Sonntag. Laut Bibel ist das zeitliche Muster von sechs Tagen Arbeit und Ruhe am siebten Tag ein göttliches Muster, das eng mit der Erschaffung der Welt verbunden ist: »Und am siebten Tag vollendete Gott Seine Arbeit; und Er ruhte am siebten Tag von Seiner Arbeit aus.«

Es macht auf jeden Fall Sinn, uns einen Tag in der Woche auszuruhen, ob wir religiös sind oder nicht. Wenn Sie religiös sind, können Sie an diesem Tag Ihren spirituellen Bedürfnissen nachgehen. Wenn Sie es nicht sind, streichen Sie jeden Samstag oder Sonntag (oder welchen Tag auch immer, aber es sollte immer der gleiche sein) auf Ihrem Kalender mit einem großen »X« durch, so daß Sie für diesen Tag keine Arbeit planen können. Verwenden Sie diesen Tag zum Ausruhen und Entspannen. Unterhalten Sie sich mit Ihrer Familie. Lassen Sie Ihre Seele baumeln. Lesen Sie den ganzen Tag. Wichtig ist nur, daß Sie nicht arbeiten. Ich kenne eine religiöse Familie, die den Sabbat so streng einhält, daß am Samstag nicht einmal gekocht wird.

Wir alle brauchen solche Ruhepausen. Unser Körper und unser Geist braucht sie unbedingt. Es ist einfach nicht möglich, daß wir die ganze Woche herumhetzen und dabei gesund und bei Verstand bleiben. Damit Sie Ihre Ruhepause einhalten können, müssen Sie sich feste Grenzen setzen. Es gibt immer Arbeit, die noch erledigt werden müßte, ganz gleich, ob zu Hause oder im Büro. Gönnen Sie sich also eine Pause.

Füllen Sie Ihr Reservoir

Wenn wir uns keine Zeit für uns selbst nehmen, können wir auch anderen nichts geben. Ich weiß natürlich, daß es nicht leicht ist, Zeit für sich selbst zu schaffen. Meine Freundin Renee, die vier Kinder hat, ging einmal zum Arzt, weil sie sich erschöpft fühlte. Der Arzt ermahnte sie, sich Zeit für sich selbst zu nehmen. Renee sank auf ihrem Stuhl in sich zusammen und seufzte tief: »Noch ein Mensch, auf dessen Bedürfnisse ich Rücksicht nehmen muß!«

Traurig, aber wahr. Ich kenne dieses Gefühl gut, und dabei habe ich nur zwei Kinder. Aber ich weiß, daß ich meinen Kindern und allen anderen in meiner Umgebung mehr geben kann, wenn ich mir Zeit für mich selbst nehme. Ich weiß, daß ich nicht ständig auf Hochtouren laufen und immer nur geben kann. Sich Zeit für sich selbst zu nehmen, bedeutet nicht, daß Sie ein ganzes Wochenende lang abschalten oder einmal im Monat nach Tahiti fliegen müssen (übrigens keine schlechte Idee, meinen Sie nicht auch?). Für mich sind zum Beispiel die meditativen Minuten beim Geschirrspülen, in denen ich wirklich mit Konzentration bei der Sache bin, eine solche Zeit. Ein halbstündiger Spaziergang mit einer meiner Freundinnen. Zwanzig Minuten Meditation. (Mehr darüber im Kapitel über die innerliche Einfachheit.) Ich weiß, daß ich anderen wenig geben kann, wenn ich selbst unter Streß stehe. Was für ein armseliges Leben! Virginia Satir, Autorin und Psychologin, spricht von einer Eintopftheorie: »Es gibt nichts Schöneres an einem kalten Tag als eine dampfende Schüssel mit heißem Eintopf. Das ist Nahrung, das ist Liebe, das ist Freundschaft. Aber irgendwann muß man mit dem Schöpfen aufhören und den Topf wieder auffüllen. Nur wer sich selbst nährt, kann andere nähren.«

Wie immer Sie es auch nennen, bleiben Sie diesem Prinzip treu. Nehmen Sie sich Zeit für sich selbst, und Sie werden anderen etwas geben können.

Das Sinnliche der Einfachheit

Versuchen Sie heute abend einmal, Ihr Geschirr von Hand zu spülen. Sie können das allein tun oder mit einem Partner, der das Geschirr trocknet. Die Übung wirkt aber nur, wenn Sie mit voller Aufmerksamkeit bei der Sache sind. Versenken Sie sich in Ihre Arbeit und genießen Sie den weichen Schaum, der Ihre Hände und das Geschirr streichelt. Fühlen Sie, wie der Schwamm schrubbt und reibt. Wenn Ihnen jemand hilft, achten Sie darauf, wie Sie sich unterhalten und miteinander über die Ereignisse des Tages sprechen. Nehmen Sie sich wirklich die Zeit, den Prozeß zu genießen. Was meinen Sie?

Bob und Jody Haug:
Ein amerikanischer Traum

Bob Haug hatte einmal alles, was die Amerikaner traditionell anstreben: ein großes Haus an einem See, Boote, Autos und ein erfolgreiches Unternehmen. Mehr Geld, als er brauchte. Sein Weg zum Erfolg war direkt und geradlinig gewesen: College, harte Arbeit, Visionen vom guten Leben, das vor ihm lag. Wie so viele andere dachte er nie daran, eine andere Art Leben anzustreben. Welches andere Leben gab es denn schon?

Eines Tages, vor zwanzig Jahren, gab Haug alles auf und stieg aus. Heute lebt er die Antithese dieses traditionellen, amerikanischen Traums: Er hat sehr wenig Geld und ein Heim, das gerade groß genug ist, um sich darin umzudrehen. Keinen See und ein altes Auto. Aber heute ist etwas anderes da, was er in seinem früheren Leben nicht kannte: Zufriedenheit. Heute führen Bob und seine Frau Jody ein Leben ohne Belastungen und voller Ruhe. Sie geben sehr wenig Geld aus und brauchen fast nichts. Obwohl sie gerade genug Geld zum Leben und ein sehr bescheidenes Heim haben, sagen die Haugs übereinstimmend, daß ihr neues Leben unfaßbar reich und erfüllt ist und daß sie es für nichts auf der Welt eintauschen würden.

Bob und Jody Haug leben in dem kleinen Keller ihres Hauses. Das Erdgeschoß und die oberen Stockwerke sind an zwei Familien vermietet. Der Raum, in dem die Haugs leben, reicht gerade für ihre Bedürfnisse aus. Sie haben keinen Quadratzentimeter zuviel, und sie mögen es so, weil sie nicht mehr brauchen als das, was sie haben.

Der Wohnbereich wird von einem großen Holztisch dominiert, der von gepolsterten Bänken umgeben ist. Die Haugs haben alles selbst gebaut. Bob sagt, daß sie den Tisch deshalb zum Mittelpunkt des Zimmers gemacht haben, weil sich die Leute ohnehin am Wohnzimmertisch zusammensetzen. In dem Raum gibt es nur noch zwei zusätzliche Stühle. Neben dem Tisch befindet sich die kompakte und effizient eingerichtete Küche. Zwischenwände gibt es keine. Das Gestell zum Abtropfen der Teller nach norwegischer Art ist direkt über der Spüle eingebaut. Wenn Geschirr gespült wird, wird es zum Abtropfen in dieses Gestell gestellt, das gleichzeitig als Küchenschrank fungiert. Die Küchenschränke haben keine Türen, weil die beiden finden, daß Geschirr nicht versteckt zu werden braucht. Der Herd ist klein, aber er leistet so viel wie ein großer.

Das Schlafzimmer der Haugs ist einfach ein Bett, das in einen Alkoven eingepaßt wurde. Ein winziger Schrank trennt es vom Büroteil der Wohnung. Der Schrank ist deshalb so klein, weil die beiden nicht viele Kleider brauchen. Das Bad ist nur etwas größer als der Bug eines Bootes, und das Waschbecken ist tatsächlich nicht größer als das einer Schiffskajüte. »Wozu brauchen wir ein größeres?« fragt Bob. Weiter unten im Gang bauten die Haugs ein Gästezimmer für ihre zahlreichen Besucher (zwei Norweger waren gerade abgereist, und eine Japanerin war unterwegs). In dem Zimmer stehen zwei doppelt breite Stockbetten, ein kleiner Schrank und ein Regal, alles von den Haugs selbst gezimmert. Eine bewegliche Wand trennt den Gästeraum von einem angrenzenden Raum, in dem ebenfalls ein eingebautes Stockbett steht. Auf diese Weise können entweder beide Räume von einer großen Familie benutzt werden, oder separate Besucher, die lieber für sich sind, können den Raum teilen. Ein drittes Schlafzimmer gehört ihrem sechzehnjährigen Sohn. Jedes Zimmer ist gerade groß genug für ein Bett, einen Schrank und ein Regal. Ein Schreibtisch paßt auch noch hinein, aber sonst nichts. Und die Zimmer scheinen ihrer Aufgabe bestens gerecht zu werden.

Es gelang den Haugs sogar, in diesem knappen Raum einen Vorratskeller unterzubringen, wo sie Bobs frisches Gartengemüse und die Konserven lagern. Außerdem gibt es eine voll ausgerüstete Werkstatt, wo sie selbst Möbel bauen und Reparaturarbeiten durchführen können. Jody hat einen ausreichend großen Arbeitsbereich für ihre Strick- und Näharbeiten, und den Bürobereich, in dem auch ein Computer steht, benutzen sie gemeinsam. Sie kommen mit wenig Platz zurecht, weil kein Zentimeter verschwendet ist.

»Wenn Sie ein Haus planen«, sagt Bob, »sollten Sie von dem ausgehen, was Sie darin tatsächlich tun wollen, statt von vorgefaßten Vorstellungen. So erreichen Sie, daß das, was Sie bauen, tatsächlich funktional und verwendungsfähig ist. Ich habe Wohnzimmer gesehen, deren Sitzmöbel mit Plastik abgedeckt waren. Meiner Meinung nach könnte man einen solchen Raum ebensogut abreißen. Wenn Sie mehr Platz brauchen, gehen Sie nach draußen oder machen Sie einen Wochenendausflug!«

Bob erinnert sich an das Haus, in dem er früher lebte. Dieses Haus hatte ein Panoramafenster, das größer war als seine derzeitige Wohnung lang ist. Aber er bereute es nie, sein altes Leben aufgegeben zu haben. »Nicht einmal eine Sekunde lang«, sagt er. »Die Vorstellung, noch einmal so leben zu müssen, erfüllt mich mit Schrecken.«

Bobs früheres Leben war der Wirklichkeit gewordene, amerikanische Traum. »Ich hatte eine Büromaterialfirma im Mittleren Westen«, sagt er. »Und ich verdiente mehr Geld, als ich gebrauchen konnte. Aber irgendwann einmal begann ich mich zu fragen, warum ich das alles tat. Ich hatte festgestellt, daß ein solches Wachstum für die kleine Gemeinde, in der wir lebten, nicht gerade gesund war ... es führte nur zu erhöhter Kriminalität, und Horden von Menschen zogen in die Stadt, die nicht untergebracht werden konnten, und überall schossen Produktionswerke aus dem Boden. Nach amerikanischem Denken war das Erfolg.

Dann fragte ich mich, was ich noch konnte – außer immer mehr Geld verdienen. Das war uninteressant für mich geworden, denn es gab so viele andere Dinge, die ich tun wollte, wie zum Beispiel Menschen helfen.«

Als seine Kinder aus dem Haus waren, setzte Bob seine Überlegungen in die Tat um. Sein Unternehmen, seine Autos, seine Boote und sein Haus ließ er seiner Frau, die sich an ihren Lebensstandard gewöhnt hatte und ihn auf seiner Reise nicht begleiten wollte. Er packte zwei Koffer, steckte sich hundert Dollar in die Tasche und fuhr nach Florida, weil ihm diese Gegend vertraut war. Zuerst suchte er sich Arbeit und jobbte als Leiter eines Instituts der University of Florida, und dann fand er Arbeit als Betreuer von Problemkindern. Er begann, einfach zu leben. Er lernte, einfach zu essen, auf dunkles Fleisch zu verzichten und große Mengen auf einmal zu kaufen, um Geld zu sparen. Seine Kleider kaufte er in Diskontgeschäften und bezahlte nur mit dem Bargeld, das er hatte. Als er sich für Verpackungen zu interessieren begann, erfuhr er, daß eine Schachtel Cornflakes im Supermarkt durch all die Werbung und das Drumherum mehr kosten kann als ein Steak. »Wir müssen aufhören, unsere Müllhalden mit sinnlosen Verpackungen anzufüllen«, sagt er.

Während seines zehnjährigen Aufenthalts in Florida sparte er genug Geld, um sich einen VW-Bus zu kaufen, mit dem er nach Seattle aufbrach. Er blickte kein einziges Mal zurück. »Ich habe jetzt so viel mehr Freiheit«, sagt er. »Mehr Freiheit ... ich würde diesen zweiten Teil meines Lebens nie wieder eintauschen. Der Grund ist die wunderbare Freiheit, die ich genieße. Ich bin mit der Vorstellung aufgewachsen, daß man viel Geld verdienen muß. Wirtschaftlicher Erfolg war mein Ziel. Ich wollte ein angesehenes Mitglied der Gemeinschaft sein ... der Stolz der Menschen rund um mich. Das brauche ich heute nicht mehr.«

Kurz nach seiner Ankunft in Seattle fand Bob einen Job und lernte seine jetzige Frau Jody kennen. Sie teilt sein einfaches Leben seit Jahren. Beide haben norwegische Wurzeln, und die Liebe zum Wasser verbindet sie. Später ging Bob in Pension, und heute arbeiten Jody und er gelegentlich. Sie tun nur Dinge, die ihnen Spaß machen.

»Die Leute kommen zu uns und sagen: ›Ich weiß nicht, wir ihr das macht – nur manchmal arbeiten und trotzdem all die Reisen nach Norwegen zu machen‹«, erzählt Bob, »und dann gehen sie raus und steigen in ihr Fünfzehntausend-Dollar-Auto. Wenn sie eines gekauft hätten, das um fünftausend Dollar billiger gewesen wäre, wäre die Reise schon finanziert gewesen!«

Die Haugs leisten sich tatsächlich häufige Reisen nach Norwegen. Eine solche Reise dauerte sogar neun Monate. Sie behalten ihr einfaches Leben auch auf Reisen bei, campieren im Freien, übernachten in Jugendherbergen, kochen selbst und reisen mit leichtem Gepäck, damit sie öffentliche Verkehrsmittel benutzen können. Auf ihrer Neunmonatsreise lernten sie eine Frau kennen, die ihnen den Keller ihres Bauernhauses für fünfundsiebzig Dollar pro Monat vermietete. Und wenn sie in den Vereinigten Staaten reisen, tun sie das in ihrem alten Bus, der ihnen sowohl als Hotel als auch als Restaurant dient.

»Diese Art Leben bietet uns die Freiheit, das tun zu können, wonach uns ist«, sagt Bob. »Es gibt uns die Freiheit, alles zu tun, was wir anderenfalls nicht tun könnten.«

Bob wendet einen Großteil seiner Zeit für den Anbau von Obst und Gemüse und für das Einkochen auf. Er betreibt als Hobby auch eine Firma, die norwegische Volksmusik importiert und vertreibt, und außerdem arbeitet er als Tontechniker für lokale Unweltorganisationen.

Wann immer es möglich ist, wandern die Haugs. Wenn sie in dem eine Meile entfernten Supermarkt Lebensmittel einkaufen wollen, nehmen sie sich eine Einkaufstüte und gehen zu Fuß. Wenn ihr Ziel weiter entfernt liegt, nehmen sie den Bus. Die beiden haben ein gemeinsames Auto, das aber meist ungenutzt vor dem Haus steht. Wenn es repariert werden muß, sind sowohl Bob als auch Jody dazu in der Lage.

An Feiertagen und zu Geburtstagen machen die beiden Geschenke oder tauschen Zeit oder Dienste aus. »Früher kaufte ich alle Geschenke, die ich machte«, sagt Bob. »Jetzt mache ich sie selbst, und dabei gebe ich etwas von mir her. Heute haben wir Zeit für diese Dinge.

Wenn man so zu leben beginnen will, muß man seine vorgefaßte Vorstellung von dem, was man braucht, über Bord werfen. Das fällt den meisten Menschen schwer. Wenn sie unser Badezimmer sehen, sagen sie: ›Oh, es ist zu klein!‹ Dabei ist das nur eine Frage der Sichtweise. Ich sage ihnen, sie sollten sich einmal auf einem Boot umsehen, dann würde es ihnen nicht mehr klein erscheinen.

Die meisten von uns sind Sklaven der Wirtschaft, die darauf angewiesen sind, unterhalten zu werden«, sagt Bob. »Aber auch das ist eine Frage der Sichtweise. Für mich ist ein Spaziergang sehr unterhaltend. Er ist nicht nur kostenlos, sondern er dient auch meiner Gesundheit. Ich freue mich auf das Einkaufen, weil es ein Grund für mich ist, zu Fuß zu gehen. Wir sagen den Menschen, daß sie, wenn sie so leben wollen, ihre Bedürfnisse von ihren Wünschen trennen müssen. Und zwar mit einem sehr scharfen Messer.«

2

ÜBER DAS GELD

Schulden heißt Arbeit dulden!
Anonymous

Was hat Geld mit einem einfachen Leben zu tun? Die Antwort ist: alles. Ob es Ihnen gefällt oder nicht. Unsere Einstellung zum Geld kann uns tatsächlich ruinieren oder retten.

Wenn wir uns auf das einfache Leben eingelassen haben, ist die Versuchung groß, Geld zu verachten. Wir sagen vielleicht Sätze wie: »Ich brauche mir über Geld keine Gedanken zu machen, denn bei der freiwilligen Einfachheit geht es um höhere Werte.« Oder: »Wir wissen doch alle, daß Geld allein nicht glücklich macht - warum sollten wir uns dann den Kopf darüber zerbrechen?«

Einfach zu leben, bedeutet aber nicht, ständig pleite zu sein oder nichts von Geld wissen zu wollen. Es bedeutet statt dessen, daß wir uns die Kontrolle über unser Budget verschaffen und unser Geld für uns und nicht gegen uns arbeiten lassen, wie es zum Beispiel der Fall ist, wenn wir Schulden haben. Die richtige Einstellung zu Geld und der richtige Umgang damit können uns eine unglaubliche Freiheit bringen.

Sparen Sie Ihr Geld!

Es bedarf keiner wissenschaftlichen Theorie, um zu verstehen, was Geld mit einem einfachen Leben zu tun hat. Die Regel lautet: *Wenn Sie nicht mehr arbeiten wollen, als Ihnen guttut, geben Sie das Geld nicht aus.* So einfach ist das.

Die meisten Leute sind Sklaven ihrer Jobs, weil sie all ihr Geld ausgeben. Also müssen sie weiterarbeiten, um noch mehr Geld zu verdienen, das sie ebenfalls sofort wieder ausgeben. Dann klagen sie darüber, daß sie sich überlastet fühlen oder an einen Job gebunden sind, in dem sie unglücklich sind.

» Wir finden es ganz normal, Kleidung anzuziehen, die wir speziell für die Arbeit kaufen, uns in einem Auto durch den Verkehr zu kämpfen, das wir in monatlichen Raten abstottern, einer Arbeit nachzugehen, die wir brauchen, um die Kleidung, das Auto und das Haus zu bezahlen, das wir den ganzen Tag über leerstehen lassen, damit wir uns leisten können, darin zu wohnen. «

Ellen Goodman, Kolumnistin von Nationally Syndicated

Wenn Sie Geld auf der hohen Kante haben, stehen Ihnen Wahlmöglichkeiten offen. Sie können zum Beispiel ein paar Monate lang zu arbeiten aufhören, um darüber nachzudenken, was Sie vom Leben erwarten. Sie können Teilzeit oder auch in Ihrem Job weiterarbeiten, in dem Wissen, daß Sie es nicht müssen. Wenn Sie kein Geld gespart haben, haben Sie diese Möglichkeiten nicht. Wir leben schließlich in einer Konsumgesellschaft, die uns zu ständigen Ausgaben ermutigt und uns vorgaukelt, daß wir dadurch glücklich werden. Unsere Gesellschaft ist so durchdrungen von dieser Vorstellung, daß ich ausgerechnet in einem Magazin, das dem Umgang mit Geld gewidmet war, folgende Anzeige für ein Luxusauto fand: »Um Streß abzubauen, können Sie sich entweder einen coolen Wagen oder ein Spielzeugauto zulegen. Der (Name des Autos) ist für Leute, die keine Spielzeugautos fahren.«

Moment mal! Auf welchen Unsinn lassen wir uns da ein? Um Streß abzubauen, sollen wir uns ein Auto zulegen, das mehr kostet, als die meisten von uns in zwei Jahren verdienen? In Wirklichkeit ist es genau umgekehrt – ein solches Denken *verursacht* Streß! Wir glauben blind, was uns diese Anzeigen suggerieren, und wir stellen unseren Rationalisierungsregler so laut, bis eine Stimme in unserem Kopf brüllt: »Dieses Auto zeigt, daß ich es geschafft habe. Das ist ein guter Grund, Schulden zu machen. Dieses Auto wird mir das Leben erleichtern. Ich brauche mein altes nicht mehr reparieren lassen. Es ist meine Ersparnisse wert. Die Leute werden vor Staunen den Mund aufsperren, wenn sie mich darin sehen.« Und so weiter.

Wenn wir uns als durchschnittlicher Verdiener ein solches Auto zulegen, müssen wir entweder die nächsten drei bis fünf Jahre Raten abstottern oder unsere gesamten Ersparnisse opfern. Wie auch immer – um einen solchen »Streßabbauer« zu erwerben, schweißen wir uns für mindestens weitere fünf Jahre an unseren Job. Und noch einmal fünf Jahre für all die anderen Dinge, die wir täglich, stündlich und monatlich kaufen. Dann klagen wir darüber, daß wir überlastet sind und daß wir unsere Jobs hassen, daß wir aber nicht kündigen können, weil wir keine finanziellen Reserven haben.

Hier kommt der »Einfach-leben-Ratgeber für den Umgang mit Geld«. Du lieber Himmel! »Ich habe keine Lust, in einem baufälligen Schuppen zu leben und mich von den Früchten des Waldes zu ernähren. Vielen Dank. Behalten Sie Ihren Geldmanagementplan.«

Augenblick! Der »Einfach-leben-Ratgeber für den Umgang mit Geld« gibt Ihnen Ihr Leben zurück! Er zeigt auf, daß es möglich ist, heute gut zu leben und gleichzeitig Geld zu sparen, damit das gute Leben auch morgen gesichert ist. Sie können sich Ihre Freiheit tatsächlich erkaufen. Wenn Sie Arbeit haben, können Sie es mit dem Geld tun, das Sie *jetzt* verdienen.

Das ist der Plan: Stellen Sie sich Geld als etwas vor, das mit Ihrem Leben verbunden ist - nichts Separates, Isoliertes, das Sie einmal pro Woche oder pro Monat verplanen oder mit dem Sie sich ein - Gott behüte - Haushaltsbudget erstellen. Geld ist ein Teil Ihres Lebens. Wir müssen uns einen ganzheitlichen Ansatz zu eigen machen, bei dem wir unser gesamtes Leben unter die Lupe nehmen. Führen Sie das Leben, das Sie für sich und/oder für Ihre Familie schon immer erträumt haben? Oder stecken Sie in einer ständigen Tretmühle von Verdienen, Ausgeben, Verdienen und abermals Ausgeben? Wenn Sie wissen, was Sie sich vom Leben erwarten, ist die Wahrscheinlichkeit größer, daß Sie erkennen, daß Sie ein größeres Haus, ein Luxusauto oder ständig neue Kleidung nicht glücklicher machen. Sie werden lernen, durch die Geschäfte zu gehen, ohne sich von jedem Angebot verführen zu lassen, das Sie anlacht. Wenn Sie das Portemonnaie in der Handtasche lassen, können Sie zu investieren beginnen und Ihr Geld vermehren. Dann haben Sie die Freiheit, das Leben zu wählen, das Ihnen vorschwebt, anstatt den Großteil Ihrer Stunden damit zu verbringen, Schulden abzuzahlen oder Konsumgüter zu finanzieren. Stellen Sie sich das wie einen finanziellen Fitneßplan vor. Haben Sie eine Vorstellung davon, um wieviel besser Sie sich fühlen, wenn Sie körperlich fit sind?

Mit Ihren finanziellen Zielen ist es wie mit Ihren Lebenszielen: Nur Sie allein kennen sie. Schreiben Sie sie auf. Veranstalten Sie dazu ein Brainstorming. Welches Leben wollen Sie für sich? Auf den sieben Meeren segeln? Mit einem Dutzend verwaister Kinder in einem Haus auf dem Land leben? Zeit für die Arbeit mit Behinderten haben? Zeit für Ihre Kinder, Eltern, für Ihren Partner und Ihre Freunde haben? Wieviel Zeit? Wenn Sie einen Beruf ausüben, der Ihnen gefällt, kann es sein, daß Sie ihn vielleicht behalten möchten, die Arbeit aber (wenn sie beispielsweise juristischer oder medizinischer Natur ist) in den Dienst Bedürftiger stellen. Vielleicht möchten Sie Teilzeit arbeiten oder sich einer lokalen Theatergruppe anschließen und ein wenig Bühnenluft schnuppern. Viele Menschen wünschen sich von ihrem Leben in erster Linie gute Freunde, eine erfüllende Arbeit, gute Familienbeziehungen und interessante Erfahrungen.

Was kosten diese Dinge? Können Sie sie mit Ihrem derzeitigen Lebensstil genießen? Oder arbeiten Sie so viel und stopfen Sie sich Ihren Terminkalender so voll, daß Ihnen kaum Zeit für Familie und Freunde bleibt? Füllt Ihre Arbeit Sie aus? Klagen Sie darüber, daß Sie nie richtig Urlaub machen können? Zahlen Sie Raten für Autos, Boote und Geräte ab? Oder brauchen Sie Ihr ganzes Gehalt, um über die Runden zu kommen? Wenn Ihr Ziel darin besteht, mehr Zeit für Ihre Familie zu haben, Sie aber in einem teuren Haus leben, für dessen Hypotheken Sie wie ein Verrückter arbeiten müssen, sollten Sie Ihre Prioritäten überdenken. Es ist kein Wunder, daß Ihnen für die größeren Ziele Ihres Lebens nichts bleibt. Bei irgend etwas müssen Sie Abstriche machen. Wenn Sie so weitermachen wie bisher, wird es nichts damit werden, weniger zu arbeiten und auf diese Weise mehr Freizeit zu gewinnen.

Wohin verschwindet Ihr Geld?

Wie können Sie Ihre Ziele erreichen, ohne sofort einschneidende Opfer bringen zu müssen?

Schreiben Sie sich auf, was Sie ausgeben. Diese Aufzeichnungen geben Ihnen Aufschluß darüber, was Sie gegenwärtig für wichtig halten. Das wundervolle Buch mit dem Titel *Your Money or Your Life* von Joe Dominguez und Vicki Robin erklärt diesen Plan in allen Einzelheiten. Tragen Sie einen kleinen Notizblock bei sich, in den Sie alles eintragen, was Sie ausgeben. Wenn Sie im Café einen Cappuccino trinken, notieren Sie sich die Ausgabe. Selbst wenn Sie etwas so Geringfügiges wie eine Packung Kaugummi kaufen, schreiben Sie sich die Ausgabe auf. Tragen Sie auch alle ausgestellten Schecks in Ihr Scheckbuch ein. Das klingt vielleicht aufwendig und langweilig, aber Sie werden sehen, daß es Ihnen bald zur Gewohnheit wird. Es ist jedenfalls die beste, mir bekannte Methode, wie wir uns einen Überblick über unsere finanziellen Gewohnheiten verschaffen und beginnen können, sie zu kontrollieren.

Wenn Ihnen am Ende des Monats Ihre Kontoauszüge und Ihre Kreditkartenrechnung zugeschickt werden, nehmen Sie Ihr Notizbuch zur Hand und machen Sie sich eine Tabelle. Diese Tabelle kann einfach in einem, in Spalten eingeteilten Blatt Papier bestehen, oder Sie können, wenn Sie einen Computer besitzen, auch ein Geldmanagementprogramm verwenden. Sehen Sie sich Ihre Ausgaben einmal an und stellen Sie fest, für welche Kategorien Sie am häufigsten die Brieftasche zücken. Natürlich ist »Lebensmittel« eine dieser Kategorien, aber so einfach sollten Sie es sich nicht machen. Unterteilen Sie diese Kategorie zusätzlich in Mahlzeiten, Snacks, Kaffee, berufliche Mittagessen und private Restaurantbesuche. Kartoffelchips fallen zum Beispiel in die Kategorie Snacks. Schauen Sie auch den Rest Ihrer Ausgaben durch und versuchen Sie, die anderen großen Kategorien ebenfalls zu unterteilen. Bekleidung ist eine andere Sparte. Wenn Sie berufstätig sind, kaufen Sie wahrscheinlich »offizielle« Kleidung und Freizeitkleidung. Trennen Sie die beiden Kategorien. Zählen Sie dann die Ausgaben der einzelnen Spalten zusammen. Das wird Ihnen viel über Ihre Ausgabegewohnheiten sagen. Erstens erhalten Sie in übersichtlicher grafischer Darstellung monatlich Aufschluß darüber, was Sie mit Ihrem Geld tun. Sie werden nicht länger darüber klagen können, daß Sie nicht wissen, wohin Ihr Geld verschwindet. Zweitens erhalten Sie eine Vorstellung über Ihre Prioritäten. Vielleicht machen Sie viele Wochenendreisen und sind erstaunt, wieviel Geld Sie im Lauf der Zeit in dieser Kategorie verbrauchen. Vielleicht sind Sie von Ihrer Arbeit so erschöpft, daß Sie dreimal in der Woche auswärts zu Abend essen, weil Sie nicht mehr die Kraft aufbringen, selbst zu kochen. Wenn Sie diese Kategorie zusammenrechnen, steht Ihnen vielleicht ein kleiner Schock bevor. Vielleicht geben Sie viel Geld für Geräte oder Küchenhilfen aus. Diese Ausgaben sagen Ihnen etwas über Ihre Persönlichkeit.

Drittens zeigt Ihnen Ihre Tabelle, welche Ausgaben Sie kürzen können, wenn Sie nicht über Ersparnisse verfügen oder Schulden haben. Ich sprach einmal mit einem Mann, der aufs College ging. Er war sehr enttäuscht, als er feststellte, daß er nicht genug Geld hatte, um weiterzustudieren. Dann begann er, seine monatlichen Ausgaben genau zu beobachten. Er war überrascht, als er erkannte, daß er allein in der Kategorie »Verschiedenes« wie der gelegentliche Espresso oder die Zeitungen, die er jeden Morgen auf dem Weg zum College kaufte, dreihundert Dollar sparen konnte.

Auf den ersten Blick sieht es so aus, als hätte dieser Mann auf zu vieles verzichten müssen. Was ist das Leben schon wert, wenn man sich nicht von Zeit zu Zeit ein kleines Vergnügen gönnen kann? Aber in Wirklichkeit verweigerte er sich nicht sein lebensnotwendiges Vergnügen, sondern er traf eine wichtige Entscheidung, die ihn zu dem größeren Ziel seines Lebens hinführen sollte: Er zog es vor, das College zu beenden, anstatt jeden Morgen einen Espresso zu trinken. Da er nicht genug Geld für beides hatte, traf er eine Entscheidung.

Die Gewohnheit, jedes unmittelbare Bedürfnis sofort zu befriedigen, stürzt viele von uns in finanzielle Schwierigkeiten. Wir entschuldigen das, indem wir sagen, daß wir glauben, eine Belohnung verdient zu haben. In welche Falle sind wir da geraten? Wir arbeiten hart, damit wir Geld für Belohnungen ausgeben können. Wir geben Geld aus, und deshalb müssen wir weiterhin hart arbeiten.

Natürlich sollten wir uns von Zeit zu Zeit eine Belohnung gönnen und tägliche Freuden in unser Leben einbauen. Aber wir müssen dafür sorgen, daß diese Belohnungen und Freuden nicht unsere größeren Lebensziele verdrängen. Dazu erstellen wir am besten einen Finanzplan, der uns zu unserem Lebensziel führt. In diesem Plan sollte ein Geldbetrag für Spaß und Vergnügen enthalten sein, aber auch eine Summe zum Sparen und für Investitionen. Es ist zwar wichtig, daß wir unsere Lebensziele im Auge behalten, aber wir sollten auch bedenken, daß Ziele – wie das Leben selbst – etwas Fließendes sind. Dieses Bewußtsein sollte aber unsere Sparfreudigkeit nicht stören. Legen Sie unbedingt regelmäßig einen bestimmten Betrag oder noch mehr zur Seite, ganz gleich, wie oft sich Ihr Lebensziel ändert. Auf diese Weise haben Sie auf jeden Fall einen gefüllten Geldtopf zur Verfügung. Wenn Sie nicht zu sparen beginnen, wird er sich nie füllen und Sie werden niemals Wahlmöglichkeiten haben.

Was ist Erfolg?

Wenn Sie ein wahrhaft erfüllendes Leben führen wollen, müssen Sie möglicherweise Ihre Einstellung zum Erfolg überdenken. In unserer Kultur bedeutet Erfolg im allgemeinen, das neueste Modell einer Luxusautomarke zu fahren, eine goldene VISA-Karte zu besitzen, eine Designeruhr und Designerkleidung zu tragen und in einem teuren Haus zu leben. Jeder von uns hat wohl schon einmal jemanden, der diese Dinge besitzt, um dessen Leben beneidet. Überdenken Sie diese Einstellung: Viele Leute, die den äußeren Symbolen des guten Lebens hinterherjagen, sind bis über beide Ohren verschuldet und führen ein Leben auf Pump, das sie sich in Wirklichkeit nicht leisten können. Wir alle kennen die Geschichten über hochbezahlte Führungskräfte, die alle die obengenannten Dinge haben, bis sie ihren Job verlieren oder ihnen irgendein anderes Unglück zustößt. Dann verlieren sie nicht nur ihre materiellen Statussymbole, sondern oft auch ihre Identität. Wenn Sie den Großteil Ihres Arbeitslebens dazu aufwenden, Ihr äußeres Erscheinungsbild aufrechtzuerhalten, ist die Wahrscheinlichkeit gering, daß Sie viel Gelegenheit haben, über den tieferen Sinn Ihres Lebens oder über Ihr wahres Wesen nachzudenken. Bedeutet Erfolg wirklich, rund um die Uhr zu arbeiten, nur um dieses Image aufrechtzuerhalten?

Zurück zur Frage der Ausgewogenheit. Niemand schreibt Ihnen vor, daß Sie, um einfach zu leben, in einem Schuppen hausen oder Kleider tragen müssen, in denen Sie aussehen, als seien Sie der Mottenkiste entstiegen. Es steht außer Zweifel, daß viele der modernen, arbeitsparenden Geräte ein Segen sind. Natürlich ist es schön, komfortabel zu wohnen und gut und gepflegt auszusehen, und so weiter. Aber es steht auch außer Frage, daß es alles andere als angenehm ist, sich in dem ständigen Bestreben, der Außenwelt den schönen Schein zu präsentieren, zu übernehmen, während Sie sich nachts schlaflos im Bett wälzen und sich den Kopf darüber zerbrechen, wie Sie alles unter einen Hut bekommen.

Der wahre Erfolg hat mit Reichtum nichts zu tun, sondern damit, mit seinem Geld klug umzugehen und zu wissen, wann Sie genug haben.

Erstellen Sie einen Finanzplan

Es gibt die verschiedensten Methoden, sich einen Finanzplan zu erstellen. Keine davon basiert jedoch auf der Wirklichkeit, wenn Sie sich nicht zuvor die Mühe machen, Ihre Ausgaben mindestens drei Monate lang zu beobachten und niederzuschreiben. So lange dauert es, bis Sie ein klares Bild davon bekommen, wofür Sie Ihr Geld ausgeben. Sie müssen auch feststellen, wo Sie etwas einsparen können. Vielleicht geben Sie mehr Geld für berufliche Mittagessen aus, als Ihnen bewußt ist. Dreißig Mark scheinen nicht viel zu sein, aber fünfmal die Woche? Das sind hundertfünfzig Mark die Woche und über siebentausend Mark pro Jahr. Aber nur Sie selbst können wissen, wieviel Sie für ein größeres Ziel zu opfern bereit sind.

Als nächstes listen Sie Ihre Fixkosten wie zum Beispiel Hypotheken oder Miete, Strom und allgemeine Betriebskosten auf. Brauchen Sie Ihr derzeitiges Haus wirklich? Gibt es irgendeine Möglichkeit, diese Kosten zu senken? Können Sie in ein kleineres Haus ziehen oder vielleicht einen Raum im Keller vermieten oder die Garage in eine Wohnung für die Schwiegermutter verwandeln? Welche Einsparungsmaßnahmen könnten Sie noch treffen, ohne Ihren Komfort zu schmälern? Jeden Monat flattert Ihnen eine Rechnung der Kabelgesellschaft ins Haus. Können Sie ohne Kabelfernsehen leben? Mit wieviel schlägt das jährlich zu Buche? Gibt es etwas anderes als Kabelfernsehen, das Ihnen im Lauf der Zeit mehr Befriedigung verschaffen könnte? Würde Ihnen zum Beispiel die Möglichkeit gefallen, in ein paar Jahren Ihren Job aufzugeben oder zu beginnen Teilzeit zu arbeiten? Wenn Sie nur wenig oder gar keine Ersparnisse haben und die Entscheidung »Kabelfernsehen oder Sparen« lautet, sollten Sie Ihre Ziele überdenken.

Bedenken Sie: Wenn Sie nichts gespart haben, stehen Ihnen keine Entscheidungen offen.

Befreien Sie sich von Schulden

Als erstes befreien Sie sich mit dem Geld, das Sie von Ihren Ausgaben abgezwackt haben, von Ihren Schulden, und zwar, bevor Sie mit Ihrem Sparprogramm beginnen. (Hier sind keine Investitionsschulden wie beispielsweise Schulden für Immobilien oder für den Ankauf von Wertpapieren gemeint. Kredite aufzunehmen, um dieses Geld für Konsumgüter auszugeben, ist etwas völlig anderes und schlichtweg dumm.) Es gibt drei gute Gründe dafür, daß Sie zuerst Ihre Schulden abzahlen sollten:

Erstens: Sie zahlen aller Wahrscheinlichkeit nach viel mehr Zinsen, als Sie durch das Sparen bekommen. Die Höhe von Darlehens- oder Kreditkartenzinsen liegt meist irgendwo zwischen neun und achtzehn Prozent jährlich. Das sind die Zinsen, die Sie bezahlen müssen. Für die meisten Sparbücher bekommt man heute etwa drei Prozent Zinsen, für Einlagenzertifikate etwa fünf Prozent, und die durchschnittlichen Geldmarktfonds werfen etwa vier bis fünf Prozent ab (basierend auf den aktuellen Tarifen bei Drucklegung dieses Buches. Fragen Sie Ihre Bank, bevor Sie Ihr Finanzprogramm starten). Das ist das Geld, das Sie hereinbekommen.

Zweitens: Man schläft schlecht, wenn man Schulden hat. Und guter Schlaf ist für ein einfaches Leben entscheidend.

Drittens: Wenn Sie Ihre Schulden behalten, bezahlen Sie mehr, als Ihnen bewußt ist. Zählen Sie einmal alle Zinsen zusammen, die Sie zusätzlich zu dem ursprünglichen Preis des Gekauften bezahlen müssen. Wenn Ihnen der Verkäufer im Geschäft diesen Preis genannt hätte, hätten Sie das Produkt dann trotzdem gekauft? Bob Hammond beschäftigt sich in seinem Buch mit dem Titel *Life Without Debt* damit, wie man sich von Schulden befreit.

Nehmen wir an, Sie geben zweitausend Mark für Kleidung aus. Sie bezahlen mit Kreditkarte. Sie zahlen den vorgeschriebenen Prozentsatz an, und die Kreditkartengesellschaft verrechnet Ihnen für den Rest, den Sie in sechsunddreißig Raten abstottern können, achtzehn Prozent Zinsen. Wenn Sie diese Teilzahlungsmöglichkeit in Anspruch nehmen, brauchen Sie fast sechseinhalb Jahre, bis alles abbezahlt ist, und Ihre Garderobe kostet Sie in Wirklichkeit mehr als dreitausend Mark.

Wenn Sie auf eine Kreditkarte umsteigen, bei der zwölf Prozent Zinsen verrechnet werden, kostet Sie die Garderobe bei derselben Ratenzahlung fast zweitausendfünfhundert Mark – eine Ersparnis von rund fünfhundert Mark. Sie brauchen Möbel? Wenn Sie Möbel im Wert von viertausend Mark mit einer Kreditkarte kaufen, bei der achtzehneinhalb Prozent Zinsen verrechnet werden, und den Rest in den vorgeschriebenen Mindestraten abstottern, brauchen Sie mehr als elf Jahre, um Ihre Schulden zu bezahlen, von den Zinsen ganz zu schweigen.

Haben Sie das gelesen? Ein paar Kleidungsstücke sollen Jahre Ihres Arbeitslebens wert sein? Und ein paar Möbel sogar elf Jahre? Um Gottes willen! Damit nicht genug – die Bank hat viel mehr Geld als Sie. Warum schenken Sie ihr all dieses Geld, wo Sie es doch viel besser gebrauchen können? Die meisten von uns machen sich nicht die Mühe, sich die tatsächlichen Auswirkungen eines Kreditkaufs vor Augen zu führen. Wir sehen etwas, das uns gefällt, und schon zücken wir die Plastikkarte. Monate oder Jahre später fragen wir uns dann, wie es wohl kommt, daß wir in einer solchen Tretmühle gefangen sind.

Wenn Sie Ihre finanzielle Situation umkehren wollen, müssen Sie damit beginnen, daß Sie bei Ihren Schulden Prioritäten setzen. Listen Sie sie auf, wobei Sie diejenigen mit den höchsten Zinsen zuerst anführen. Wenn Sie Schulden bei Kreditkartengesellschaften haben, suchen Sie eine Gesellschaft, die niedrigere Zinsen verrechnet, und steigen Sie sofort um. Das Ziel ist es, die niedrigstmöglichen Zinsen für Ihre Schulden zu bezahlen.

Für welche Methode Sie sich auch entscheiden, Sie sollten Ihr Darlehen möglichst schnell zurückzahlen. Das Geld, das Sie von Ihren Ausgaben abzwacken, sollte direkt in die Bezahlung dieser Schulden fließen. Vergessen Sie Mindestraten und alle anderen Vorschläge, die Ihnen Kreditkartengesellschaften oder Banken machen. Sie müssen auf jeden Fall Zinsen bezahlen, und Ihre Schulden werden mit jeder neuen Zinsabbuchung größer. Bei solchen Geschäften gewinnt nur die Bank. Zahlen Sie jeden Monat möglichst viel Geld auf Ihr Kreditkarten- oder Darlehenskonto ein. Berechnen Sie bei allen Krediten, die Sie nicht zusammenfassen, wieviel Sie jeden Monat zahlen können. Sogar zehn Mark pro Monat sind besser als nichts. Bevor Sie beginnen, Ihren Plan in die Tat umzusetzen, setzen Sie sich mit allen Gläubigern in Verbindung und sagen Sie ihnen, was Sie vorhaben. Wahrscheinlich werden sie entzückt darüber sein, zu hören, daß Sie nicht planen, in Konkurs zu gehen oder sich nach Tahiti abzusetzen.

Eine weitere Methode, hochverzinste Schulden loszuwerden, besteht darin, einen günstigen Kredit auf Ihr Haus oder Ihre Wohnung aufzunehmen. Solche Kredite werden Eigentümern für den akkumulierten Wert ihres Heims angeboten. Die Geldsumme, die aus einem solchen Kredit zur Verfügung steht, berechnet sich danach, um wieviel der aktuelle Wert der Liegenschaft die aktuellen Schulden überschreitet. Die Zinsen für einen solchen Kredit sind im allgemeinen niedriger als die Zinsen für Kreditkartenschulden. Lassen Sie jedoch Vorsicht walten, bevor Sie diesen Weg gehen. Viele Leute beschaffen sich solche Kredite, zahlen ihre Schulden ab und beginnen im Nu wieder, neue Schulden anzuhäufen. Nun haben sie neue Schulden und die Zahlungen für die Kreditraten auf dem Hals! Wenn Sie nicht sehr diszipliniert sind, ist es besser, wenn Sie Ihre Schulden auf eine andere Weise abzahlen.

Kreditkarten

Die einfachste Methode, um sich von seinen Schulden zu befreien, besteht darin, alle Kreditkarten bis auf eine zurückzugeben und zu geloben, nichts auf Raten zu kaufen – zumindest solange, bis die bestehenden Schulden zur Gänze zurückgezahlt sind. Hoffentlich wissen Sie bis dahin den Komfort eines schuldenfreien Lebens so sehr zu schätzen, daß Sie keine Verpflichtung mehr eingehen. Nur eine Kreditkarte zu haben, ist deshalb wichtig, weil die Versuchung, mehr auszugeben, um so größer ist, je mehr Karten man hat. Aus welchem Grund sollten Sie mehr als eine Karte brauchen – außer Sie sind Unternehmer und müssen Ihre Ausgaben getrennt halten? Es gibt endlose Geschichten über Leute, die immer mehr Kreditkarten ansammeln und schließlich tief in den roten Zahlen stecken.

Wenn Sie alle Schulden los sind, sollten Sie nur noch eine Kreditkarte besitzen, bei der keine jährliche Grundgebühr verrechnet wird. Wozu eine jährliche Gebühr nur für das Privileg bezahlen, eine Kreditkarte in der Brieftasche herumtragen zu dürfen? Bei den kostenlosen Karten werden zwar etwas höhere Zinsen verrechnet, aber das sollte eigentlich keine Rolle spielen, da Sie nichts kaufen werden, was Sie nicht am Ende des Monats bezahlen könnten. (Denken Sie daran, diese Karte ist für die Zeit gedacht, wenn Sie Ihre Schulden abbezahlt haben. Davor sollten Sie eine Kreditkarte mit niedrigen Zinsen haben. Die aus den niedrigen Zinsen resultierenden Einsparungen machen die Kosten jeder Jahresgebühr wett, wenn Ihre Schulden hoch sind. Rechnen Sie nach, um sicherzugehen.)

Verwenden Sie die Karte höchstens für dringende Notfälle oder für Situationen, in denen Sie sie wirklich brauchen, wie zum Beispiel, wenn Sie ein Auto mieten wollen. Verwenden Sie sie nicht für die täglichen Ausgaben des Lebens, für Restaurantbesuche oder Supermarkteinkäufe. Wenn Sie undiszipliniert sind, gestehen Sie sich das ein und verpacken Sie Ihre Karte in einen Beutel mit Wasser, legen Sie den Beutel in die Tiefkühltruhe und lassen Sie ihn dort liegen.

Einfaches Leben oder gesunder Menschenverstand?

Vicki Robin

»Ich kann doch nicht von hunderttausend Mark im Jahr leben!«

Jedes Jahr bringen die Finanzzeitschriften »schockierende« Berichte über die armen Reichen, die sich mit sechsstelligen Einkommen gerade so dahinschleppen. Wir alle wissen, daß das Unfug ist. Aber die Frage bleibt: Wie wenig ist zu wenig?

Ein Artikel, der kürzlich in einer Zeitung in Florida erschien, erzählte von drei Frauen, die die Nachtschicht arbeiteten, damit sie tagsüber die Kinder betreuen und nachts, wenn die Familie sie nicht brauchte, berufstätig sein konnten. Die Autorin des Artikels, die verschiedene »typische« Ausgaben auflistete, bejammerte die schrecklichen Schwierigkeiten einer Familie, die versuchte, in diesem Land mit einem mittleren Einkommen (in Florida sechzigtausend Mark vor Steuern) zu überleben. Dazu fielen mir einige der Gewohnheiten und Annahmen ein, die dazu führen, daß einem mittleren Einkommen in diesem Land der Geruch von Armut anhaftet.

Mangel an grundlegenden Buchhaltungskenntnissen: Unsere Schulen und Familien schneiden sehr schlecht ab, wenn es um die Vermittlung des grundlegenden Umgangs mit Geld geht. Die Leute sind sehr schlampig geworden, was ihre Finanzen betrifft, vor allem, seit Kredite in astronomischen Höhen so mühelos zu bekommen sind. Die Privatkonkurse haben sich im letzten Jahrzehnt verdreifacht.

Arbeitsbezogene Ausgaben: Welcher Prozentsatz eines solchen mittelhohen Einkommens wird für die Unterstützung des Jobs selbst verwendet? Die Journalistin ging davon aus, daß die Familie zwei Autos brauchte, damit beide Partner zur Arbeit fahren konnten. Kleidungs- und Restaurantausgaben stehen ebenfalls oft mit der Arbeit im Zusammenhang. Wenn man alle Kosten für die Aufrechterhaltung eines zweiten Jobs zusammenzählt, zeigt sich oft, daß es wirtschaftlicher ist, wenn ein Elternteil zu Hause bleibt.

Fahrtkosten: Kauf und Erhaltung eines Autos sind eine Sache der Entscheidung und der Intelligenz. Wenn Sie sich eine oder zwei Stunden lang hinsetzen und Konsumentenmagazine durchblättern, können Sie vielleicht eine Enttäuschung vermeiden – gleichgültig, ob Sie ein neues Auto oder einen Gebrauchtwagen kaufen. Häufige Ölwechsel sorgen dafür, daß Ihr Motor immer zufrieden schnurrt. Überdenken Sie einmal, ob Sie wirklich eine Vollkaskoversicherung brauchen, vor allem bei einem älteren Wagen. Hier können Sie viel Geld sparen. Die von der Journalistin zugrunde gelegten neunhundert Mark monatlichen Fahrtkosten könnten leicht halbiert oder geviertelt werden, vor allem, wenn Sie Ihr nächstes Auto dank Ihrer Sparsamkeit bar bezahlen können. In diesem Fall können Sie besser handeln und brauchen nicht doppelt zu bezahlen – einmal das Auto und einmal die Finanzierungskosten.

Gesundheit: Vor kurzem brauchte eine meiner Freundinnen ein Medikament. In der ersten Apotheke, in der sie anrief, kostete das Markenprodukt hundert Mark und das gleiche Noname-Produkt fünfundvierzig Mark. Wenn Sie Medikamente brauchen, sollten Sie sich immer nach den Preisen erkundigen.

Dasselbe gilt auch für Versicherungen. Wenn Sie in Deutschland eine Versicherung mit hohem Selbstanteil wählen und die ersten fünfhundert oder tausend Mark selbst tragen, können Sie erhebliche Summen einsparen. Bedenken Sie, daß Sie mit Ihrer Police nicht Gesundheit, sondern die Versicherung im Krankheitsfall erwerben. Gute Ernährung, körperliche Bewegung und Ruhepausen, aber auch Lebensfreude fördern die Gesundheit.

Lebensgrundlagen: Die Autorin ging von Lebensmittelkosten von neunhundert Mark pro Monat aus. Wer sich an das Programm unseres Buches Your Money Your Life hält, kann seine Lebensmittelkosten ganz leicht auf weniger als zweihundert Mark pro Person senken. Kleidung um dreihundert Mark monatlich? Wenn Sie bedenken, wie schnell sich die Mode ändert, werden Sie mir zustimmen, daß manche unserer Kleidungsstücke länger halten, als sie tragbar sind. Hundertfünfzig Mark monatlich entspricht dem eher; Miete: tausend Mark im Monat? Ja, das entspricht der landesweiten Norm. Strom: hundertachtzig Mark im Monat? Vielleicht. Aber brauchen Sie wirklich Kabelfernsehen, um zu überleben?

Rechnen Sie die monatlichen Lebenshaltungskosten nach meinen Vorschlägen zusammen, und Sie kommen für eine vierköpfige Familie auf etwa dreißigtausend Mark. Dazu kommen großzügige fünfundzwanzig Prozent für zufällige Ausgaben, und Sie kommen auf knapp vierzigtausend Mark, verglichen mit den rund sechzigtausend Mark des Artikels. Dann bleiben Ihnen rund zwanzigtausend Mark für Steuern, Ersparnisse für Bildungszwecke, Urlaub,

→

> *Rente, Hausreparaturen und so weiter. Wenn Sie das Durchschnitts-*
> *einkommen dieses Landes (USA) zur Verfügung haben, müssen Sie*
> *Prioritäten setzen und genau Buch führen. Das bedeutet, intelligent und*
> *verantwortungsbewußt vorzugehen. Wenn Sie das schaffen, werden*
> *Sie sehen, wie befreiend es ist. Anstatt ständig Ihren Rechnungen hinter-*
> *herzuhecheln, haben Sie endlich das Gefühl, alles unter Kontrolle zu*
> *haben. Sie haben bezüglich der Verwendung Ihrer Ressourcen eine*
> *bewußte Entscheidung getroffen.*
>
> Vicki Robin ist Co-Autorin des Buches *Your Money or Your Life*
> von Joe Dominguez

Bis das Eis geschmolzen ist, sollte Ihr Drang zum Geldausgeben schon wieder nachgelassen haben. Wenn Sie es sich abgewöhnt haben, Geld auszugeben, das Sie nicht haben, können Sie die Karte wieder aus der Kühltruhe nehmen.

Anmerkung: Nur Leute mit einer bärenstarken Disziplin sollten regelmäßig Kreditkarten verwenden. Wenn Sie zu den Leuten gehören, die ihre Kreditkartenrechnung ausnahmslos jeden Monat bezahlen, können Sie natürlich alles, Lebensmittel eingeschlossen, mit Kreditkarte bezahlen. Nur Sie selbst können wissen, wie pflichtbewußt Sie sind.

Bezahlen Sie sich selbst zuerst

Sobald Sie schuldenfrei sind, gilt es, eine weitere Devise zu verfolgen, um finanzielle Unabhängigkeit zu erlangen: Bezahlen Sie sich zuerst immer selbst. Finanzielle Unabhängigkeit bedeutet, daß Sie nicht mehr für Ihren Lebensunterhalt zu arbeiten brauchen, sondern daß Sie von den Zinsen Ihrer Investitionen bequem leben können. Es gibt auch andere Möglichkeiten, um die finanzielle Unabhängigkeit zu erlangen, aber sie erfordern wieder Arbeit. Ein Beispiel sind Immobilieninvestitionen, bei denen Sie als Verwalter Ihrer Liegenschaften arbeiten müssen.

Bei jedem gewählten Plan sollten Sie sich der Folgen bewußt sein. Ein Plan ist keinen Heller wert, wenn Sie sich nicht an diese Devise halten, die deshalb so wichtig ist, weil wir alle nur Menschen sind. Hinter jeder Ecke lauern verlockende Dinge und Produkte, die uns schwach machen sollen. Es ist eindeutig das einfachste auf der Welt, Geld auszugeben und uns einzureden, daß wir später sparen werden, nachdem wir nur noch dieses eine kleine Ding gekauft haben. Wir alle wissen, daß dieses »später« nie eintreffen wird.

Die Geschichte am Ende dieses Kapitels handelt von zwei Frauen, die sich nach ihrem dreißigsten und vierzigsten Geburtstag aus dem Arbeitsleben zurückzogen. Beide sagten, sie hätten sich immer an die Devise gehalten, sich als erstes selbst zu bezahlen. Eine der Frauen sagte, sie hätte mit ihrem Plan als Twen begonnen und sich so peinlich genau daran gehalten, daß sie sich sogar dann selbst bezahlte, wenn sie in einem Monat dafür einmal mit einer Arztrechnung in Verzug kam. Das war nicht oft der Fall, weil sie im allgemeinen sehr genau wußte, was hereinkam und was sie ausgab, aber sie war ein Mensch wie wir alle, und deshalb passierte ihr von Zeit zu Zeit ein kleiner Lapsus. Das wichtigste aber war, daß auch diese kleinen Pannen ihren Plan nicht stören konnten. Der andere Grund, warum es ihr gelang, an ihrem Plan festzuhalten, lag darin, daß ihr bewußt war, was er ihr auf lange Sicht bringen würde. Sie hatte sich nämlich eine Tabelle beschafft, der sie etwas Aufregendes entnahm: Sie konnte zum Beispiel zehn Jahre lang, sagen wir, hundertzwanzig Mark pro Monat auf ein Konto einzahlen, das mit sieben Prozent verzinst war (berechnet monatlich, mit gleichbleibender Kapitalsumme und Zinsen). Am Ende dieser zehn Jahre würde sie dann zwanzigtausend Mark zur Verfügung haben, und nach zwanzig Jahren sogar über sechzigtausend Mark. Sie erkannte, daß sie im Alter von vierundvierzig Jahren entweder etwa fünfundsechzigtausend Mark oder nichts auf ihrem Bankkonto haben konnte. Wie auch immer – vierundvierzig würde sie auf jeden Fall werden. Wenn Sie meinen, Geldverdienen mit Zinseszinsen sei eine kluge Sache, befinden Sie sich in bester Gesellschaft. Als Einstein einmal gefragt wurde, was die stärkste Kraft der Erde sei, antwortete er: »Zinseszinsen.« Benjamin Franklin bezeichnete die Zinseszinsen als »den Stein, der alles Blei in Gold verwandelt«. Zinseszinsen sind nichts anderes als Zinsen, die immer wieder neue Zinsen generieren.

Wieviel Geld Sie monatlich entbehren können, hängt von Ihrem Finanzplan ab. Sobald Sie Ihre Ausgaben einmal gestrafft und sich darüber klar geworden sind, auf welche unmittelbaren Ausgaben Sie zugunsten Ihres größeren Lebensziels verzichten könnten, und sobald Sie Ihre Schulden abbezahlt haben, setzen Sie einen bestimmten Betrag fest, den Sie von nun ab an sich selbst bezahlen. Die Charakterfestesten und Diszipliniertesten unter Ihnen können bei der Bezahlung der anderen Rechnungen jeden Monat einen Scheck an sich selbst ausstellen. Die anderen ‒ wahrscheinlich die große Mehrzahl ‒ vereinbaren mit ihrer Bank oder ihrem Arbeitgeber am besten einen automatischen Sparplan. Eine wichtige Daumenregel ist, daß Sie mindestens zehn Prozent Ihres Einkommens sparen sollten.

Wenn Sie das nicht schaffen, ist ein bißchen noch immer besser als gar nichts. Lassen Sie also fünfzig oder hundert Mark ‒ oder welche Summe auch immer ‒ monatlich auf ein Sparkonto überweisen. Auf diese Weise bekommen Sie das Geld gar nicht zu Gesicht, und so werden Sie es auch nicht vermissen. Später, wenn es sich in einen großen Geldberg verwandelt hat, werden Sie sich darüber freuen.

Immer noch Jammern und Stöhnen. »Ich habe im Monat keine fünfzig Mark zum Sparen übrig. Sie machen wohl Scherze?« Antwort: Irgendwann in Ihrem Leben haben Sie aller Wahrscheinlichkeit nach einmal weniger verdient als zur Zeit. Wenn nicht, gibt es sicher irgendwo jemand, der um fünfzig Mark weniger verdient als Sie. Wie schaffen es diese Leute, von diesem Geld zu leben? Glauben Sie mir: Sie finden die fünfzig Mark zum Sparen.

Es folgt eine kleine Regel, die Sie vielleicht interessieren wird: Wenn Sie für die Rente sparen, müssen Sie die monatlich zurückgelegte Summe für alle fünf Jahre, die Sie warten, verdoppeln. Anders ausgedrückt: Wenn Sie im Alter von fünfundzwanzig Jahren hundert Mark monatlich brauchen, um Ihr Ziel zu erreichen, müssen es mit dreißig Jahren zweihundert Mark sein, und so weiter. Noch etwas: Eine der häufigsten Ausflüchte von Leuten, die kein Geld auf der hohen Kante haben, lautet: »Ja, ja, ich werde schon irgendwann einmal zu sparen beginnen. Sobald ich X oder Z gekauft habe, oder bald danach. Dann aber sicher.« Das geht oft jahrelang so.

Sie werden bemerkt haben, daß ich meinen Berechnungen unterschiedliche Zinssätze zugrunde gelegt habe. Der Grund ist, daß auf dem Kapitalmarkt Erträge jeder Höhe möglich sind.

Sparen Sie Ihre Gehaltserhöhung

Nachfolgend ein weiterer Trick, der es Ihnen ermöglicht, Ihren Spartopf aufzufüllen. Wenn Sie das nächste Mal eine Gehaltserhöhung bekommen, sparen Sie einfach den gesamten Betrag der Erhöhung. Denken Sie einmal darüber nach. Wenn Sie von Ihrem Gehalt bisher leben konnten, können Sie auch weiterhin davon leben. Es ist natürlich ungeheuer verlockend, mit jeder Gehaltserhöhung seinen Lebensstandard zu heben – aber was bringt Ihnen das? Antwort: Schulden oder die Tretmühle. Wir alle kennen die Studien, wo die Befragten sagen, die nächste Einkommensstufe würde ihnen mehr Zufriedenheit bringen. Das interessante ist, daß das für *alle* Einkommensstufen gilt. Wer zehntausend Mark verdient, glaubt, er würde mit fünfzigtausend glücklicher sein, und so weiter. Der Grund dafür ist, daß wir glauben, unsere Kleidung müßte teurer sein, um der Außenwelt den Aufstieg zu demonstrieren, unsere Autos müßten exklusiver sein, unsere Arbeitsumgebung müßte besser gestylt sein, und wir müßten uns ständig neue, ausgefallene Belohnungen gönnen. Das Niveau ändert sich, die Tretmühle bleibt dieselbe. Wenn Sie in Ihrem Leben je frei sein wollen, machen Sie einen großen Bogen um diese Falle. Nehmen wir an, Sie erhalten eine Gehaltserhöhung von hundertfünfzig Mark monatlich. Wenn Sie jeden Monat die ganze Summe ausgeben, haben Sie nach zehn Jahren volle Kleiderschränke und jede Menge Kinkerlitzchen. Viele Kleider sind altmodisch geworden und landen in der Altkleidersammlung oder in einem Secondhandshop. Viele Kinkerlitzchen sind technisch veraltet und landen auf dem Müll oder im Keller. Und all die schönen Essen im Restaurant werden Geschichte sein und sich höchstens als Jahresringe auf Ihrem Bauch in Erinnerung rufen.

Wenn Sie andererseits die hundertfünfzig Mark im Monat sparen und sie zehn Jahre lang bei zum Beispiel fünfzehnprozentiger Verzinsung auf dem Aktienmarkt investieren, steht Ihnen ein etwa vierzigtausend Mark schwerer Geldtopf zur Verfügung. Was ist Ihnen lieber: Die Möglichkeit zu haben, wieder die Schulbank zu drücken, sich in einer Hängematte zu räkeln, Teilzeit zu arbeiten, den Job zu wechseln oder Freiwilligenarbeit zu leisten, oder keine Ersparnisse zu haben, in einem Haus voller altem Mist zu leben und sich alle Wahlmöglichkeiten versagen zu müssen? Wenn Sie Ihre Ausgaben brav eingeschränkt haben und sich im Rahmen Ihres Finanzplans bewegen, aber trotzdem ein Gefühl der finanziellen Enge verspüren, können Sie immer noch mit sich selbst vereinbaren, von dieser Gehaltserhöhung monatlich nur einen bestimmten Teil, etwa fünfzig Mark, auszugeben. Wer sagt, daß ein einfaches Leben nicht mit einem ausgewogenen Leben in Einklang zu bringen ist?

Wo sparen, wo investieren?

Es gibt zwei grundlegende Arten von Investitionen: kurz- und langfristige. Kurzfristige Investitionen sind jene, in die man relativ leicht einsteigen kann, wie zum Beispiel täglich fällige Sparbücher. Diese Investitionsformen sind schlecht verzinst. Langfristige Investitionen bringen höhere Erträge, weil man mehrere Jahre lang keinen Zugriff auf das Geld hat.

Bevor Sie irgendwelche Investitionen ins Auge fassen, sollten Sie zuerst ein Konto mit einem Notgroschen anlegen. Dazu verwenden Sie Ihr Kleingeld: Hier fünf Mark, dort zehn Mark, und Sie bauen sich auf diese Weise langsam eine Drei- bis Sechsmonatsreserve für die grundlegenden Lebenskosten auf. Wozu Sie die brauchen? Nun, eine Jobsuche kann leicht länger als ein halbes Jahr dauern. Legen Sie dieses Geld auf ein Sparbuch mit kurzfristigem Zugriff, bei dem Ihnen bei vorzeitiger Geldentnahme keine Strafzinsen verrechnet werden. Wenn Sie mehr Zinsen und trotzdem Zugriff auf Ihr Geld wollen, können Sie die Fälligkeitsdaten Ihrer Einlagenzertifikate staffeln. Machen Sie es so, daß alle paar Monate ein Betrag fällig wird. Wenn Sie das Geld nicht brauchen, wenn es verfügbar ist, werfen Sie es wieder in den Topf und fangen von vorn an.

Langfristige Ersparnisse sind etwas anderes als das Notfallkonto. Sie sollten unantastbar sein. Wenn sie es nicht sind, wird Ihre menschliche Natur siegen, und es werden Ihnen zweifellos jede Menge Gründe einfallen, warum Sie den Topf leeren müssen. Zu Ihrem Glück sind langfristig angelegte Gelder viel höher verzinst als kurzfristige Einlagen oder Sparbücher.

Es gibt viele verschiedene Arten von kurz- und längerfristigen Investitionen. Welche Sie wählen, hängt davon ab, wie risikofreudig Sie sind. Je größer das Risiko, desto höher der mögliche Ertrag. Wenn Ihnen hochriskante Aktien aber schlaflose Nächte bereiten, geht der Vorteil verloren, und Sie entfernen sich vom einfachen, friedlichen Leben, anstatt ihm näherzukommen.

Sicherheit	Investitionsart	Ansprechpartner
Niederer Ertrag	Täglich fällige Sparbucheinlagen	Bank
	Einlagenzertifikate	Bank oder Broker
	Geldmarktfonds	Broker
	Kurzfristige Schuldverschreibungen	Broker
	Öffentliche Anleihen	Bank oder Broker
Moderates Risiko	Qualitätsanleihen	Broker
Moderater Ertrag	Blue-Chip-Aktien oder Investmentfonds (Investition in obige)	Broker
Erhöhtes Risiko	Anleihen mit geringer Qualität/hohem Ertrag	Broker
	Spekulative Aktien oder Offene Investitionsfonds (Investition in obige)	Broker
Höchstes Risiko	Optionen	Nur für bestens Informierte
	Warenbörse	

Sie haben natürlich die Möglichkeit, Ihre Investitionen zu streuen. Auf diese Weise streuen Sie auch das Risiko. Sie können zum Beispiel eine kleine Summe in riskante Aktien und eine etwas größere in verschiedene, sichere Investitionen stecken. Welche Möglichkeiten Sie haben, finden Sie am besten heraus, indem Sie mit Bekannten sprechen, denen Sie vertrauen und die im Umgang mit Geld eine gute Hand haben. Sie können Sie an seriöse Broker oder Banken verweisen, oder Sie marschieren einfach in Ihre lokale Bank und bitten um Beratung. Die Banken freuen sich immer über eine Möglichkeit, Geld zu verdienen. Aber verwenden Sie die Zeit, die Sie zum Ausloten der Möglichkeiten brauchen, nicht als Ausrede für das Hinausschieben des Sparbeginns. Eröffnen Sie bei Ihrer Bank wenigstens ein Sparbuch mit täglichem Zugriff, während Sie nach dem günstigsten Investitionspaket Ausschau halten. Bedenken Sie, daß jede Investition, und sei sie noch so klein, besser ist, als Ihr Geld ständig irgendwelchen Geschäften in den Rachen zu werfen. Warum sie durchfüttern, wenn Sie sich selbst die Taschen polstern können?

Mit weniger auskommen

Wenn die Aussicht, Geld zu verdienen, indem Sie Ihre Ausgaben kürzen und zu sparen beginnen, Sie zu begeistern begonnen hat, werden Ihnen sicher viele kreative Möglichkeiten einfallen, wie Sie Ihren derzeitigen Lebensstandard halten können, obwohl Sie Ihre Kosten senken. Es gibt da zwei grundlegende Regeln: Kaufen Sie möglichst wenig im Einzelhandel, und planen Sie voraus. Wenn Sie mit einem Kauf bis zur letzten Minute warten, müssen Sie jeden geforderten Preis bezahlen. Wenn Sie aber bereits wissen, daß Ihre Waschmaschine dreißig Jahre alt ist und es nicht mehr lang machen wird, beginnen Sie sich doch nach Angeboten umzusehen. Warten Sie nicht, bis die Maschine keinen Ton mehr von sich gibt und Ihnen eine Ladung halb gewaschener, tropfend nasser Wäsche ins Gesicht starrt. Aus Verzweiflung werden Sie loslaufen und die erstbeste Waschmaschine kaufen, die Ihnen in die Finger gerät.

Kleidung ist ein anderes Beispiel. Vielleicht haben Sie Ihr Outfit bisher im Einzelhandel gekauft und teuer bezahlt. Sie können sich auch weiterhin gut anziehen, aber besser überlegen, was Sie kaufen. Secondhandshops sind ebenfalls eine Möglichkeit. Hier ist ein Beispiel, wie Sie sich mit mehr Köpfchen anziehen können: Ich habe eine Freundin, die in der Wirtschaft arbeitet. Sie kaufte wie verrückt, um sich das angemessene, erfolgreiche Image zu verpassen. Zu jedem Outfit hatte sie Schuhe in der passenden Farbe. Irgendwann einmal führte sie sich vor Augen, welche Summen sie in das Aussehen ihrer Füße investierte, und sie entschloß sich, beim Einkaufen klüger vorzugehen. Dabei gelangte sie zu der Erkenntnis, daß sie auch mit braunen und schwarzen Schuhen ein erfolgreiches Image vermitteln konnte. Diese Farben paßten zu allen ihren Kleidern. Das Geld, das sie bei den Schuhen sparte, wanderte direkt auf ihr Sparkonto. Die Tatsache, daß sie nur noch schwarze oder braune Schuhe trug, hinderte sie übrigens keineswegs daran, in die Position einer Vizepräsidentin aufzusteigen.

Wenn Ihnen Billigläden unsympathisch sind, können Sie sich in Secondhand-Designerboutiquen mit eleganter Designermode eindecken. Diese kleinen, eleganten Geschäfte sehen aus wie ihre trendigen Verwandten, die Modelle zu den regulären Preisen führen. Sie führen sowohl Herren- als auch Damenmode, ausschließlich neuwertig. Niemand, wirklich niemand, wird Ihnen die billligere Bezugsquelle ansehen. Der einzige (versteckte) Unterschied besteht darin, daß Sie für dasselbe Outfit nur den halben Preis hinzulegen brauchen.

Meine Freundin Suzanne, die beruflich sehr erfolgreich ist, sieht jeden Tag aus wie aus dem Ei gepellt. Das ist keine Übertreibung. Suzanne ist eine gewiefte Schnäppchenjägerin, die genau weiß, in welche Geschäfte reiche Frauen ihre Kleider bringen, wenn sie sie nicht mehr tragen. Sie kauft nicht nur in den kleinen Secondhand-Designerboutiquen, sondern auch in normalen Diskountläden, wo sie ganze Outfits samt Schuhen und allem Drum und Dran ersteht und dabei zum Beispiel zehn Dollar für ein Top oder sieben Dollar für eine Bluse bezahlt. Suzanne ist es gelungen, ihren Lebensstandard durch niedrigere Kosten aufrechtzuerhalten. Ich habe in Diskountläden schon toll aussehende, gepflegte Herren beobachtet, die aussahen, als wären sie direkt einem Modemagazin entstiegen, wie sie sich Outfits zusammenstellten. Ich hätte mir ihr kleines Geheimnis nie träumen lassen, wenn ich sie nicht mit eigenen Augen aus der Kabine hätte herauskommen sehen.

Oder nehmen Sie Ihre Möbel. Mit ein wenig Farbe und Fantasie können Secondhand-Möbel interessanter und ansprechender aussehen als teure Designerstücke, in deren Nähe man nicht einmal zu atmen wagt. Sie können natürlich auch Altes und Neues nebeneinanderstellen und sich dabei im Rahmen Ihres Budgets bewegen.

Autos bieten ebenfalls wunderbare Einsparungsmöglichkeiten. Wir alle kennen die Statistik, derzufolge ein Neuwagen in dem Augenblick, in dem Sie den Zündschlüssel umdrehen, fünfzehn bis zwanzig Prozent seines Werts verliert. In den nächsten zwei bis drei Jahren verliert er weitere zehn bis dreißig Prozent. Warum wollen ausgerechnet Sie diesen großen Verlust tragen?

Nur weil sie intelligent an das Transportproblem herangehen wollen, brauchen Sie nun nicht auf der Stelle alles hinzuschmeißen und mit dem Pferd zur Arbeit zu reiten. Zwischen einem neuen Auto und Schusters Rappen liegt ein weites, weites Feld. Leasingagenturen bieten ehemalige Leasingautos zum Kauf an, oder Sie sehen sich bei einem Gebrauchtwagenhändler um, der eine Garantie anbietet. Noch einmal: Man kann mit weniger sehr gut leben. Sparen Sie Ihr Geld und zahlen Sie Ihr Auto bar. Das neueste Luxusmodell können Sie ins Auge fassen, sobald Sie Ihre finanziellen Ziele erreicht haben. Aber zu diesem Zeitpunkt stellen Sie vielleicht fest, daß Ihnen andere Dinge wichtiger sind als in einer Metallkiste im Wert von fünfzigtausend Dollar durch die Gegend zu fahren.

Es gibt zahllose andere Möglichkeiten, mit weniger Geld gut zu leben. Kaufen Sie immer bewußt, ganz gleich, ob im Einzelhandel oder im Diskountladen. Nächstes Mal, wenn Sie mit gezückter Brieftasche in einem Geschäft stehen, fragen Sie sich, was dieser Kauf in Ihrem Leben bewirken wird. Hat er irgend etwas mit Ihrem Lebensziel oder mit Ihren Werten zu tun? Wird er Ihnen das Leben verschönern oder erleichtern? Könnte es sein, daß er es verschlechtert? Geben Sie vielleicht einen Teil Ihrer Freiheit auf, um diesen Kauf zu finanzieren? Wenn ich einkaufen gehe, trage ich diese Checkliste im Geiste bei mir. Da ich auch nur ein Mensch bin und mich hin und wieder von der Werbung oder vom Konsumdenken verführen lasse, habe ich mir noch einen zweiten Trick ausgedacht. Ich lasse die Etiketten und Preisschilder eine Woche lang an dem Artikel, ohne ihn anzurühren. Nach einer Woche hat mein Gefühl, dieses Ding unbedingt haben zu müssen, im allgemeinen nachgelassen, und ich bringe es ins Geschäft zurück.

Achten Sie beim Einkaufen auf Ihre innere Stimme. Meine ist unglaublich laut. Wenn mich ein billiger, neuer Pullover anlacht, beginne ich sofort zu rationalisieren, warum dieser Pullover mein Leben verbessern wird. Ich wandere zum Beispiel gern, aber ich bin keine große Rucksackliebhaberin. Eines Frühlings faßte ich aber den Entschluß, im Sommer eine größere Rucksackwanderung zu machen. In meinem lokalen Sportgeschäft gab es einen großen Rucksackausverkauf. Ich rannte hin, probierte verschiedene Rucksäcke aus und verließ das Geschäft um zweihundert Dollar erleichtert. Der Rucksack lag den ganzen Sommer lang unbenutzt im Schrank. Etiketten und Preisschilder hatte ich drangelassen, und so trug ich ihn eines Tages zurück, nachdem ich mir klargemacht hatte, daß ich die wenigen Male, die ich zum Wandern einen Rucksack brauchte, ebensogut einen leihen konnte.

Wenn Sie aber häufig Rucksackwanderungen machen – bestens! Kaufen Sie sich einen Rucksack. Aber hüten Sie sich vor der leisen Stimme, die Sie ständig dazu zu verführen versucht, alle möglichen Kinkerlitzchen und Geräte zu kaufen. Machen Sie sich die Verführung einfach bewußt, und schon haben Sie ein schönes Sümmchen gespart.

Sie können natürlich auch Bücher über das Geldsparen studieren. In solchen Büchern finden Sie Tips, wie Sie überall, vom Snack bis zum Begräbnis, Geld sparen können. Wichtig ist: Wenn Sie ein Lebensziel (oder zwei) haben, wird es Ihnen auf jeden Fall Spaß machen, herauszufinden, wie Sie mit weniger Geld gleich gut leben können. Selbst wenn Sie sich nicht vorgenommen haben, die Welt oder auch nur Ihr Leben zu verändern, könnte es ein unmittelbares Ziel für Sie sein, herauszufinden, wie schnell Sie sich von Ihren Schulden befreien können, oder wie schnell Sie Ihr Geld durch Sparen und Investieren verdoppeln können. Wenn Sie aber kein Ziel vor Augen haben, kann es sein, daß Sie das Kostensenken nur als eine öde Übung im Pfennigfuchsen empfinden.

Sparen für das Studium

Es gibt verschiedene Möglichkeiten, wie man für das Studium seiner Kinder vorsorgen kann. Zunächst gibt es die Möglichkeit, daß sich die Kinder ihr Studium oder zumindest einen guten Teil davon selbst finanzieren. Das ist möglich, auch in der heutigen Zeit, wenn Ihre Kinder im Sommer voll und während des Jahres Teilzeit arbeiten, zu Hause oder in einer Wohngemeinschaft leben und eine lokale Universität besuchen. Die Studienkosten schnellen deswegen in die Höhe, weil Eltern und Kinder meinen, daß ein Student ein vollständiges »Studienpaket« haben sollte: eine angesehene Universität in einer anderen Stadt, eine eigene Wohnung, ein Auto und eine Unzahl anderer Annehmlichkeiten, ohne die die meisten Angehörigen unserer Generation problemlos zurechtkamen. Die Option einer zweijährigen Fachhochschule spart ebenfalls Geld. Die Studiengebühren sind nicht allzu hoch, und nach absolviertem Studium kann der Student immer noch auf eine reguläre Universität wechseln.

Ron und Mary White fanden, daß ihre drei Kinder zu den Studienkosten beitragen sollten, und regten sie dazu an, mit vierzehn Jahren einen Teilzeitjob anzunehmen. Ihr ältester Sohn Sean, heute dreiundzwanzig, nahm als erstes einen Wochenendjob in einem Fast-food-Restaurant an. Später arbeitete er in einem Lebensmittelgeschäft, wo er abends putzte, dann wechselte er an die Supermarktkasse. Sean bezahlte seine Studiengebühren, seine Lebenshaltungskosten und Unterrichtsmaterialien für eine vierjährige Universitätsausbildung zur Gänze selbst und erreichte trotzdem einen ausgezeichneten Notendurchschnitt. Im Alter von fünfzehn Jahren hatte er genug Geld für eine Reise nach Japan gespart, um einen Austauschschüler zu besuchen, der dort lebte.

Der zweite Sohn der Whites, Colin, heute neunzehn, arbeitete als erstes in einem Blumenladen. Dann putzte er Fenster, machte Besorgungen und stellte Blumen zu. Er bezahlte den Großteil seiner Studiengebühren und alle seine Unterrichtsmaterialien für eine zweijährige Collegeausbildung selbst. Sein Studienerfolg war so gut, daß er danach ein vierjähriges Studium an einer Universität absolvierte. Die Tochter des Paares, BriAna, heute siebzehn, begann ebenfalls im Alter von vierzehn Jahren zu arbeiten. Sie bezahlt sich ihre Autoversicherung, Benzin, Freizeitausgaben, einen Teil ihrer Kleidung und einen privaten Telefonanschluß selbst. Auch sie wird einen Beitrag zu ihren Collegekosten leisten.
Vielleicht finden Sie sogar heraus, daß Ihr Kind Anspruch auf ein Stipendium oder Bafög hat. Stellen Sie auf jeden Fall einen Antrag.

Eine Familie in den USA, mit der ich sprach, hatte sich einen Plan erstellt, mit dem sie genug Geld sparte, um alle Kinder auf das örtliche öffentliche College schicken zu können. Wenn die Kinder eine teurere Privatuniversität besuchen wollten, mußten sie die Differenz in den Studiengebühren selbst bezahlen. Andere Familien halten ihre Kinder zum Sparen an, sobald sie ihnen ein Taschengeld geben oder sobald sie zu arbeiten beginnen. Die Kinder investieren genauso wie die Eltern regelmäßig eine bestimmte Summe, und wenn sie das Collegealter erreichen, können sie selbst einen Teil zu den Kosten beisteuern. Bringen Sie Ihren Kindern frühzeitig bei, Geld zu sparen, und beobachten Sie, wie ihr Konto wächst. Sie können auch jeden Monat eine bestimmte Summe für sich selbst und eine Summe für die Kinder sparen. Nehmen wir an, Sie können fünfzig Dollar zusätzlich zum Investieren erübrigen. Sie könnten beispielsweise fünfunddreißig Dollar für sich und fünfzehn Dollar für Ihr Kind auf die hohe Kante legen. Wenn Sie pro Monat sieben Packungen Kartoffelchips zu je zwei Dollar einsparen, haben Sie zusätzliche fünfzehn Dollar. Es gibt noch eine andere Methode, Geld für das Studium der Kinder zu sparen. Bevor Sie Kinder bekommen oder bald danach legen Sie eine einmalige Pauschalsumme an. Wenn Ihre Kinder volljährig sind, ist diese Summe so angewachsen, daß die Collegegebühren bezahlt sind. Nehmen wir an, Sie investieren zweitausend Dollar in einen Investmentfonds, bevor Ihr Kind ein Jahr alt ist. Dabei handelt es sich um eine Einmalinvestition, und Sie stocken nie wieder auf. Wenn Sie eine zehnprozentige Verzinsung zugrunde legen, verfügt Ihr Kind über fast eine Million Dollar, wenn es fünfundsechzig Jahre alt ist. Was sagen Sie nun? Bei einem solchen Zinssatz wird Ihr Kind auf jeden Fall genug Geld für das Studium haben, glauben Sie mir.

Ich kenne eine andere Familie, die den Entschluß faßte, jedes Mal, wenn ein Kind geboren wurde, ein Mietshaus zu kaufen. Sie investierten die Mindestanzahlung, vermieteten das Haus für achtzehn Jahre, und nach achtzehn Jahren verkauften sie das Haus und verwendeten den Erlös zur Finanzierung der Studiengebühren.

Kognitive Dissonanz

Wenn Sie über den Sinn Ihres Lebens nachdenken, werden Sie wahrscheinlich zu der Erkenntnis gelangen, daß Sie viele Dinge, von denen Sie früher glaubten, ohne sie nicht glücklich sein zu können, gar nicht brauchen. Vielleicht stellen Sie sogar fest, daß Sie um so freier für sinnvolle Aktivitäten sind, um je weniger Dinge Sie sich kümmern müssen und je weniger Dinge Sie abzustauben und zu versichern haben. Sie werden lernen, mit weniger Geld mehr echte Zufriedenheit zu erlangen. Dieser Prozeß vollzieht sich nicht über Nacht und auch nicht kontinuierlich. Sie sind schließlich ein Mensch, und deshalb sollten Sie nachsichtig mit sich sein. Sie werden Zeiten durchmachen, in denen Sie weniger ausgeben und dieses neue Bewußtsein genießen. Dann werden wieder Zeiten kommen, in denen Sie ohne augenscheinlichen Grund zu prassen beginnen, um dann wieder in eine sparsame Phase einzutreten. Das ist typisch für einen Veränderungsprozeß.

Nachdem Sie eine Zeitlang auf diesen Wellen auf und ab geritten sind, werden Sie in eine Phase hineinkommen, die wir als kognitive Dissonanz bezeichnen. Diese Phase tritt ein, wenn Sie etwas tun, von dem Sie wissen, daß Sie es nicht tun sollten. Ihre menschliche Natur gewinnt jedoch die Oberhand, und Sie tun es trotzdem. Wenn Sie dieses Bewußtseinsstadium erreicht haben, sind Sie auf dem besten Weg, echte Veränderungen in Ihrem Leben vorzunehmen.

Ich gebe Ihnen ein Beispiel von kognitiver Dissonanz: Nehmen wir an, Sie erleiden einen Herzanfall. Die Zeit davor betrieben Sie kaum Sport, und Sie hielten nicht viel von körperlicher Betätigung. Nach dem Herzanfall teilt Ihnen Ihr Arzt mit, daß ein baldiges Wiedersehen mit ihm bevorsteht, wenn Sie nicht täglich dreißig Minuten lang Herz-Kreislauf-Übungen machen. Sie halten sich einen Monat lang getreulich an dieses Programm. Dann fallen Sie in Ihre alten Gewohnheiten zurück und hören mit den Übungen auf. Der Unterschied ist, daß nun die kognitive Dissonanz einsetzt. Jetzt wissen Sie, daß Sie die Übungen machen sollten, und Sie fühlen sich schuldig, während Sie auf der Couch liegen. Auch wenn Sie sich nicht von ihr wegbewegen, Sie haben immerhin Schuldgefühle. Schließlich, vielleicht Wochen oder Monate später, werden diese Schuldgefühle vielleicht so stark geworden sein, daß Sie Ihr Übungsprogramm wieder aufnehmen. Dasselbe ist es mit dem Sparen. Sie erstellen sich einen Lebensplan für Ihre Finanzen und entschließen sich, von nun an fünfzig Mark auf die hohe Kante zu legen. Nachdem Sie Ihren Plan sechs Monate lang brav eingehalten haben, kommen Sie auf einmal an einem Geschäft vorbei und sehen Ihren Traummantel. Er ist im Preis reduziert: statt fünfhundert Mark kostet er nur noch zweihundert. Sie brauchen den Mantel nicht wirklich, und Sie haben auch nicht dafür gespart. Aber nun überwältigen Sie Ihre primitiven Instinkte, und Sie rationalisieren, daß Sie ihn sofort haben müssen – was macht es schließlich, wenn Sie nur vier Monate lang Ihre fünfzig Mark nicht sparen. Sie kaufen den Mantel. Wenn Sie sich gerade im Stadium der kognitiven Dissonanz befinden, spüren Sie Schuldgefühle, sobald Sie die Haustür hinter sich zumachen, und wenn sie groß genug sind, bringen Sie den Mantel vielleicht ins Geschäft zurück und marschieren anschließend schnurstracks zur Bank, um das Geld einzuzahlen. Früher hätten Sie sich vielleicht vom Autopiloten lenken lassen und keinen weiteren Gedanken mehr an den Kauf verschwendet. Wahrscheinlich wären Sie sehr stolz auf sich gewesen, weil Sie durch den Ausverkauf so viel Geld sparten, und kurz danach hätten Sie sich wieder gefragt, warum Sie mit Ihrem Geld nie auskommen.

Finanzielle Unabhängigkeit

Wenn Sie Ihre Ziele gut im Auge behalten, werden Sie zweifellos bald eine gewisse Ausgewogenheit beim Ausgeben und Sparen erreichen. Jeder hat einen anderen Pegel. Ein Gleichgewicht ist dann eingetreten, wenn Sie das Gefühl haben, mit dem kleineren Budget bequem leben zu können. Sie knirschen nicht mehr mit den Zähnen, wenn Sie durch die Geschäfte gehen müssen, ohne alles, was Sie anlacht, in Ihren Einkaufskorb zu stapeln. Ihre neue Lebensweise gibt Ihnen ein so gutes Gefühl, daß das Einkaufen weniger automatisch wird. Sie haben sich nicht in einen Geizkragen oder in eine Pfennigfuchserin verwandelt, sondern es ist Ihnen einfach angenehm, weniger auszugeben. Währenddessen sind auch Ihre Ersparnisse gewachsen, und Sie sind auf dem Weg zu Ihrer finanziellen Unabhängigkeit.

Ich verweise Sie nochmals auf das Buch *Your Money or Your Life,* in dem der Weg zur finanziellen Unabhängigkeit detailliert beschrieben wird. Grob gesprochen besteht der Plan darin, sich einen Bogen Packpapier zu besorgen und ihn an einer gut sichtbaren Stelle an der Wand zu befestigen. Schreiben Sie die Monate des Jahres quer über den oberen Rand, und an den linken, senkrechten Rand die Geldsummen. Diese sollten mit der höchsten Summe beginnen, die Sie in einem Monat je ausgegeben haben (einschließlich aller Ausgaben, von der Hypothek bis zu den Lebensmitteln), und gegen null Mark gehen. Machen Sie sich einen Raster mit diesen Beträgen. Etwas Ähnliches können Sie mit Geldmanagement-Software machen. Das Packpapier ist aber vielleicht besser, weil es ständig in Sichtweite hängt und Sie immer daran erinnert, daß Sie auf dem besten Weg sind, Ihre Ziele zu erreichen. Kennzeichnen Sie Ihre Ausgaben für jeden Monat mit einem roten Punkt. Wenn Sie im Januar dreitausend Mark ausgegeben haben, markieren Sie diese mit einem roten Punkt. Wenn das Zinseinkommen aus Ihren Ersparnissen und Investitionen im Januar insgesamt hundert Mark erreicht hat, markieren Sie diese mit einem blauen Punkt. Sobald Sie begonnen haben, tatsächlich nach Ihrem Finanzplan zu leben, werden Ihre Ausgaben sinken und Ihre Ersparnisse steigen. Sie sind finanziell unabhängig, wenn das, was Sie pro Monat ausgeben, dem entspricht, was Sie aus Ersparnissen und Investitionen an Zinsen erhalten.

Bei diesem Plan gibt es aber eine Falle. Wenn Sie langsam und gleichmäßig zu sparen beginnen und Ihr gesamtes Geld in eine vollkommen sichere Anlagenform stecken, brauchen Sie lang, um finanziell unabhängig zu werden. Der Grund liegt darin, daß absolut sichere Anlagen niedriger verzinst sind als risikoreichere Investitionsformen. Sie können jedoch am Ende mit einem soliden, sicheren Ergebnis rechnen, das keinen Schwankungen unterliegt. Sie haben ein garantiertes Lebenseinkommen, und Sie brauchen nie einen Finger dafür krumm zu machen.

Wenn Sie andererseits höhere Zinsen anstreben, um schneller finanziell unabhängig zu werden, und wenn Sie Ihr Geld in Aktien stecken, ist Ihr Reichtum nicht ganz so sicher, denn Aktienkurse sind starken Schwankungen unterworfen. Wenn Sie Ihre Investitionen aber in viele Fonds, Aktien, Immobilien oder was auch immer diversifizieren, haben Sie ein ziemlich hohes Maß an Sicherheit, weil aller Wahrscheinlichkeit nach nicht alle Investitionsformen gleichzeitig im Wert steigen oder sinken. So haben Sie eine bessere Chance, mit einem bestimmten Betrag aus Ihrem Investitionseinkommen rechnen zu können. Wenn es Ihnen Spaß macht, zu investieren und den Markt genau im Auge zu behalten, bleiben Sie bei dieser Methode. Wenn Sie das Investitionsrisiko aber eher abschreckt, sollten Sie Ihr Geld lieber in etwas Solides stecken.

Nehmen Sie sich Zeit, um in Ihr Leben zu investieren

Bedenken Sie, daß ein einfaches Leben ohne Extreme auskommt. Wer einfach leben will, ist bestrebt, ein Gleichgewicht in seinem Leben zu finden. Nirgendwo ist dieser Grundsatz wichtiger als beim Umgang mit Geld. Es ist absolut notwendig, daß Sie ein Bewußtsein für Geld und für die Rolle entwickeln, die es in Ihrem Leben spielt. Aber während Sie sich auf das Sparen und Investieren konzentrieren, dürfen Sie eine andere Art Investition nicht vernachlässigen – nämlich die in Ihr Leben.

Wir alle kennen die Dickens-Erzählung *Eine Weihnachtsgeschichte*, in der der Geizkragen Scrooge zu der Erkenntnis kommt, daß ihn seine Habgier seine

Freunde, seine Familie und seine Lebensfreude gekostet hat. Er hat nichts, außer einem Haufen Geld, bis ihm die Weihnachtsgeister einen Besuch abstatten, ihn mit einem Weckruf aufrütteln und ihn ermahnen, anderen die Hand entgegenzustrecken.

Ausgewogen zu leben, das bedeutet, einerseits Geld zu sparen und zu investieren und andererseits Zeit darin zu investieren, unterstützende Beziehungen zu anderen Menschen aufzubauen und sich selbst menschlich weiterzuentwickeln. Wir verwechseln ein dickes Bankkonto oft mit Sicherheit. Natürlich brauchen wir ein gut gefülltes Konto, um uns sicher zu fühlen, aber wir brauchen auch Freunde und Familie, die uns mit Umarmungen und Apfelkuchen versorgen, wenn die Wellen einmal hochschlagen. Indem wir weniger ausgeben und uns aus der Tretmühle von Arbeit und Kosten befreien, machen wir für diese Art »Investition« Zeit und Energie frei.

Einfach zu leben, das bedeutet, daß wir etwas Geld auf die hohe Kante legen, indem wir lernen, mit weniger Geld gut zu leben. Gleichzeitig müssen wir uns aber die Zeit nehmen, gute Beziehungen aufzubauen und uns zu dem bestmöglichen Menschen entwickeln, der wir werden können.

Sie beherzigten die Devise »Bezahle dich selbst zuerst« und zogen sich aus dem Erwerbsleben zurück

Als Barbara Ahern Anfang zwanzig war, zeigte ihr Vater ihr eine einfache Zinstabelle. Aus der Tabelle ging hervor, daß jemand, der systematisch kleine Beträge sparte, zu einem fixen Zeitpunkt in der Zukunft eine hohe Summe zur Verfügung haben würde. Barbara befolgte den Rat ihres Vaters, legte jeden Monat Geld zur Seite und zog sich dreiundzwanzig Jahre später im Alter von vierundvierzig Jahren aus dem Erwerbsleben zurück.

Greg Bartholomew erinnert sich aus seiner Kindheit, daß sein Vater seinen Job haßte. Er wollte dasselbe Schicksal für sich um jeden Preis vermeiden. Deshalb nahm er sich vor, hart zu arbeiten, sein Geld zu sparen und zwischen seinem dreißigsten und vierzigsten Geburtstag die finanzielle Unabhängigkeit zu erlangen. So würde er nie an einen Job gefesselt sein, den er nicht mochte. Greg erstellte sich einen Zehnjahresplan und hörte mit siebenunddreißig Jahren auf zu arbeiten.

Das Sinnliche der Einfachheit

Setzen Sie sich gemütlich an einen ruhigen Platz. Stellen Sie die Zeituhr auf zwanzig oder dreißig Minuten. Schließen Sie die Augen und atmen Sie tief durch. Stellen Sie sich vor, daß Sie das Leben führen, das Sie sich immer gewünscht haben. Sie müssen vielleicht mehrere Versuche unternehmen, aber wenn Sie geduldig sind und Ihrer Fantasie freien Lauf lassen, werden Sie eine Vorstellung von dem erhalten, was in Ihrem Leben wirklich zählt. Sobald Sie diese Vorstellung haben, wird es Ihnen viel leichter fallen, Ihren Finanzplan zu erstellen, und es wird Ihnen eine Freude sein, von nun an mit Ihrem Geld so umzugehen, daß Ihre Träume in Reichweite rücken.

Sowohl Barbara als auch Greg sagen, daß sie die Erreichung ihrer Ziele vor allem zwei Prinzipien verdankten. Erstens: »Bezahle dich selbst zuerst«, und zweitens: »Lebe im Rahmen deiner Möglichkeiten«. Beide legten jeden Monat einen fixen Betrag oder mehr auf die hohe Kante, bevor sie begannen, Geld für andere Dinge auszugeben. Sie behielten dabei immer ihr Ziel der finanziellen Unabhängigkeit vor Augen, und das half ihnen über Zeiten starker Konsumwünsche hinweg.

Greg hatte sich gemäß seinem Plan vorgenommen, Jura zu studieren und zehn Jahre lang zu arbeiten. Er beendete sein Studium mit fünfundzwanzig und begann als Assistent mit einem Jahresgehalt von dreiundzwanzigtausend Dollar. »Im Vergleich zu den meisten anderen Leuten auf der Welt verdiente ich gut«, sagt er. »Aber im Vergleich zu den meisten anderen Anwälten war es sehr wenig. Ich verdiente nie mehr als sechzigtausend Dollar, aber ich blieb in der Kanzlei, weil das Klima dort kollegialer war als in vielen anderen, in denen die Anwälte unter Druck gesetzt werden, immer mehr Geld zu verdienen.«

Trotzdem sagt Greg, daß ihm sein Beruf weder Sinngefühl noch Erfüllung bot. Er konnte es nicht vor sich rechtfertigen, nur deshalb als Anwalt zu arbeiten, um seine Rechnungen bezahlen zu können. Das konnte er nur dann, wenn er sich dadurch Freiheit für die Zukunft erkaufen konnte. Das Aha-Erlebnis hatte er schon in seinem ersten Arbeitsmonat. Sein Gehalt ging für den Kauf eines Autos (mit vierjähriger Ratenzahlung), eines Bettes und einer Couch drauf. Außerdem hatte er siebentausend Dollar an Studienkrediten zurückzuzahlen. »Am Ende des Monats wurde mir bewußt, daß ich den Anwaltberuf haßte und darauf brannte, aufzuhören. Aber ich stellte fest, daß ich es nicht konnte, weil ich mir diese Dinge gekauft hatte. Ich mußte weiterarbeiten, um meine Rechnungen zu bezahlen. Also gab ich mir sechs Monate Zeit, um meine finanzielle Situation zu bereinigen.«

Er arbeitete weiter und begann, Vertrauen in seine Fähigkeiten zu entwickeln. Trotzdem vergaß er nicht, daß er, wenn er fortfuhr, Geld auszugeben, später keine Optionen haben und nicht in der Lage sein würde, seinen Zehnjahresplan zu erfüllen. Also begann er, monatlich fünfhundert Dollar wegzulegen und diese Summe mit zehnprozentiger Verzinsung anzulegen. »Ich blieb dabei«, sagt er, »und ich sparte sogar noch mehr, als ich mir vorgenommen hatte.« Als seine Kanzlei ihren Mitarbeitern einen Pensionsplan anbot, investierte er die maximal mögliche Summe und sparte weiterhin fünfhundert bis tausend Dollar monatlich. »Nach vier Jahren«, sagt er, »hatte ich schon eine ganze Menge Geld beisammen.«

In zwei Jahren hatte Greg sein Auto abbezahlt, um den hohen Zinsen zu entgehen. »Ich hatte immer eine gute Antenne für das, was ich an Zinsen bezahlte, und für das, was ich an Zinsen einnahm«, sagte er. »Wenn die zu bezahlenden Zinsen höher sind als die eingenommenen, dann ändere ich schnell etwas.«

Als Barbara mehr verdiente, sparte sie mehr

Auch Barbara begann, ihr Geld zu sparen. Sie sah sich die Zinstabelle ihres Vaters an und erkannte, daß sie, wenn sie hundertfünfundzwanzig Dollar im Monat zurücklegte, im Pensionsalter Millionärin sein konnte. »Das war für mich der erste Hinweis, daß ich durch systematisches Sparen und durch Investitionen finanziell unabhängig werden konnte«, sagt sie.

Im Alter von fünfundzwanzig Jahren begann Barbara als Aktienmaklerin zu arbeiten und wurde dabei mit dem Thema Investitionen vertraut. Sie erfuhr, welche Ziele ihre Klienten verfolgten, wie zum Beispiel eine Collegeausbildung für die Kinder, eine Rente oder die finanzielle Unabhängigkeit. »Man lernt dort, was finanzielle Unabhängigkeit für den einzelnen bedeutet. Ein Klient braucht dazu vielleicht fünf Millionen Dollar, ein anderer nur hunderttausend. Das ist eine sehr individuelle Kalkulation, die vom Konsum abhängt, von der wahrscheinlichen Lebensdauer sowie von den Annahmen über Inflation und Zinsen. Ein sehr einfaches Beispiel: Wenn Sie tausend Dollar monatlich zum Leben brauchen, sollten Sie hundertzwanzigtausend Dollar zu zehn Prozent Zinsen investieren.«

»Ein Vorfall ist mir besonders klar im Gedächtnis«, sagt Barbara. »Mein damaliger Freund und ich sprachen über einen Freund, der zweihunderttausend Dollar in ein atemberaubendes Haus gesteckt hatte. Das war in den siebziger Jahren, als die Zinsen noch zweistellig waren. Wir sahen einander an und sagten, wenn wir dieselbe Summe in ein Geldmarktkonto steckten, bräuchten wir nie wieder zu arbeiten.«

Barbara begann, von ihrem damaligen Gehalt von sechshundert Dollar monatlich fünfzig Dollar abzuzweigen und zu investieren. »Irgendwo hatte ich von dem Prinzip gelesen, sich selbst zuerst zu bezahlen«, erzählt sie, »und ich hielt mich daran. Es gab Zeiten, in denen ich sogar die Bezahlung wichtiger Arzt- oder Stromrechnungen hinausschob, damit ich meine fünfzig Dollar zur Seite legen konnte. Ich wartete mit der Bezahlung der Rechnung bis zum nächsten Monat, auch wenn ich dann eine Mahngebühr bezahlen mußte. Die Mahngebühr diente mir als Erinnerung, daß ich über meine Verhältnisse lebte.«

Barbaras Vermögen im Alter von sechsundzwanzig Jahren betrug zweitausend Dollar. Sie verwendete dieses Geld als Anzahlung für ihr erstes Haus.

Mit achtundzwanzig heiratete Barbara Ron Bryan, einen Immobilienagenten. Gemeinsam kamen sie zu der Erkenntnis, daß sie die finanzielle Unabhängigkeit erreichen konnten, indem sie Häuser kauften und vermieteten. Sie überlegten sich, daß der Durchschnittsbürger fünfundzwanzig Prozent seines Einkommens für seine Unterkunft aufwendet. Wenn sie vier typische Häuser besäßen, würden sie das Einkommen eines typischen Bürgers haben.

»Sobald man diese Vorstellung einmal im Kopf hat, möchte man sich schneller auf das Ziel zubewegen, weil es so faszinierend ist«, sagt Barbara. »Man merkt, daß man Dinge tut, die einem seinem Ziel näherbringen. Wir begannen zum Beispiel, unser Haus mit einer Hypothek über dreißig Jahre zu finanzieren, was uns in unseren Fünfzigern die finanzielle Unabhängigkeit gebracht hätte. Das schien uns zu weit entfernt, und so stiegen wir auf eine Fünfzehn-Jahres-Hypothek um. Bei einem anderen Haus leisteten wir eine höhere Anzahlung.«

Als Barbara begann, mehr Geld zu verdienen, tappte sie nicht in die Falle, mehr auszugeben. Statt dessen erhöhten ihr Mann und sie ihren Sparanteil. »Mehrere Jahre lang sparten wir dreißig Prozent unseres Einkommens, und in den letzten paar Jahren waren es mehr als fünfzig Prozent«, erklärt Barbara. »Als meine Firma ihren Mitarbeitern einen Pensionsplan anbot, stieg ich mit der Höchstsumme ein. Jedes Mal, wenn wir einen Bonus bekamen, investierten wir das Geld in Immobilien. Viele meiner Kollegen gaben ihr Geld für Urlaube, die Verschönerung ihrer Häuser oder für die Bezahlung ihrer riesigen Kreditkartenrechnungen aus. Jedes Mal, wenn die Firma einen steuergünstigen Sparplan anbot, nutzte ich ihn. Als automatische Gehaltskonten eingerichtet wurden, benutzte ich das meine sofort, um daraus Renten- und Sparkonten zu speisen. So fiel es mir leicht, mich zuerst selbst zu bezahlen, weil ich gar nicht daran zu denken brauchte.«

Barbara erinnert sich, daß es nicht immer einfach war, soviel Geld zu sparen. Andere Kollegen hatten Putzfrauen und Haushaltshilfen und leisteten sich von Zeit zu Zeit einen kleinen Luxus wie Massagen, weil die Arbeit so anstrengend war. Ron und Barbara verzichteten auf einen übermäßig gepflegten Haushalt und nahmen für ihr Ziel der langfristigen finanziellen Unabhängigkeit ein wenig häusliche Unordnung in Kauf.

Barbara und ihr Mann versuchten, soweit wie möglich von Bargeld zu leben. Sie verzichteten auf nichts, was ihnen wirklich wichtig war, wie zum Beispiel Urlaube, aber sie verwendeten dazu nur Bargeld. Sie holten sich das Geld von der Bank, bevor sie losfuhren. Und die meisten Reparaturen in ihrem eigenen Haus machten sie selbst.

Als Barbara vierundvierzig Jahre alt war, stellte sie fest, daß ihr die Arbeit immer weniger Freude bereitete. Gleichzeitig hatten ihre Investitionen stärker an Wert gewonnen, als sie erwartet hatte. Sie hatte ihr Ziel erreicht. »Wir haben inzwischen nicht nur vier lastenfreie Häuser, sondern auch eine Kombination von vermieteten Objekten und anderen Investitionen, die genug abwerfen, um uns ein bequemes Leben zu ermöglichen.«

Greg empfand das Sparen wie das Bezahlen von Rechnungen

Zwei Jahre, nachdem er zu arbeiten begonnen hatte, kaufte Greg sein erstes Haus. Er wohnte selbst darin und vermietete ein freies Schlafzimmer. An seiner Arbeit als Anwalt, die er weiterhin ausübte, begann er sogar eine gewisse Freude zu finden. »Es war nicht die Freude, die man an etwas hat, was man wirklich mag«, sagt er, »aber die Arbeit war nicht unangenehm, und sie ermöglichte es mir, meine finanziellen Ziele zu erreichen. Ich mochte auch die Leute sehr.«

Im Laufe der nächsten Jahre kaufte er sich ein Reihenhaus zum Vermieten, und gemeinsam mit seiner Schwester kaufte er noch ein weiteres Haus, das ebenfalls vermietet wurde. Den Kauf dieser Häuser finanzierte er mit dem Geld aus der Refinanzierung seines ersten Hauses. Sein freies Schlafzimmer vermietet er immer noch.

Nachdem er sieben oder acht Jahre lang gearbeitet hatte, gelangte Greg zu der Erkenntnis, daß er sich auf den Tag vorbereiten mußte, an dem er seine Arbeit an den Nagel hängen würde. Er fragte sich, wie er wohl seine Zeit verbringen würde und welche Krankenversicherung er wählen sollte. Musik liebte er, soviel war klar. Aber die Vorstellung, den ganzen Tag allein zu Hause zu sitzen, gefiel ihm nicht. Er wünschte sich regelmäßige Aktivitäten gemeinsam mit anderen. Also schloß er sich noch während der Arbeit zwei Chören an. »Das war eine wirklich erhebende Erfahrung, die mich darin bestärkte, etwas mit Musik zu machen, nachdem ich mit dem Arbeiten aufgehört hatte«, erzählt er.

Schließlich, im Frühling 1992, kündigte Greg seinen Job. Er arbeitete die nächsten zwei Jahre Teilzeit. Zuerst ging er halbtags in die Kanzlei, dann noch weniger. »Das war psychologisch gut, weil ich nicht unvermittelt zu Hause saß und nichts zu tun hatte«, sagt er. »In dieser Übergangszeit hatte ich überdies Gelegenheit, meine Ausgaben noch weiter anzupassen.« Greg begann auch, Buchrezensionen und kurze Erzählungen zu schreiben und als Schiedsrichter zu arbeiten. Er geht davon aus, daß ihm diese Aktivitäten in diesem Jahr knapp dreitausend Dollar einbringen werden.

Ein Grund, warum es Greg gelang, Geld zu sparen, liegt darin, daß er für seine Ersparnisse ein separates Konto hatte. Sein Gehaltskonto war für die Ausgaben bestimmt, während er seine Ersparnisse auf ein Sparkonto überwies. »Das Sparen war für mich wie das Bezahlen anderer Rechnungen«, sagt er. »Ich füllte den

Zahlschein für mein Sparkonto gemeinsam mit den anderen Zahlscheinen aus.« Greg sagt, daß er nichts mit Kreditkarte kauft, was er nicht noch im selben Monat bezahlen kann. Sein früher Autokauf und die Immobilieninvestitionen blieben die einzigen Ausnahmen. »Ich wollte nicht regelmäßig jeden Monat fünfzig Dollar für dies und fünfzig Dollar für jenes bezahlen müssen«, sagt er. »Wenn ich zum Beispiel ein Fernsehgerät für fünfhundert Dollar wollte, sparte ich solange, bis ich es bar bezahlen konnte. Ich lehne es ab, jahrelang vierzig Dollar pro Monat zu bezahlen. Als ich noch arbeitete, plante ich größere Anschaffungen im voraus und schenkte sie mir dann zum Geburtstag oder zu Weihnachten. Ich traf Entscheidungen und kaufte nicht alles, was ich haben wollte.«

Das Sparen fiel Greg nie besonders schwer, denn er setzte seit jeher Geld mit Zeit gleich. »Es gibt jede Menge Jobs, bei denen man fünf Dollar pro Stunde verdient«, sagt er. »Wenn jemand fünfzehn Dollar für drei Drinks hinauswirft, dann wirft er meiner Meinung nach drei Stunden seines Lebens zum Fenster hinaus.« Nachdem Greg seinen Vollzeitjob gekündigt hatte, blieb er weiterhin Mitglied in einem Chor. Inzwischen hat er seinen Traum, eine Oper zu schreiben, zur Hälfte verwirklicht. Er stellt die Art und Weise, wie er seine Zeit verbringt, ständig in Frage. »Wenn ich einen Schritt zurücktrete, erkenne ich, daß ich echtes Glück habe, denn die meisten Menschen haben nicht die Zeit, um darüber nachzudenken, wie sie ihren Tag verbringen wollen. Die meisten glauben, keine Wahl zu haben, aber sie erkennen nicht, daß sie sich selbst in diese Situation gebracht haben. Sie schaffen sich immer größere Häuser an. Selbst jetzt fällt es mir oft schwer, den Leuten mein Leben zu beschreiben, denn meine Probleme sind nicht so unmittelbar wie ihre.

Zum ersten Mal in meinem Leben weiß ich, daß ich, wenn ich meinen Lebenslauf verschicke, ehrlich sagen kann, wer ich bin. Heute strebe ich nur noch Tätigkeiten an, bei denen ich ein gutes Gefühl habe. Ich brauche jetzt nicht mehr so zu tun, als würde mir ein Job gefallen. Ich kann mir den Luxus leisten, nein zu sagen.«

Greg hat vor, alle seine Immobilien bis auf sein ursprüngliches Haus zu verkaufen und dann ein paar Jahre lang von den Erträgen zu leben. Dann, so hofft er, wird er von der Arbeit leben können, die er mag. Zu diesem Zeitpunkt wird auch sein ursprüngliches Haus schulden- und lastenfrei sein.

Wenn Barbara dieser Tage morgens aufsteht, spürt sie einen großen Unterschied. »Die Motivation zu dem, was ich tun möchte, kommt jetzt zum Unterschied zu früher immer aus meinem Inneren. Bevor ich kündigte, reagierte ich auf irgendeine äußere Notwendigkeit, wie zum Beispiel, um acht Uhr im Büro zu sein, um zehn zu einem Meeting zu gehen und auf dem Nachhauseweg das Abendessen einzukaufen.

Jetzt stehe ich morgens auf und denke darüber nach, wie ich meinen Tag verbringen möchte. Es ist nicht so, daß es nichts gibt, was ich vollbringen oder erreichen möchte, aber Zeit und Ort für das, was ich tun möchte, lege ich heute selbst fest. Ich habe derzeit keine langfristigen Ziele«, sagt sie. »Ich möchte einfach gesund und fit bleiben und unseren Sohn möglichst gut vorbereitet in die Welt hinausschicken.«

Wenn andere Leute Barbara beneiden, sagt sie sich, daß diese Leute ebenso wie sie selbst Entscheidungen getroffen haben. Als eine Kollegin darüber klagte, daß auch sie die Arbeit satt hätte, erstellte sie eine Liste der Dinge, auf die sie verzichten müßte, wenn sie ihr Vorhaben verwirklichen wollte. Darunter waren Dinge wie teurer Schmuck, exklusives Essen und ein riesiges Budget für Geschenke. »Diese Freundin kam zu dem Schluß, daß sie auf diese Dinge nicht verzichten wollte«, sagt Barbara. »Offensichtlich machen sie ihr mehr Freude als die Aussicht, nicht mehr arbeiten zu müssen.

Ich finde es schön, in einer Situation zu sein, in der ich, auch wenn ich meine Arbeit mag, immer weiß, daß ich nicht an sie gefesselt bin, wenn sie mir eines Tages nicht mehr gefallen sollte oder wenn ich eine schlechte Phase habe. Die Freundin, von der ich sprach, kann das nicht sagen, weil sie sich ihren Job unter anderem deshalb ausgesucht hat, um teuren Schmuck, exklusives Essen und großzügige Geschenke kaufen zu können. Solange man sich dessen bewußt ist, ist daran nichts auszusetzen, finde ich. Wenn Sie sagen, Sie lieben Diamanten, Sie wollen eine Haushälterin haben und Ihr Rasen soll makellos sein, und diese Dinge sind Ihnen zusätzliche dreißig Arbeitsjahre wert, dann ist das bestens! Ich respektiere das. Für mich war das Ziel der Unabhängigkeit so faszinierend, daß ich bereit war, die negativen Seiten in Kauf zu nehmen. Niemand soll sagen, er könne nicht mit fünfunddreißig, vierzig oder fünfzig Jahren aus dem Arbeitsleben aussteigen ... wenn er es nicht tut, sollte er wissen, daß er sich selbst entsprechend entschieden hat.«

ÜBER DIE INNERE EINFACHHEIT

Was hinter uns liegt und was vor uns liegt ist
winzig im Vergleich zu dem, was in uns liegt.

Oliver Wendell Holmes

Warum denken so viele Menschen darüber nach, wie sie ihr Leben einfacher machen können? Wohl, weil sie sich dadurch ein bestimmtes Maß an innerem Frieden und Zufriedenheit erhoffen. Sie haben sich alles angeschafft, was unsere Welt an äußeren Statussymbolen zu bieten hat: neue Häuser, Autos, Kleider, Karrieren und sogar Beziehungen. Dabei haben sie festgestellt, daß alle diese Errungenschaften zwar kurzlebige Freude und Befriedigung bringen, daß diese positiven Gefühle aber sehr schwankend sind. Die Wahrscheinlichkeit, daß Streß und Konfusion ansteigen, ist hingegen hoch. Es ist wirklich anstrengend, das Glück ständig außerhalb von uns selbst zu suchen. Diese Suche ist nämlich endlos. Um wieviel befriedigender ist es doch, Glück und Zufriedenheit zuerst in unserem Inneren zu finden und uns erst dann äußeren Freuden und Vergnügungen zuzuwenden! Wenn uns das gelingt, können wir die äußeren Freuden selektiver wählen. Wir können dies aus einem Gefühl der inneren Stärke heraus tun und nicht, um ein Gefühl der Leere zu vertreiben, das uns dann doch wieder einholt. Wenn wir ständig äußeren Vergnügungen nachlaufen und dabei unser inneres Ich vernachlässigen, wollen wir immer mehr und bekommen nie genug. Wir wissen zwar nicht, worin dieses »mehr« besteht, aber irgendwie spüren wir, daß uns etwas fehlt.

Freiwillige Einfachheit ist die Fahrkarte, nicht das Ziel

Wenn von freiwilliger Einfachheit die Rede ist, denken die Leute oft, ein einfaches Leben in sich selbst sei bereits die Antwort. Sie glauben, daß sie automatisch zur Ruhe kommen, wenn sie ihr Haus entrümpeln und Geld zu sparen beginnen. Das stimmt zwar teilweise, aber nicht ganz.

Entrümpeln und Sparen sind lediglich die Fahrkarte zum Ziel, nicht das Ziel selbst. Damit schaffen Sie sich nur die Zeit und den Raum, die Sie brauchen, um Frieden finden zu können. Es ist schwer, Zeit für das innere Ich aufzubringen, wenn man von einer Aktivität zur nächsten hetzt, Überstunden macht, um Schulden abzuzahlen, oder ständig seine Siebensachen neu ordnet oder abstaubt. Wenn Sie einige dieser Hindernisse aus dem Weg geräumt haben, können Sie beginnen, von innen heraus ruhig zu werden. Sie können Ihr inneres Ich oder Ihre Seele – den Teil, der in unserem heutigen Leben so sträflich vernachlässigt wird – kennenlernen. Überlegen Sie einmal, wieviel Zeit Sie für die Bedürfnisse Ihres Körpers aufwenden und wieviel Zeit Sie Ihrer Seele widmen. Den wenigsten von uns ist ihre Seele mehr Zeit wert als hier und da einmal einen kleinen Augenblick.

Endlich hat die moderne Medizin erkannt, daß Geist und Körper miteinander verbunden sind und daß wir beides pflegen müssen, um körperlich gesund zu bleiben. Aber etwas bleibt weiterhin unbeachtet: die Seele. Wir sehen sie nicht, und doch wissen wir, daß es sie gibt. Sie ist unsere Lebenskraft. Wenn wir unsere Lebenskraft vernachlässigen, vernachlässigen wir unser Fundament.

Der erste Schritt

Ich werde oft gefragt, worin der erste Schritt zu einem einfacheren Leben besteht. Nun, die Antwort hängt von Ihrem persönlichen Lebensstil ab. Wenn Sie zum Beispiel eher extrovertiert sind, fällt es Ihnen wahrscheinlich am leichtesten, mit dem Entrümpeln Ihres Hauses oder Ihrer Schubladen zu beginnen, oder die Hälfte Ihrer gesellschaftlichen Verpflichtungen abzusagen. Sie können jedes der Kapitel dieses Buches wählen und beginnen, die äußeren Bereiche Ihres Lebens zu vereinfachen. Sobald es in Ihrem äußeren Leben weniger gibt, worüber Sie sich Sorgen machen müssen, haben Sie mehr Raum für Ihr Ich.

Die andere Methode besteht darin, mit dem inneren Leben zu beginnen. Nehmen Sie sich jeden Tag Zeit zum Meditieren, dadurch gewinnen Sie innere Ruhe. Sobald Ihr inneres Chaos abebbt und sich zu klären beginnt, wird Ihr äußeres Leben automatisch folgen. Dieser Weg ist natürlich schwierig, wenn Ihr äußeres Leben mit Hektik und Terminen vollgepackt ist und wenn Sie daran gewöhnt sind, Erfüllung in der Außenwelt zu suchen.

Als ich meine Reise begann, dachte ich, der einzige Weg ins Nirwana der Einfachheit führe über Thoreaus Aussage – wörtlich verstanden. Ich dachte, ich müßte wirklich in eine Hütte im Wald ziehen und Selbstversorgerin werden. Als ich aber begann, mich mit Einfachheit zu befassen und darüber nachzudenken, erkannte ich, daß es nicht unbedingt entscheidend war, wo ich lebte und was ich tat. Die obengenannten Dinge können den Prozeß durchaus unterstützen, aber sie sind nicht das Ziel. Entscheidend ist es, inneren Frieden zu finden. Wenn man diesen Frieden gefunden hat, spielt es keine Rolle, wo man lebt. Wenn wir aber in unserem Inneren von Chaos und Unruhe gequält werden, oder wenn wir es gewöhnt sind, jedem Wunsch auf der Stelle nachzugeben, können uns keine Waldhütte, kein Kloster und kein entrümpeltes Haus helfen.

Das wurde mir eines Tages klar, als ich mit einer Frau sprach, die allein in einem Haus auf einem Berg lebt. Ihr Beruf ist es, das Wetter zu beobachten. Wenn sie nicht damit beschäftigt ist, schreibt sie Bücher oder liest. Diese Frau ist von den Ablenkungen unserer hektischen Welt vollkommen unberührt. Sie zeigte mir Bilder ihres Hauses – ein friedlicher, idyllischer Ort mit herrlichem Blick, wohin das Auge reicht. Aber meine erste Frage an sie war: »Was machen Sie in dieser Stille mit Ihren inneren Dämonen?« Sie wußte genau, was ich meinte. Je stiller unsere äußere Umgebung wird, desto stärker wird uns bewußt, was im Inneren vor sich geht. Keine Geschäftigkeit mehr, kein Weglaufen mehr vor sich selbst. Da stehen wir, allein mit uns selbst.

Diese Frau hatte die meisten ihrer inneren Dämonen zum Schweigen gebracht, indem sie zu innerer Ruhe gefunden hatte. Sie sagte aber, daß sie sie immer noch sehr stark spüre, wenn Freunde zu Besuch kämen, in denen sie noch lebendig waren. Ihre Besucher empfanden die Stille meist bald als lähmend, und sie wollten früher abreisen als geplant. Sie können sich vorstellen, wie ein solches Leben ohne jede Ablenkung aussieht. Man erfährt dabei sehr schnell, wer man ist. Wenn wir andererseits ein Leben wie die meisten Menschen führen, inmitten aller nur denkbaren Ablenkungen, lernen wir unser tieferes Ich niemals kennen. Zum Glück brauchen wir nicht auf einen Berggipfel zu gehen, um herauszufinden, wer sich in uns verbirgt.

Bewußtsein

Die Meditation bietet uns eine Möglichkeit, uns selbst kennenzulernen. Es hat sich inzwischen herumgesprochen, daß wir zum Meditieren nicht auf einem Berggipfel in Tibet zu sitzen brauchen. Wir können es in unseren eigenen Häusern und Wohnungen tun. Wir können es tun, wenn wir Familie haben, und wir können es tun, wenn wir berufstätig sind. Wenn wir regelmäßig meditieren, wird uns Augenblick für Augenblick stärker bewußt, was wir tun. Dieses Bewußtsein bewirkt mehr, als uns nur von der Tretmühle fernzuhalten. Ohne dieses innere Bewußtsein rutschen und schlittern wir durchs Leben, ohne zu wissen, warum wir bestimmte Entscheidungen treffen. Wir lassen uns vom Autopiloten steuern. Wenn Sie das bezweifeln, machen Sie doch den folgenden kleinen Test: Nehmen Sie ein Blatt Papier und einen Stift zur Hand und zeichnen Sie Ihr Telefon, ohne es sich zuerst anzusehen. Zeichnen Sie es aus dem Gedächtnis. Ja! Da haben wir's schon: Warum weiß ich, daß Sie Ihr Telefon nicht zeichnen können? Weil niemand es kann, auch ich nicht. Wir benutzen diesen Apparat viele Male am Tag, ohne zu wissen, wie er eigentlich aussieht, wo die Nummerntasten sind, welche Form die Tasten haben und so weiter. Und warum wissen wir es nicht? Weil wir nicht jeden Augenblick unseres Lebens voll präsent sind. Oft tun wir etwas und denken dabei gleichzeitig an viele andere Dinge. Diese mangelnde Aufmerksamkeit führt zu allen möglichen Problemen. Wir schlendern durch ein Geschäft und erblicken plötzlich etwas auf dem Regal, das uns gefällt. Ohne weiter zu denken, als an die unmittelbare Befriedigung unseres Wunsches, ziehen wir fünfzig oder hundert Mark aus der Tasche und kaufen das Ding. Dasselbe tun wir mit Objekten jeder erdenklichen Art und Größe, seien es Schokoladenkekse oder Autos im Wert von hunderttausend Mark.

Wir gehen automatisch gesellschaftliche Verpflichtungen ein, und wir treffen automatisch unsere Berufswahl. Allmählich beginnen wir aber zu spüren, daß »Erfolg« oder »Leistung« nicht von Dauer sind. Das Hochgefühl währt nur kurz, und bald spüren wir eine unbestimmte, innere Leere. Wir rennen hinaus und versuchen, sie mit irgend etwas zu füllen. Und dabei sind uns unsere eigenen, tiefen Motive vollkommen unbekannt. Später fragen wir uns dann, warum wir in einer solchen Tretmühle gefangen sind.

Wählen Sie Ihren Meditationsstil

Es gibt zwei allgemeine Formen der Meditation. Bei der ersten konzentrieren Sie sich auf einen Punkt. Sie können dies durch Visualisierung oder mit Hilfe eines Mantras tun. Es geht darum, sich zu konzentrieren und den Geist immer wieder auf diesen einen Punkt hinzuführen. Die andere Form des Meditierens wird Bewußtseinsmeditation genannt. Dabei fokussiert man nicht nur seinen Geist, sondern macht sich auch bewußt, was an diesem Brennpunkt vor sich geht.

Für welchen Meditationsstil Sie sich auch entscheiden – bleiben Sie dabei. Man verfällt genausoleicht in die Gewohnheit, nach immer besseren Meditationen oder spirituellen Übungen zu suchen, wie man sich daran gewöhnt, nach immer besseren Besitztümern Ausschau zu halten.

Punktmeditation

Es gibt viele Formen des Visualisierens. Sie können sich zum Beispiel hinsetzen und sich auf Ihr »spirituelles Auge« konzentrieren, das sich in der Mitte Ihrer Stirn befindet. Bei dieser Methode wird dieser Bereich des Gehirns als Bewußtseinsbereich oder als Tor zum spirituellen Zentrum betrachtet. Um auf diese Weise zu meditieren, konzentrieren Sie sich im Sitzen auf den Punkt zwischen Ihren Augenbrauen. Stellen Sie sich vor, daß Sie in Ihr spirituelles Zentrum hineinblicken und daß es von weißem Licht umgeben ist. Hören Sie auf Ihre inneren Geräusche. Viel wurde über diese »spirituellen Klänge« geschrieben; die alten Griechen nannten sie »Sphärenmusik«. Sitzen Sie ruhig da und konzentrieren Sie sich auf Ihr spirituelles Auge und auf die spirituellen Klänge. Angeblich sind diese Klänge am besten durch das rechte Ohr zu hören. Sie können sich dabei vorstellen, was Sie nur möchten. Ihr Herz kann eine Blume sein, die sich langsam öffnet, oder Sie können sich vorstellen, daß Sie sich an einem friedlichen Ort wie an einem Meeresstrand oder in einer Berghütte befinden.

» Halten wir inne und hören wir auf unser Herz, auf den Wind, der draußen bläst, aufeinander, auf die sich verändernden Muster dieses mysteriösen Lebens.

Augenblick für Augenblick kommt es aus dem Nichts und vergeht ins Nichts. Lernen wir, mit weniger Gier und mehr Wertschätzung und Liebe zu leben. **«**

Jack Kornfield

Sie können auch ein Mantra verwenden, um sich zu fokussieren. Ein Mantra ist ein Wort oder eine Phrase, die Sie in Gedanken ständig wiederholen. Sie können sich ein eigenes Mantra ausdenken oder sich von Ihrem Meditationslehrer eines geben lassen. Für einige Menschen ist ein Mantra ein ganz besonderes und spirituelles Wort, das man nur von einem spirituellen Lehrer annehmen sollte, während andere finden, daß jedes melodische Wort, jede Phrase oder jeder Ton, die für den Meditierenden Bedeutung haben, geeignet sind. Ein selbstgewähltes Mantra kann alles sein, was Sie für wichtig halten, wie »Liebe« oder »Frieden«, sogar ein universeller Ton wie »Om«. Wenn Sie dieses Wort oder diese Phrase in Gedanken ständig wiederholen, fokussieren Sie damit Ihr Bewußtsein, anstatt es von irgendwelchen Gedanken zerstreuen zu lassen. Wenn Sie Ihr Mantra von einem spirituellen Lehrer bekommen haben, können Sie durch die Konzentration darauf nicht nur Ihren Geist beruhigen, sondern auch in eine höhere Ebene des spirituellen Bewußtseins eintreten.

Bewußtseinsmeditation

Mir persönlich sagt die Bewußtseinsmeditation zu. Ich finde, sie unterstützt mich am besten in meinem Bestreben, einfach zu leben. Natürlich können alle Meditationsformen hilfreich sein, um inneren Frieden zu finden, aber ich ziehe die Bewußtseinsmethode vor. Der Grund liegt darin, daß sie mir nicht nur hilft, meine Aufmerksamkeit zu fokussieren, sondern auch, mir über die Gegenwart bewußt zu werden. Der Titel eines wundervollen Buches faßt diese Theorie zusammen. Das Buch heißt *Wherever You Go, There You Are* und stammt von Jon Kabat-Zinn. Diese Phrase bedeutet, sich seines Tuns und Seins in jedem Augenblick vollkommen bewußt zu sein. Der Weg zur Kultivierung dieses Bewußtseins führt über die Meditation. Wir können meditieren, wo immer wir hingehen und wo immer wir sind. Die Phrase bedeutet auch, daß wir, sobald wir gelernt haben, Erfüllung in unserem Inneren zu finden, nicht mehr nach außen zu blicken brauchen. Unser Selbst haben wir immer bei uns, und wir können immer in uns selbst zu Hause sein, ganz gleich, wo wir uns befinden. Das bedeutet nicht, daß wir uns von der Welt abwenden müssen. Es bedeutet nur, ein starkes Fundament in uns selbst aufzubauen. Die Freuden der Welt sind dann lediglich Verzierungen, keine Substanz. Es bedeutet auch, daß wir in größerer Intimität mit der Welt leben können. Wir sind vollkommen präsent und interagieren mit den Menschen und Dingen in unserer Umgebung auf eine intime Weise, statt daß wir auf dem Weg anderswohin nur an ihnen vorbeiziehen.

Die Schönheit der Bewußtseinsmeditation besteht darin, daß wir sie den ganzen Tag lang praktizieren können: beim Abwaschen, beim Autofahren, beim Streiten mit unserem Partner, beim Vorlesen, beim Spazierengehen und beim Warten vor dem Bankschalter. Wie alles andere will auch das Meditieren geübt sein. Dazu brauchen Sie jeden Tag ein paar Minuten, in denen Sie sitzend meditieren.

Bewußtseinsmeditation: So wird's gemacht

Suchen Sie sich zu Hause einen bequemen Platz, an dem Sie mindestens zehn Minuten lang ungestört sitzen können. Bevor Sie darüber zu klagen beginnen, daß Sie keine zehn Minuten oder länger Zeit haben, überlegen Sie einmal, wie lange Sie jeden Tag fernsehen oder belanglose Telefonate führen, um nur zwei Dinge zu nennen. Am besten ist es, wenn Sie sich eine Nische schaffen, einen Ort, an den Sie sich jeden Tag zurückziehen können und mit dem Sie »Ruhe« verbinden. Sie brauchen dazu kein ganzes Zimmer, eine ruhige Ecke genügt. Setzen Sie sich entweder auf ein paar Kissen auf den Boden oder auf einen Stuhl mit gerader Rückenlehne. Man meditiert im Sitzen und nicht im Liegen, weil man sich nicht so sehr entspannen soll, daß man einschläft. Das Ziel ist es, vollkommen wach, aber ruhig zu sein. (Wenn Ihnen das Einschlafen schwerfällt, können Sie die Übung abends vor dem Einschlafen machen, aber das ist nicht der eigentliche Sinn dieses Kapitels. Siehe »Schlaflosigkeit und was man dagegen tun kann« weiter hinten in diesem Kapitel.)

Wir alle kennen die Bilder der indischen Yogi, die mit gekreuzten Beinen auf dem Boden sitzend meditieren. Den meisten westlichen Menschen fällt diese Position aber so schwer, daß das unangenehme Gefühl ablenkend wirkt. Setzen Sie sich daher in eine bequeme Position und achten Sie darauf, daß Ihr Rücken gerade ist. Schließlich sollen Sie wach bleiben, und Ihre Energie soll frei fließen können. Sie können die Hände in den Schoß legen, wenn es Ihnen angenehm ist. Viele erfahrene Meditierende wenden dabei die Handinnenflächen nach oben. Diese Position dient der Akzeptanz und läßt mehr Energie in den Meditierenden hineinströmen. Bevor Sie das mit einem Schulterzucken abtun, sollten Sie daran denken, wie wichtig die Position unserer Hände im täglichen Leben ist. Geballte Fäuste bedeuten Kampfbereitschaft, wenn wir wütend sind. Jemanden mit offenen Armen begrüßen, bedeutet, daß wir diese Person akzeptieren und offen für sie sind. Wie auch immer – probieren Sie verschiedene Handpositionen aus, bis Sie eine gefunden haben, die Ihnen angenehm ist. Versuchen Sie auf jeden Fall ein paarmal, die Handinnenflächen nach oben zu wenden, bevor Sie es aufgeben.

Sobald Sie bequem sitzen, machen Sie ein paar Entspannungsübungen, um ruhig zu werden. Dazu gibt es viele Möglichkeiten. Eine davon ist tiefes Atmen. Atmen Sie so langsam und so tief wie möglich durch die Nase. Halten Sie den Atem einige Sekunden lang an und atmen Sie dann langsam durch den Mund aus. Wiederholen Sie das dreimal. Eine andere Technik wird Quadratatmen genannt. Stellen Sie sich ein Quadrat vor. Atmen Sie mit geschlossenen Augen tief ein und stellen Sie sich vor, wie sich Ihr Atem die linke Seite des Quadrats hinaufbewegt. Zählen Sie langsam bis fünf. Wenn Sie bei fünf sind, stellen Sie sich vor, daß Ihr Atem auf der oberen Linie des Quadrats angelangt ist. Atmen Sie jetzt nicht aus, sondern zählen Sie noch einmal bis fünf, während Ihr Atem die Oberseite des Quadrats entlangfließt. Bei fünf, wenn Sie an der rechten oberen Ecke des Quadrats angelangt sind, beginnen Sie auszuatmen und stellen sich vor, daß sich Ihr Atem die andere Seite des Quadrats wieder nach unten bewegt. Zählen Sie wieder langsam bis fünf. Nun halten Sie Ihren Atem nochmals an, bis Sie bis fünf gezählt und an der linken, unteren Ecke des Quadrats angelangt sind. Ihre Lungen sollten vollkommen leer sein. Wiederholen Sie das Quadratatmen dreimal.

Sie können auch mit dem Kopf, dem Hals und den Schultern kreisen, um sich zu entspannen, oder Sie können sich immer wieder eine bestimmte Phrase vorsagen, um ruhig zu werden. Wenn Sie einer bestimmten Religion oder spirituellen Überzeugung angehören, können Sie etwa fünf Minuten lang eine sinnvolle Phrase oder ein Gebet wiederholen. Wenn Sie nicht religiös sind und mit

Spiritualität nichts am Hut haben, sagen Sie sich ein Lieblingsgedicht oder eine andere Phrase vor. Diese monotone Wiederholung hilft Ihnen, sich zu entspannen und ihren unruhigen Geist zu beruhigen.

Sobald Sie entspannt sind, können Sie zu meditieren beginnen. Wenn Sie das noch nie gemacht haben, versuchen Sie zunächst, einfach zehn Minuten lang still dazusitzen, nachdem Sie ruhig geworden sind. Stellen Sie sich eine Zeituhr, wenn Sie möchten. Zehn Minuten der Stille, in denen Sie scheinbar »nichts« tun, werden Ihnen zunächst wie eine Ewigkeit erscheinen, weil wir in unserer Kultur darauf programmiert sind, jede Minute unseres Lebens »produktiv« zu sein. Erhöhen Sie Ihre Meditationszeit schrittweise auf fünfundvierzig Minuten täglich; zweimal täglich ist noch besser. Fürs erste reicht es jedoch aus, wenn Sie sich zehn Minuten täglich reservieren. Sie können sich auch von Ihrer Mittagspause zehn Minuten abzwacken, wenn Sie irgendwo einen ruhigen Ort finden. Meditieren Sie ruhig, bevor Sie abends zu Bett gehen, aber tun Sie es nicht im Bett. Wenn Sie kleine Kinder haben, planen Sie Ihre zehn Minuten ein, während sie tagsüber schlafen. Sie können auch meditieren, nachdem Sie die Kinder zu Bett gebracht haben, bevor Sie das Geschirr abzuwaschen oder Zahlscheine auszufüllen beginnen. Manche Eltern gewöhnen ihre Kinder auch daran, eine »Familienruhezeit« einzuhalten. Mir persönlich ist das bei meinen Kindern nie gelungen, aber das lag wohl daran, daß ich zu der damaligen Zeit nicht so viel Wert auf das Meditieren legte, daß ich mich durchgesetzt hätte. Kinder wissen im allgemeinen genau, was den Eltern wirklich wichtig ist und wo es Verhandlungsspielraum gibt. Wie auch immer – seien Sie flexibel. Sie brauchen schließlich nur zehn Minuten täglich. Und denken Sie daran: Sie können auch dann zufrieden sein, wenn Sie über zehn Minuten nie hinauskommen. Immerhin haben Sie zehn ungestörte Minuten, die Sie normalerweise nicht hätten – also quälen Sie sich nicht wegen etwas, das Sie nicht haben.

Die Bewußtseinsmeditation ist sehr direkt, weil man dabei einfach dasitzt und dem natürlichen Rhythmus seines Atems folgt. Sie können sich entweder darauf konzentrieren, wie Ihr Atem in Ihre Nase strömt, oder ihm in Ihren Bauchraum folgen. Wenn Sie die Nase wählen, setzen Sie sich mit geschlossenen Augen hin und konzentrieren Sie Ihre gesamte Aufmerksamkeit auf Ihren Atem, wie er durch Ihre Nase gefiltert wird. Spüren Sie, wie die Luft über die winzigen Härchen streicht. Spüren Sie, wie der Atem die Nase durchströmt und in den Bereich der Nebenhöhlen vordringt. Spüren Sie oder stellen Sie sich vor, wie er in den Bereich Ihrer Stirn strömt und Ihren gesamten Kopf durchflutet. Dann spüren Sie, wie er auf dieselbe Weise Ihren Körper wieder verläßt. Wenn Sie die Bauchmethode gewählt haben, spüren Sie, wie der Atem in Ihren Körper strömt, und dann, wie er Ihre Brust und Ihren Bauch ausfüllt. Dann lassen Sie ihn wieder los.

Beruhigen Sie die inneren Turbulenzen

Es klingt zwar ganz unkompliziert, sich auf seinen Atem zu konzentrieren, aber Sie werden feststellen, daß es alles andere als einfach ist. Ihre Gedanken werden umherschweifen, und Sie werden Ihren Atem vollkommen vergessen. Sie werden daran denken, daß Sie noch zur Bank müssen, bevor sie schließt, an das Gespräch, das Sie gestern mit Ihrem Chef führten, was Sie am Abend zur Party anziehen werden, in welcher Farbe Sie das Badezimmer streichen sollen und so weiter.

Das schöne an der Bewußtseinsmeditation zeigt sich bereits an diesen wild umherschweifenden Gedanken. Zum ersten Mal in Ihrem Leben bekommen Sie einen Hinweis darauf, wie Ihr Bewußtsein funktioniert. Die meisten von uns haben nämlich keine Vorstellung davon, wie viele Gedanken jede Sekunde durch unser Gehirn schwirren. Diese Gedanken sind es, die unser Leben so komplex machen.

Der Grund ist folgender: Unser Bewußtsein wird von den Sinnen bestimmt, die mit der äußeren Welt verbunden sind. Es ist die Aufgabe unserer Sinne, uns buchstäblich in Berührung mit unserer Umgebung zu bringen – durch den Sehsinn, das Gehör, den Geruchssinn und den Tastsinn. Wenn wir in Kontakt mit einem Stimulus kommen, wird er unmittelbar an unser Gehirn übertragen, wo er Gedanken auslöst. Plötzlich entsteht eine Verbindung zwischen uns und dem Objekt unserer Sinne. Jeder von uns verspürt Bindungen zu bestimmten Dingen, die von alten Erinnerungen oder Gefühlen herrühren. Plötzlich möchten wir das Objekt unserer Begierde besitzen. Wir müssen es haben. Und nun zappeln wir am Haken: Wir wenden Energie und/oder Geld auf, um zu versuchen, uns dieses Ding zu verschaffen. Multiplizieren Sie dieses Szenario nun mit hundert oder mit tausend. Kein Wunder, daß unser Leben so chaotisch ist.

Denken Sie einmal über Ihr eigenes Leben nach. Denken Sie an all die Dinge zurück, die Sie allein in den letzten vierundzwanzig Stunden oder in der letzten Woche taten, indem Sie an unerfüllte Wünsche dachten oder versuchten, sie sich zu erfüllen. Ob diese Wünsche materieller oder emotionaler Natur waren, spielt dabei keine Rolle. Wie Pandit Rajmani Tigunait in *Inner Quest* schreibt: »Solange wir nicht wissen, wie wir unsere Sinne von der äußeren Welt abziehen können, haben wir praktisch keine andere Möglichkeit, als unser Bewußtsein in der Geiselhaft sensorischer Freuden zu belassen.«

Und doch wissen wir alle, wie vergänglich sensorische Freuden sind. Kaum haben wir uns einen Wunsch erfüllt, taucht schon der nächste auf. Wir sind ständig unzufrieden, weil uns unsere Wünsche niemals loslassen. Um inneren Frieden zu erreichen, müssen wir diesen Ansturm verlangsamen, aber das bedeutet nicht, daß wir uns aus der Welt zurückziehen und keine sensorischen Freuden mehr genießen dürfen. Ein Teil dieses Buches ist der Frage gewidmet, wie wir die sensorischen Freuden genießen können, die direkt vor uns liegen. Dazu müssen wir zuerst inneren Frieden finden und uns unserer Motive und Handlungen bewußt werden, und den Autopiloten abschalten.

Wenn wir uns ein Fundament innerer Stärke und heiterer Gelassenheit geschaffen haben, können wir die sinnlichen Freuden, die wir anstreben, mit Klugheit auswählen. Unser Bewußtsein wird uns gestatten, die einfachen Freuden zu genießen, die jeden Augenblick darauf warten, von uns wahrgenommen zu werden. Das Meditieren ist bereits für sich ein sinnliches Vergnügen. Es gibt ein altes indianisches Sprichwort, das lautet »Bhoga ist Yoga« – »Entzücken ist Religion«.

Sie werden feststellen, daß Sie mit wachsendem Bewußtsein lernen, einfachere Freuden zu genießen, weil es Ihnen nun möglich ist, sich wirklich auf sie zu konzentrieren. Denken Sie nur an den Liedtext, der uns rät, das Veilchen zu sehen, das am Wegrand blüht. Wenn wir uns vom Autopiloten durch das Leben steuern lassen, nehmen wir uns nicht die Zeit, eine schöne Rose auch nur zu bemerken. Wir gehen los und wenden Zeit und Geld für unsere Unterhaltung auf. Wenn uns die Augenblicke unseres Tages bewußt werden, wird uns auch unsere Umgebung bewußt, und plötzlich können wir uns über die schöne Rose freuen. Wir nehmen sie in all ihrer sinnlichen Schönheit wahr – die Form und die Weichheit der Blütenblätter, die bezaubernden Farben, den

Schlaflosigkeit, und was man dagegen tun kann

von Kryananda (J. Donald Walters), Ananda Community

Schlaflosigkeit ist ein Fluch unserer heutigen Zeit, die man auch »Zeitalter der Angst« nennen könnte. Menschen, die sich nachts nicht ausruhen können, trinken tagsüber oft viel Kaffee oder greifen zu anderen, anregenden Substanzen. In der darauffolgenden Nacht schlafen sie dann aufgrund dieser stimulierenden Substanzen wieder schlecht, und so schlittern sie nach und nach in einen Teufelskreis, in dem sie nie den richtigen Rhythmus finden und nie genug Energie haben – vergleichbar etwa mit einem Achtzylindermotor, bei dem nur ein einziger Zylinder funktioniert.

Wenn Sie unter Schlaflosigkeit leiden, versuchen Sie es einmal mit einigen Yogaübungen, bevor Sie zu Bett gehen. Lassen Sie die Energie frei durch Ihren Körper fließen, anstatt sie an bestimmten Spannungsknoten blockiert zu halten. (Körperliche Anspannung aktiviert bestimmte Teile des Gehirns, wodurch der Schlaf beeinträchtigt wird.)

Legen Sie sich flach auf den Rücken ins Bett. Als erstes stellen Sie einen ungehinderten Energiefluß durch Ihren Körper her: Atmen Sie tief ein und spannen Sie den ganzen Körper an. Nun »werfen« Sie den Atem hinaus und entspannen sich. Wiederholen Sie dieses Wechselspiel von Anspannung und Entspannung zwei- oder dreimal.

Beobachten Sie Ihren Atem eine Zeitlang im Geiste. Lassen Sie sich von seinem gleichmäßigen Rhythmus beruhigen wie von den Wellen des Meeres, die an einem windstillen Tag sanft an den Strand rollen.

himmlischen Duft. Wir nehmen vielleicht zum ersten Mal in unserem Leben wirklich und wahrhaftig Notiz von einer Rose. Wenn Sie beginnen, diese natürlichen Freuden tief zu empfinden und zu genießen, werden Sie feststellen, daß Ihr Bedürfnis, sich einen materiellen Wunsch nach dem anderen zu erfüllen, mit der Zeit schwächer wird.

Kehren Sie jedes Mal zu Ihrem Atem zurück, wenn auch Ihr Bewußtsein zu ihm zurückkehrt. Akzeptieren Sie die Tatsache, daß Ihr Bewußtsein anfangs abschweifen wird. Das ist ein Teil des Prozesses. In Wahrheit werden Ihre Gedan-

Nach einer Weile atmen Sie tief ein; dann atmen Sie langsam und vollständig aus. Spüren Sie, wie Sie sich in einen unendlichen Frieden hineinsinken lassen. Halten Sie den Atem so lange, wie es Ihnen noch angenehm ist, und sagen Sie sich stumm vor: »Om, Frieden, Frieden, Amen« oder »Om, shanti, shanti, shanti«. (Shanti ist das Sanskrit-Wort für »Frieden«.) Stellen Sie sich ein Meer des Friedens vor, das sich rund um Sie in alle Richtungen ausbreitet. Sie können sich aber auch vorstellen, wie Sie vom Frieden schützend in großen, weichen Wolken umhüllt werden. Wiederholen Sie diesen Atemvorgang sechs- bis zwölfmal.

Wenn Sie nach einiger Zeit immer noch wach sind, beobachten Sie den Atem weiter. Bleiben Sie dabei ruhig und passiv.

Yogi sagen, daß der Kopf beim Schlafen nicht in Richtung Westen weisen sollte. Eine nach Westen ausgerichtete Schlafposition verursacht angeblich unruhigen Schlaf und rastlose Träume. Eine nach Osten ausgerichtete Schlafposition bringt Weisheit, und eine südliche dient einem langen Leben.

Vor dem Zubettgehen und auch vor dem Meditieren empfiehlt es sich nicht, etwas zu essen. Vor allem sollte man aber stärkehaltige oder kohlenhydratreiche Lebensmittel meiden. Herz und Lungen säubern den Körper von Abfallprodukten und stoßen diese in Form von Kohlendioxid aus. Stärke und Zucker produzieren Kohlenstoff, den das Herz aus dem Körper pumpen muß. Ein schwer arbeitendes Herz und der damit einhergehende, schwere Atem machen einen friedlichen Schlaf so gut wie unmöglich. Wenn Sie unbedingt etwas essen müssen, bevor Sie zu Bett gehen, sollten Sie etwas Warmes in flüssiger Form wählen, wie zum Beispiel warme Milch. (Probieren Sie einmal das folgende schlaffördernde Getränk aus: Kochen Sie ein wenig gehackten Knoblauch zehn Minuten lang leicht in Milch.)

ken nie ganz zur Ruhe kommen. Ein anderer Aspekt der Bewußtseinsmeditation (und sicher auch der meisten anderen Meditationsformen) besteht darin, sich selbst akzeptieren zu lernen. Wenn Ihre Gedanken umherwandern, machen Sie sich einfach bewußt, wohin sie gewandert sind, und bringen Sie sie sanft wieder zu Ihrem Atem zurück. Nun ist es an der Zeit, die leistungsorientierte Einstellung, zu der wir alle erzogen wurden, hinter uns zu lassen – die Einstellung, die uns sagt, daß wir uns immer stärker anstrengen müssen, wenn wir etwas nicht richtig machen. Bald sind wir frustriert und haben das Gefühl, zu versagen.

Die Einfachheit liegt in unserem Herzen

Janet Luhrs

Rodney Smith hatte sich entschlossen, mit Hilfe der Bewußtseinsmeditation einen reicheren Bereich seines Lebens aufzuspüren. Er war beunruhigt darüber, wie vielfältig und komplex die Gedanken waren, die während des Meditierens in ihm auftauchten. Wenn er die Natur betrachtete, stellte er fest, daß dort alles einfach war. »Ich fragte mich, wie ich, der ich doch ein Teil der Natur war, in meinem Inneren so komplex sein konnte, während sich die Natur doch in Einfachheit manifestierte«, sagte er. »Ich wollte in mir dieselbe Einfachheit finden, die ich in der Natur sah.«

Rodney verbrachte drei Jahre bei der Insight Meditation Society in Massachusetts und danach vier Jahre in Thailand, wo er als Mönch lebte. Als erstes lernte er innere Einfachheit. »Als Mönch bekommt man eine kleine Schüssel in die Hand gedrückt, mit der man in der Nachbarschaft umherwandert und um Essen bettelt. Man ißt, was die anderen essen. Wenn sie Gemüse essen, ißt man Gemüse, wenn es Fleisch ist, ißt man Fleisch.

Man erhält auch nur ein einziges Mönchsgewand, und die Besitztümer, die man hat, sind sehr wenige. Eines davon lehrte mich eine Lektion, was die Bindung an materielle Dinge anbelangte. Ich besaß einen kleinen, aus Elfenbein geschnitzten Buddha, den ich wirklich liebte. Ich hatte auch einen guten Freund, dem ich viel verdankte, weil er mir in Zeiten psychischer Turbulenzen geholfen hatte. Als Zeichen meiner Dankbarkeit nahm ich mir vor, ihm den kleinen Buddha zu schenken, aber ich brachte es nicht über mich. Ich hing zu sehr an ihm. Endlich schaffte ich es, und ich stellte fest, daß ich ihn nicht vermißte. Im Schenken liegt eine ungeheure Freude. Diese Freude ist Einfachheit. Wenn wir etwas loslassen, empfinden wir Freude, weil Besitztümer dazu neigen, uns zu besitzen. Das war eine wertvolle Erfahrung in meinem Leben, denn sie gestattete mir, den Wert von Besitztümern zu relativieren. Es war gleichgültig, ob ich den Buddha hatte oder nicht. Was mir zuvor Sorgen bereitet hatte, war der Gedanke, daß ich es nicht schaffen würde, ihn herzugeben.«

Rodney lernte auch, daß Einfachheit und Liebe demselben Themenkreis angehören. »Unsere Projektionen halten uns davon ab, einander wirklich nahezukommen«, sagt er. »Wenn ich viele Wünsche auf einen anderen Menschen projiziere, wird unsere Beziehung kompliziert und kommt nicht aus dem Herzen. Nehmen wir an, jemand kommt zu mir, weil er will, daß ich sein Meditationslehrer werde. Ich würde die Vorstellung auf ihn projizieren, daß er von mir Weisheit erwartet. Wenn ich nun versuche, das Bild eines weisen Menschen vor ihm aufrechtzuerhalten, kann ich nicht als Mensch mit ihm in Verbindung treten, weil ich ein weiser Mensch sein muß. Die Menschen wollen in Verbindung zueinander treten, aber sie können es nicht, weil ihre Gedanken und Vorstellungen so komplex sind.«

Von der Einfachheit der Natur können wir lernen, daß die Dinge so sind, wie sie sind. Diese Lektion können wir uns auch als Menschen zunutze machen, wenn wir erkennen, daß Gedanken eben Gedanken und Gefühle Gefühle sind. So können wir die Einfachheit des Menschen, der wir sind, in die Welt hinein-projizieren, und nicht das komplexe Bild des Menschen, der wir nach der Vorstellung anderer sein sollen.

»Wir brauchen nicht bewußt etwas zu tun, um einfach zu sein. Wir brauchen nur die Grenzen dessen zu erkennen, wohin die Komplexität uns führt«, sagt Rodney. »Wenn ich dasitze und klug rede, dann gibt es in mir einen Teil, der nicht genährt wird ... die Pose schneidet mich von meinem Herzen ab. Sobald ich erkenne, welche Grenzen mir das auferlegt, werde ich es nicht mehr tun wollen.«

Rodney sagt, daß wir, solange wir uns von unseren Wünschen und unserer Gier, Dinge anzuhäufen, bestimmen lassen, nicht zum Kern unseres inneren Ich vordringen können, zu unserem Herzen. Nur wenn uns das gelingt, können wir uns anderen zuwenden, an ihren Sorgen Anteil nehmen und Erfüllung verspüren. Dabei kann es sich um Anhäufungen materieller und persönlicher Art handeln. Oft glauben die Leute, sie bräuchten mehr Wissen oder mehr Bildung, um der Welt ein klügeres oder weltgewandteres Bild von sich zu vermitteln. Aber jeder Schritt, den sie in diese Richtung tun, bringt sie weiter weg von ihrem Herzen.

»Es ist nicht das, was man anhäuft, sondern es ist die Beziehung zu dem, was man erwirbt, das den Unterschied ausmacht«, sagt Rodney. »Wenn du zum Beispiel einen Job brauchst, mußt du eine bestimmte Ausbildung vorweisen, um ihn zu bekommen, aber du mußt dabei darauf achten, daß diese Ausbil-dung oder der Titel nicht zu einer starren Aussage darüber verkommen, wer du bist. Deine Natürlichkeit kann trotz all deines Wissens immer noch durchschimmern.

Einfachheit ist dort, wo dein Herz ist.«

➜

> *Manche Leute wählen die Einfachheit bewußt zu ihrer Persönlichkeitsform. Einfachheit kann zu einem Lebenszweck werden, und es kann passieren, daß man einen Graben zwischen sich und anderen aufreißt, die nicht so leben wie man selbst. Das führt zu Isolation. »Einfachheit des Herzens führt nicht zur Trennung«, sagt Rodney. »Wenn ich einmal erkannt habe, daß Einfachheit im Hezen liegt, habe ich Mitgefühl für die Komplexität anderer Menschen. Diese Komplexität schmerzt sie. Ich brauche mich nicht von ihnen zu distanzieren. Einfachheit ist Toleranz ... andere Menschen so sein lassen, wie sie sind.«*
>
> *Ein einfaches Herz ist nicht nur tolerant, sondern es will auch dienen. Der Grund dafür ist, daß ein einfaches Herz nicht so sehr mit sich selbst beschäftigt ist. »Wenn ich vollkommen auf meine eigenen Bedürfnisse und Probleme konzentriert bin, habe ich keinen Platz für andere, und ich kann niemandem die Hand entgegenstrecken«, sagt Rodney.*

Seien Sie nachsichtig mit sich selbst. Bei der Meditation gibt es, anders als bei so vielen Dingen der westlichen Kultur, kein »Ziel«. Seien Sie sich während des Tages einfach Ihrer selbst bewußt. Es geht nicht darum, daß Sie sich verändern, sich ausklinken oder Ihre Stimmung beurteilen, sondern es geht darum, daß Sie sich einfach Ihrer selbst als Mensch bewußt sind.

Beim Meditieren können Ihre Gedanken frei umherwandern oder von einem Geräusch oder einer Ablenkung beeinflußt werden. Nehmen wir an, Sie folgen Ihrem Atem, und plötzlich holpert ein Bus vor Ihrem Fenster vorbei und reißt Sie aus Ihren Träumen. Anstatt sich über die Ablenkung zu ärgern, registrieren Sie einfach »Lärm« oder »Bus« und kehren zu Ihrem Atem zurück.

Wenn Ihre Gedanken frei umherschweifen, haben Sie Gelegenheit, sich wirklich kennenzulernen, indem Sie Ihre Gedanken »etikettieren«. Wenn ich zum Beispiel meinem Atem folge und anfange, über ein neues Haus oder einen neuen Mantel nachzudenken, etikettiere ich diese Gedanken mit »Wünsche«. Wenn ich an eine angenehme Situation denke, verwende ich das Etikett »schöne Erinnerung«. Wenn die Erinnerung so stark ist, daß ich die Situation wieder hervorrufen möchte, etikettiere ich sie abermals mit »Wünsche«. Vielleicht habe ich Angst vor einem bevorstehenden Ereignis. Diese Gedanken bekommen dann das Etikett »Sorge« verpaßt. Manchmal verwende ich fast

> *Wenn unser Geist einfach ist, kann er die Dinge so sehen, wie sie sind, wie in der Natur. Enttäuschungen werden nicht zu Tragödien. Nehmen wir zum Beispiel jemanden, der seinen Arbeitsplatz verliert. Wenn dieser Mensch jemand ist, der einfach lebt, spürt er zwar die Trauer über den Verlust seines Arbeitsplatzes, und auch Angst, weil er nicht weiß, was er jetzt tun soll, aber er läßt diese Angst nicht in Komplexität ausufern, zum Beispiel in Gedanken wie: »Wie soll ich so leben?« oder »Ich werde nie mehr einen Job finden«.*
>
> *Wenn jemand einfach lebt, ist seine innerliche Welt gesund, weil sie nicht von sich aus Probleme erzeugt.*
>
> *»Wer in einer Welt der Form lebt, lebt in einer Welt der Anhäufung«, sagt Rodney. »Wer sich aber mit seinem ganzen Herzen der Einfachheit widmet, gelangt ins Reich der Spiritualität und damit geradewegs zu seinem Herzen.«*

meine ganze Zeit zum Etikettieren meiner Gedanken. Dagegen ist nichts einzuwenden, weil ich dadurch erfahre, was in meinem Inneren vor sich geht. Ich versuche nicht, meine Gedanken zu verändern, und ich verstärke nicht meine Frustration darüber, daß ich über etwas wütend oder besorgt bin oder daß ich mir etwas wünsche. Statt dessen nehme ich den Gedanken einfach zur Kenntnis und kehre dann genauso sanft wieder zu meinem Atem zurück. In der Bewußtseinsmeditation geht es nicht darum, sich zu ändern, und man ist kein Versager, wenn man sich, nachdem man zu meditieren begonnen hat, nicht die ganze Zeit friedlich fühlt.

Tägliche Achtsamkeit

Sie werden feststellen, daß Ihr Bewußtsein Sie stets begleitet, nachdem Sie die Meditation zu einem festen Bestandteil Ihres Tages gemacht haben. Wie beim »Sitzen« (wie das Meditieren auch oft genannt wird) werden Sie weiterhin einen Großteil des Tages vom Autopiloten gesteuert sein und sich nicht jeden Augenblick dessen bewußt sein, was Sie gerade denken. Hier und da wird sich aber ein kurzer Augenblick des Bewußtseins dazwischenschieben. Dieses Bewußtsein kann Ihr Leben verändern. Erstens können Sie Ihr Geld viel besser bei sich behalten, wenn Sie sich Ihres Ich bewußt sind. Wenn Sie durch ein Geschäft gehen und etwas sehen, das Sie kaufen wollen, aber eigentlich nicht brauchen, hängen Sie dem Objekt Ihrer Begierde einfach das Etikett »Wunsch« um und gehen weiter. Vielleicht haben Sie zu viele gesellschaftliche Verpflichtungen, so daß Sie von einer Aktivität zur nächsten hetzen, bis Sie erschöpft sind.

Das Bewußtsein ermöglicht es Ihnen, Ihr Motiv für die Annahme einer weiteren Verpflichtung mit einem Etikett zu versehen. Vielleicht schlummert in Ihnen die alte Sorge, ausgeschlossen zu werden, und dieses Gefühl macht sich jedesmal bemerkbar, wenn ein gesellschaftliches Ansinnen an Sie herangetragen wird. Sie können es »Angst« oder »Gefühl des Ausgeschlossenseins« nennen oder wie immer Sie wollen. Sie können sich aber auch die angenehmen Gedanken bewußt machen, die mit der Annahme dieser Verpflichtung verbunden sind. So bekommen Sie ein besseres Gefühl davon, was Ihnen in Ihrem Leben wichtig ist. Vielleicht erleben Sie einen Augenblick des Bewußtseins, während Sie sich mit einer guten Freundin bei einer Tasse Tee entspannen. Sie werden bemerken, daß das ein sehr angenehmes Gefühl ist. Vielleicht gehen Sie im Wald spazieren, und einen flüchtigen Augenblick lang wird Ihnen bewußt, wie zufrieden Sie sind. Vielleicht liegen Sie eines Abends allein im Bett und lesen ein Buch und spüren plötzlich, daß Sie von einer tiefen Ruhe erfüllt sind. Denken Sie darüber nach, warum das so ist. Vielleicht sollten Sie Ihren gedrängt vollen Terminkalender entrümpeln, um diesen Augenblicken mehr Raum zu geben.

Wenn Sie ruhelos sind, halten Sie einen Augenblick inne und denken Sie über den Grund nach. Wenn wir uns ruhelos fühlen, laufen wir normalerweise hinaus und stürzen uns in Geschäftigkeit. Halten Sie einmal inne und betrachten Sie Ihre Ruhelosigkeit. Meditieren Sie darüber. Was ist das zugrundeliegende Gefühl? Sie lernen dadurch nicht nur sich selbst kennen, sondern Sie machen auch Ihr Leben einfacher, weil Sie nun nicht mehr Aktivitäten als »Füllmittel« benutzen.

Wenn Sie sich angewöhnen, Ihre Gedanken mit einem Etikett zu versehen, werden Sie feststellen, wie fließend sie sind. Wenn Sie meditieren und dabei Ihre Gedanken etikettieren, werden sie rasch verschwinden, und andere werden an ihre Stelle treten. Eine Meditationslehrerin fragte uns einmal in der Gruppe, was wir dächten. Sie fragte, woher unsere Gedanken unserer Meinung nach kämen. Das wußte natürlich niemand. Sie segelten einfach in unser Bewußtsein hinein. Und wohin gingen sie? Niemand konnte es sagen. Sie lösten sich einfach in Luft auf. Konnten wir sie berühren? Nein. Hatten sie irgendeine Substanz? Nein. Wenn wir uns selbst sezierten, würden wir diese Gedanken irgendwo in unserem Körper finden? Nein. Bestimmten sie unser Leben? Ja. Sobald wir erkennen, wie leer und substanzlos diese Gedanken in Wirklichkeit sind, fällt es uns leichter, sie in den richtigen Zusammenhang zu stellen.

Meditieren ist nicht immer leicht

Regelmäßig zu meditieren ist nicht leicht. Unser Wunsch nach unmittelbarer Belohnung läßt uns fast immer etwas finden, das wir statt Meditieren tun könnten. Dieses Problem hatte auch ich. Wenn ich regelmäßig meditiere, und seien es auch nur fünfzehn Minuten am Tag, spüre ich ein Gefühl des inneren Friedens, von dem ich durchdrungen bin, was immer in meiner äußeren Welt auch geschehen mag. Das Meditieren gibt mir ein heiteres Gefühl des Geerdetseins. Wie körperliche Betätigung ist auch das Meditieren schwer durchzuhalten, weil wir uns von allem und jedem ablenken lassen, obwohl wir wissen, wie gut uns körperliche Betätigung und Meditation tun.

Oft ist es auch die Angst, die uns vom regelmäßigen Meditieren abhält. Uns selbst direkt ins Angesicht zu blicken, kann schmerzhaft sein. Wir sind nicht immer vollkommen glücklich und zufrieden. Wir alle haben nicht nur positive Seiten, sondern werden auch von Ängsten, von Unsicherheit und von unseren dunklen Seiten geplagt. Oft ist es leichter, geschäftig zu bleiben und uns auf äußere Dinge zu konzentrieren, denn so können wir vermeiden, die negativeren Bereiche unseres Ich betrachten zu müssen. Aber wenn wir unsere negativen Gefühle ignorieren, kann es leicht sein, daß sie an irgendeiner anderen Stelle unseres Lebens plötzlich an die Oberfläche kommen.

Ich habe zum Beispiel festgestellt, daß ich, wenn ich traurig bin, am liebsten herumlaufen und geschäftig bleiben möchte. Wenn ich mir nicht die Zeit nehme, um meinen Gefühlen – vor allem den negativen – ins Auge zu blicken, liegen sie mir buchstäblich im Magen, und ich fühle mich unwohl. Dieses Gefühl des Unbehagens rutscht nach einiger Zeit vollkommen ins Unbewußte ab, aber es ist immer noch da, und ich fühle mich angespannt. Meine Reiz-schwelle sinkt. Ich habe weniger Mitgefühl für andere. Ich kann mich nicht mehr so gut konzentrieren, und mein Leben wird immer komplizierter. Mit der Zeit beginne ich mich zu fragen, warum ich mich so angespannt und blockiert fühle.

» Wer durch das Tor des Himmels tritt, hat sich nicht aller Leidenschaften entledigt oder unterdrückt sie, sondern er hat gelernt, seine Leidenschaften zu verstehen. «

William Blake

Wenn ich mich schließlich mit meiner Trauer hinsetze und sie sein lasse, bin ich noch immer traurig, aber auch sehr ruhig. Vielleicht weine ich, ich kann das Gefühl erkennen, und schließlich ist es geheilt. Ich urteile dabei nicht. Es ist vollkommen normal und gesund, manchmal Trauer zu verspüren. Denken Sie daran: Bewußt zu leben, das bedeutet nicht, unsere Gefühle zu beurteilen. Es bedeutet, sie uns einfach bewußt zu machen. Nichts anderes.

Indem wir unsere Gefühle durch Geschäftigkeit oder irgendeine andere Taktik zudecken, tun wir im wesentlichen nichts anderes, als sie zu beurteilen. Wir sagen, daß diese Gefühle schlecht sind und keine Berechtigung haben; aus die-sem Grund tun wir unser Bestes, um sie loszuwerden. Dann fragen wir uns, warum wir uns in einer Tretmühle haben fangen lassen und warum Streß und Chaos zu einer nationalen Krankheit geworden sind.

Uns selbst Schmerz erfahren zu lassen, bedeutet noch etwas anderes. Matthew Fox, der viel über Themen wie Spiritualität und menschliches Wachstum geschrieben hat, meinte einmal, daß Schmerz die beste Schule des Mitgefühls sei. Das könnte nicht besser gesagt werden. Wenn wir unseren eigenen Schmerz beurteilen, indem wir ihn ignorieren, können wir ihn nicht direkt erfahren. Und wenn wir selbst keinen Schmerz erfahren haben, fällt es uns schwer, anderen Mitgefühl entgegenzubringen. Wir geben auch leichter der Versuchung nach, ihren Schmerz zu beurteilen und ihn zu ignorieren. Dann wundern wir uns, daß unsere Beziehungen zu anderen oberflächlich sind. Wir versuchen ständig, anderen ein fröhliches Gesicht zu zeigen, und erwarten das auch von ihnen. Niemand ist immer glücklich – und außerdem sind es die vielfältigen Emotionen und Gefühle, die wir zu empfinden fähig sind, die unser Leben reich machen.

Ein einfaches Leben ist ein authentisches Leben. Authentisch zu leben, bedeutet nicht, daß wir ständig Nabelschau betreiben und uns nur auf unsere eigenen Probleme konzentrieren sollten. Es bedeutet nur, daß wir, wenn wir in unserem Leben Schmerz empfinden, ihn uns ansehen, trauern und dann loslassen sollten. Dadurch werden wir zu einer stärkeren, tieferen und authentischeren Persönlichkeit.

Die Disziplin des Meditierens

Wenn wir die Früchte des Meditierens ernten wollen, müssen wir uns ein wenig anstrengen. Diese Anstrengung heißt Disziplin. Ich erfuhr, was Disziplin ist, als ein Meditationslehrer mir einmal von seinem Aufenthalt in einem Kloster erzählte. Die Mönche standen jeden Morgen um etwa vier Uhr auf, um zu meditieren, und das wiederholten sie zu anderen, festgelegten Tageszeiten. Mir selbst war es unglaublich schwergefallen, meine Meditationszeiten in meinen »geschäftigen« Tag einzubauen. Sehr oft fand ich die Zeit dazu nicht, nicht einmal zehn Minuten. Wenn der Abend kam, stellte ich oft fest, daß ich nicht meditiert hatte, aber dann war ich schon zu müde. Am nächsten Tag dasselbe. Nur wenn ich wenig zu tun hatte, konnte ich meine zehn oder zwanzig Minuten zum Meditieren finden. Das war nicht befriedigend.

Als ich von den Mönchen hörte, erkannte ich sofort, daß das, was mir fehlte, Disziplin war. Es erforderte eine unglaubliche Disziplin, um vier Uhr morgens zum Meditieren aufzustehen. Aber die Mönche nährten ihre Seele, und meine blieb leer.

Disziplin ist wahrscheinlich das schwierigste am Meditieren, aber denken Sie daran, daß es Teil Ihres Übens ist. Man kann die beiden Dinge nicht trennen. Es bringt Ihnen nicht viel, wenn Sie von Zeit zu Zeit meditieren, wenn Sie gerade Lust dazu haben. Wer will morgens auch nur zehn Minuten früher aufstehen, um Zeit zum Meditieren zu haben? Wer will dafür auf einen Teil seiner Mittagspause verzichten? Wer will inmitten eines angefüllten Tages zehn Minuten lang »nichts« tun? Und trotzdem: Nach ein oder zwei Wochen regelmäßigen Übens werden Sie Ergebnisse spüren.

Die fünf größten Hindernisse für Bewußtsein und Klarheit

Wünsche und Gier

Wünsche haben verschiedene Formen. Manche davon sind positiv wie der Wunsch, anderen zu helfen, oder die Sehnsucht, die Welt zu einem besseren Ort zu machen. Manche sind aber auch schädlich, wie Wünsche im Zusammenhang mit einer Sucht, Gier, blinder Ehrgeiz oder Rastlosigkeit. Wenn Sie sich Ihre Wünsche bewußt machen, können Sie sie einordnen und benennen.

Wut

Wut ist ein unangenehmes Gefühl, aber Teil unseres Lebens. Wir können auf einen einzelnen Menschen oder auch auf mehrere wütend sein – ein bißchen oder intensiv. Wut durchdringt unser Leben und hat einen Einfluß darauf, wie wir andere behandeln. Wenn wir wütend sind, ist es so gut wie unmöglich, anderen liebevoll und mitfühlend entgegenzutreten. Benennen Sie Ihre Wut und spüren Sie, wie sie sich in Ihrem Körper anfühlt. Schenken Sie ihr Aufmerksamkeit. Worüber genau sind Sie wütend? Lehnen Sie sich beim Meditieren wie eine Beobachterin zurück und nehmen Sie Ihre Wut einfach zur Kenntnis.

Angst

Wir haben vor vielen Dingen Angst. Wir haben Angst, unseren Chef um eine Gehaltserhöhung zu bitten. Wir haben Angst davor, mit jemandem über ein

Pandit Rajmani Tigunait schreibt in seinem Buch *Inner Quest:* »Verliere dich nicht in einem endlosen Einerlei weltlicher Aufgaben und Pflichten. Wie klug du auch bist und wie selbstlos du deine Pflichten auch erfüllst – am Ende deines Lebens werden trotzdem viele Dinge ungetan sein. Wenn du nicht lernst, deine Pflichten und deine persönliche spirituelle Übungszeit in Einklang zu bringen, bist du verloren.«

Pandit Tigunait meint, daß Regelmäßigkeit im Leben sehr wichtig ist, denn es ist schwierig, wenn nicht unmöglich, in einem chaotischen und desorganisierten Leben regelmäßig Ruhe zum Meditieren zu finden. Damit meint er, um dieselbe Zeit zu Bett gehen, um dieselbe Zeit aufstehen und Aktivitäten ablehnen, die diesen Plan stören. Nehmen wir an, acht Uhr morgens ist Ihre tägliche

Problem zu sprechen. Wir haben Angst davor, daß unser Auto gestohlen oder in unser Haus eingebrochen werden könnte. Wir haben Angst um unsere Kinder. Und so weiter. Jack Kornfield schreibt in Frag den Buddha – und geh den Weg des Herzens, *daß der Weg zur Beruhigung unserer Angst darin besteht, sie zu benennen und zu ihr zu sprechen. Er empfiehlt, ihre Energie zu spüren, während sie uns durchflutet, sie zu benennen und dann zu sagen: »Oh, Angst, da bist du wieder. Wie interessant.«*

Langeweile

Die meisten Menschen unserer modernen Gesellschaft wissen, wie man Langeweile mit Geschäftigkeit besiegt: eine Freundin anrufen, einen Termin vereinbaren, das Fernsehgerät anschalten, im Garten jäten und so weiter. Wenn wir bewußt leben, kann Langeweile unser Leben nicht bestimmen. Sehen Sie sich nächstes Mal beim Meditieren Ihre Langeweile an. Benennen Sie sie, spüren Sie sie, seien Sie bei ihr.

Urteile

Wir beurteilen uns selbst und andere ständig. Wenn Sie das nächste Mal einen Raum betreten, machen Sie sich das bewußt. »Er macht einen ungepflegten Eindruck. Sie sieht schrecklich aus in dieser Stretchhose. Ich wünschte, ich wäre so klug wie sie. Sie sehen interessant aus ...« Wenn Sie das während des Meditierens tun, indem Sie entweder ruhig dasitzen oder durchs Leben gehen, benennen Sie einfach, was Sie tun: urteilen.

Meditationszeit. Nun ruft Sie eine Freundin um acht Uhr morgens an. Sprechen Sie mit ihr? Nein. Sie sagen ihr, daß Sie sie in zwanzig Minuten, oder wann immer Sie mit dem Meditieren fertig sind, zurückrufen werden. Damit Sie nicht ständig mit Unterbrechungen konfrontiert sind, sollten Sie eine Zeit zum Meditieren wählen, in der Sie aller Wahrscheinlichkeit nach nicht gestört werden.

Dadurch machen Sie Ihr Leben viel einfacher. Planen Sie Ihr äußeres Leben rund um Ihr inneres Leben anstatt umgekehrt. Natürlich ist das nicht einfach, aber es wird Ihnen viel leichter fallen, wenn Ihr äußeres Leben einfacher und geordneter ist und wenn Sie entschlossen sind, innere Zufriedenheit zu Ihrem Ziel zu machen.

Bindungen

Wenn wir uns unserer Gedanken bewußt werden, entdecken wir, daß die meisten davon der Kategorie »Wunsch« zuzuordnen sind. Wir wollen fast jedes Ding haben, das wir sehen. Ständig. Ohne uns dessen bewußt zu sein, folgen wir dem Gedanken blind und handeln danach. Das brauchen wir aber nicht zu tun. Father Colin Stone, ein Karmeliterpriester, sagte: »Wir sind ein bißchen wie eine Waschmaschine im Schleudergang. Unsere ständige Aktivität schleudert uns so weit an den Rand, daß wir den Kontakt zu unserer Mitte verloren haben ... Um uns nicht mit unseren eigenen Verwundungen konfrontieren zu müssen, versuchen wir, die Leere mit Materialismus, Aktivität oder Süchten auszufüllen, denn auf diese Weise müssen wir uns nicht selbst ins Gesicht blicken.« Es gibt ein Wort für unseren ständigen Wunsch nach Belohnung: Bindungen. Wir wollen schöne Dinge, attraktive Menschen, gutes Essen, angenehme Gerüche und so weiter. Um dies zu erhalten, wenden wir viel Energie auf. Wir konzentrieren uns darauf, verweilen bei diesen Wünschen und tun unser Möglichstes, um diese Dinge zu erhalten. Wir lassen uns von ihnen binden. Dabei handeln wir oft egoistisch oder negativ. Zum Teil bezwecken wir mit unserem Verhaftetsein, uns gut zu fühlen. Manchmal lassen wir andere im Stich, um uns selbst besser zu fühlen. Manchmal ignorieren wir die uns nahestehenden Menschen, um immer mehr Geld zu verdienen und damit immer mehr Macht, Status oder Dinge anzuhäufen. Wenn wir uns auf diese Weise an einen Menschen binden, wollen wir ihn auf irgendeine Weise besitzen oder kontrollieren. Erreichen wir unser Ziel nicht, werden wir böse oder frustriert. Diese Emotionen bewirken nichts anderes, als unser Leben zu verkomplizieren.

Das Problem liegt nicht in den Dingen, an die wir gebunden sind, sondern in unserer Einstellung zu ihnen. Wir können einen Menschen lieben, ohne uns auf diese Weise an ihn zu binden. Die wahre Liebe ist unvereinbar mit einer solchen Art von Bindung; Liebe bedeutet, einen anderen Menschen für das zu schätzen und zu respektieren, was er ist, und nicht zu versuchen, Besitz von ihm zu ergreifen. Dasselbe gilt für unsere Kinder. Wenn wir uns auf diese Weise an unsere Kinder binden, erwarten wir von ihnen, daß sie sich genau nach unseren Vorstellungen verhalten. Wir lassen ihnen keinen Platz, sich zu einzigartigen Menschen zu entwickeln. Das bedeutet nicht, daß wir sie unsicheren Situationen ausliefern oder sie tun lassen sollten, wonach ihnen der Sinn steht, sondern wir sollten sie als eigenständige Menschen mit eigenen Interessen, Talenten und Fähigkeiten betrachten. Wir können schöne Dinge genießen, ohne wie besessen zu versuchen, sie in unseren Besitz zu bringen. Wir können stolz auf unsere Besitztümer sein, ohne daß unser Leben sinnlos wird, wenn sie verlorengehen, gestohlen oder vernichtet werden.

Eine Möglichkeit, diesen ungesunden Bindungen entgegenzuwirken, besteht darin, unsere Begierde zu benennen, sobald wir uns ihrer bewußt werden, und dann an die weniger wünschenswerten Aspekte des Objekts zu denken. Wenn es etwas ist, das Sie kaufen wollen, sollten Sie sich bewußt machen, daß Sie, wenn Sie Ihrem Wunsch nachgeben, weniger Geld für die Finanzierung Ihrer Freiheit zur Verfügung haben. Sie werden auf das Ding aufpassen, es abstauben und versichern müssen, einen Platz dafür suchen und sich darüber Sorgen machen, daß es gestohlen wird. Wenn es sich um einen Menschen handelt, zum Beispiel Ihr Kind, denken Sie an die Enttäuschung, unter der Sie leiden werden, wenn es sich nicht Ihren Vorstellungen gemäß verhält. Wenn Sie erfolgreiche Geschäftsleute sind und Ihr Kind Musiker werden möchte, werden Sie bei allen Beteiligten Frustration auslösen, wenn Sie darauf bestehen, daß sich das Kind an Ihre Vorstellungen von »Erfolg« hält. Wenn wir älter werden, binden wir uns an die Jugend. Gesund und in guter Form zu bleiben, ist eine Sache; eine andere ist es, mit Besessenheit zu versuchen, immer wie neunundzwanzig auszusehen.

Sie können sich auch bewußt machen, daß diese Art der Bindung aus Angst entsteht. Wir befürchten, einen Menschen zu verlieren, wenn wir uns nicht an ihn klammern. Wenn wir nicht ein bestimmtes Auto fahren, wird man uns nicht für erfolgreich halten. Wenn wir das neue Haus nicht kaufen, werden wir unglücklich sein. Halten Sie einmal inne und betrachten Sie Ihre Angst. Wenden Sie sie hin und her und sehen Sie sie sich aus der Entfernung an. Werden Sie es Ihrer Angst erlauben, Sie in Schulden zu stürzen, um etwas zu kaufen, was Sie sich nicht leisten können, oder sich so sehr an einen Menschen zu klammern, daß er sie tatsächlich verlassen wird? Ihr Bewußtsein wird Ihnen helfen, Ihre Angst und Ihre Bindung zu benennen und sie realistisch zu sehen. Ohne dieses Bewußtsein werden Sie sich wahrscheinlich weiterhin vom Autopiloten steuern lassen.

Wir werden zu der Erkenntnis gelangen, daß uns das Gebundensein unglücklich macht. Der Grund dafür ist, daß diese Art der Bindung die Qualitäten eines Objekts oder eines Menschen zu hoch einstuft, Festhalten ist die Folge. Die Versuche, uns durch Besitz oder Bindung Glück zu verschaffen, hören nie auf. Wir wollen immer mehr und etwas Besseres, und wir sind immer unzufrieden.

Wenn wir uns allerdings unserer Bindungen bewußt sind, bedeutet das nicht, daß wir auf Beziehungen oder Besitztümer verzichten müssen. Wir sind schließlich Menschen, und wir alle brauchen Liebe und Nähe. Wir brauchen auch eine bestimmte Menge von Besitztümern. Der Unterschied besteht in unserer Einstellung zu diesen Menschen und Besitztümern, und darin, wie viele Besitztümer wir brauchen, um zufrieden zu sein.

Schaffen Sie sich eine Vision

Eine Möglichkeit, ihre Disziplin beim Meditieren in ihr Leben zu integrieren, besteht darin, eine Vision zu formulieren. Legen Sie sich ein klares Bild Ihrer Motivation zurecht, warum Sie meditieren. Diese Vision ist wie das Mission Statement eines Unternehmens. Worin bestehen Ihre Werte? Wie kann Ihnen die Meditation helfen, diese Werte zu verwirklichen? Wie Jon Kabat-Zinn in seinem Buch *Wherever You Go, There You Are* erklärt: Diese Vision muß sehr genau auf Ihre Person zugeschnitten sein. Sie sollte nicht nur aussagen, daß Meditation etwas Gutes ist oder dazu dient, dem Alltag zu entfliehen. Kabat-Zinn schreibt: »Statt dessen geht es darum, das im Auge zu behalten, was Ihnen am wichtigsten ist, so daß Sie es in der Hitze und Aktivität des jeweiligen Augenblicks nicht verlieren oder verraten. Falls Achtsamkeit von tiefer Wichtigkeit für Sie ist, können Sie jede Gelegenheit zum Üben nutzen.«

Meditation während der Arbeit

Sobald Sie sich einmal zum regelmäßigen Meditieren durchgerungen haben, wird Ihnen mit Sicherheit auffallen, daß die bewußten Augenblicke, die Sie tagsüber erleben, zunehmen. Sie können auch im Alltag meditieren. Jede Zeit des Tages bietet uns Tausende von Gelegenheiten zum Bewußtwerden. Davon handelt das Buch *Chop Wood, Carry Water*. Es gibt keine einzige Aktivität, nicht einmal langweilige Arbeiten wie Holzhacken oder Wassertragen, die wir nicht bewußt tun können. Wenn wir zur Bank gehen, können wir vollkommen präsent sein und mit dem Schalterangestellten so sprechen, daß wir ihn wirklich wahrnehmen. Wenn wir die Wäsche waschen, können wir die Kleidungsstücke bewußt in den Wäschekorb legen. Wir können innehalten, um daran zu denken, wer diese Kleidungsstücke trägt. Wenn wir kochen, können wir uns vollkommen darauf konzentrieren und alle Zutaten spüren und schmecken, während wir sie schneiden und zubereiten. Wenn wir eine Meinungsverschiedenheit mit unserem Partner haben, können wir unsere Worte mit Bedacht wählen, anstatt uns von einer Autopilot-Reaktion mitreißen zu lassen. Und wenn uns das trotzdem passiert (schließlich sind wir nicht vollkommen, machen wir uns nichts vor), können wir uns mit Bedacht entschuldigen. Dasselbe können wir mit unseren Kindern, unserem Vorgesetzten oder Mitarbeitern tun.

Es gibt eine Methode, um die tägliche Achtsamkeit zu üben. Sie wird »Gehmeditation« genannt. Wenn Sie das nächste Mal spazierengehen, achten Sie auf jeden Ihrer Schritte. Versuchen Sie das zuerst zu Hause, bevor Sie es draußen tun. Gehen Sie langsam, indem Sie einen Fuß vor den anderen setzen. Wenn Ihre Ferse auf den Boden trifft, spüren Sie den Kontakt, und dann spüren Sie das Abrollen Ihres Fußballens und der Zehen. Als nächstes spüren Sie jeden einzelnen Ihrer Bein- und Hüftmuskeln, während Sie Ihr Bein heben, um den nächsten Schritt zu tun. Wiederholen Sie diesen Vorgang. Gehen Sie zehn Minuten lang in Ihrer Wohnung herum, indem Sie Ihre Aufmerksamkeit auf jede Bewegung richten, die Ihr Körper vollbringt, um gehen zu können. Wenn Sie barfuß sind, spüren Sie den weichen Teppich oder das warme Holz. Wenn Sie das ein paarmal getan haben, sind Sie bereit, draußen in einem etwas schnelleren Tempo zu gehen.

Die Gehmeditation ist einfach eine von vielen Methoden, die uns in Kontakt mit uns selbst und mit der Welt um uns bringt. Wenn wir bedachtsam sind, sind wir uns in diesem Augenblick unserer Gefühle und unserer Umwelt bewußt. Die Folge ist, daß sich unsere Gedanken verlangsamen und beruhigen. Denken Sie einmal darüber nach. Wenn Sie sich auf jeden Schritt und auf jedes Gefühl konzentrieren, können Sie nicht wie besessen einem Wunsch oder einer Sorge nachhängen. Sie konzentrieren sich auf den jeweiligen Augenblick. Wie die Buddhisten sagen: Sie sind wach. Glauben Sie mir, wenn Sie sich auf den jeweiligen Augenblick konzentrieren, werden Sie ruhiger und zentrierter.

Meditation der Güte

Sobald Sie sich einmal zu der Disziplin durchgerungen haben, die Meditation zu einem Teil Ihres Lebens zu machen, können Sie mit einem Ziel vor Augen meditieren. Eine dieser zielgerichteten Meditationen trägt den Namen »liebende Güte«. Sie meditieren zunächst über Gedanken der Liebe und der Akzeptanz gegenüber Ihrer eigenen Person, und sobald Ihre Schale voll ist, meditieren Sie über liebevolle Gedanken für andere Menschen. So wird's gemacht:

Nehmen Sie Ihre übliche Meditationshaltung ein und beginnen Sie, sich auf Ihren Atem zu konzentrieren. Dann stellen Sie sich vor, wie diese Liebe, diese Akzeptanz und diese Güte Sie umgeben und in jede einzelne Ihrer Poren einzudringen beginnen. Sie spüren die Wärme dieser Liebe wie eine Umarmung. Atmen Sie dieses Gefühl und diese Wärme und lassen Sie sie Ihren ganzen Körper durchströmen, bis Sie sich vollkommen warm und akzeptiert fühlen. Sie können bei diesen Gefühlen so lange bleiben, wie Sie wollen. Atmen Sie weiterhin tief, und nehmen Sie mit jedem Atemzug noch mehr Liebe und Akzeptanz in Ihre Seele auf. Danach werden Sie sich ruhiger, friedlicher und liebevoller fühlen.

Als nächstes praktizieren Sie dieselbe Meditation, konzentrieren sich aber auf andere Menschen. Beginnen Sie mit Ihrer Familie oder mit den Leuten, von denen Sie am häufigsten umgeben sind. Konzentrieren Sie sich auf jeden einzelnen Menschen und stellen Sie sich vor, wie sie ihn mit derselben liebevollen Wärme umfangen. Das ist ganz leicht, wenn Sie sich jemanden vorstellen, den Sie lieben und zu dem Sie eine positive Beziehung haben. Sie werden hingegen Ihr ganzes Mitgefühl brauchen, wenn Sie sich auf einen Menschen konzentrieren, mit dem Sie Probleme haben. Trotzdem sind es genau diese Beziehungen, die Heilung am notwendigsten haben. So schwer es Ihnen auch fallen mag, stellen Sie sich trotzdem vor, wie dieser Mensch von Gefühlen der Liebe und des Mitgefühls umgeben ist. Wenn Sie lange genug dabei bleiben, werden Sie schließlich beginnen können, das Problem auf einer anderen Ebene zu sehen. Sie werden vielleicht sogar die Sichtweise der anderen Person erkennen; wenn Ihnen ihr Charakter einfach zuwider ist, werden Sie ihr vielleicht zum ersten Mal Mitgefühl entgegenbringen können. Vielleicht hat Ihnen dieser Mensch Unrecht getan, und Sie haben jedes Recht, böse zu sein. Die Meditation der liebenden Güte kann Ihnen helfen, einen Teil dieser Wut loszulassen. So wird Ihre Energie befreit, damit Sie sich selbst wieder lieben können. Wie auch immer – diese Meditation kann Ihre eigene Haltung und Einstellung verändern, und das führt dazu, daß Ihre Beziehungen zu anderen Menschen ruhiger und von größerer Akzeptanz und mehr Mitgefühl getragen werden. Glauben Sie mir, wenn Ihr Leben mit weniger persönlichen Konflikten beladen ist, wird es unvergleichlich leichter.

Güte und Kinder

Eines der besten Dinge, die Sie für Ihre Kinder tun können, ist eine regelmäßige Meditation der liebenden Güte. Wenn Sie sich die Zeit nehmen, um mit dieser Meditation Ihr Herz und Ihre Seele zu füllen, werden Sie gegenüber Ihren Kindern geduldiger, liebevoller und gütiger sein. Sobald Ihr eigenes Herz voll ist, können Sie Ihre Energie während des Meditierens auf Ihre Kinder konzentrieren. Stellen Sie sich vor, wie sie von liebevollen Gefühlen umfangen sind.
Wir alle haben Geschichten über großartige Sportler gehört, die vor dem eigentlichen Match ein perfektes Spiel visualisieren. Tennisspieler sehen immer wieder eine perfekte Rückhand, einen atemberaubenden Aufschlag und so weiter. Sie visualisieren jede Einzelheit des Spiels und sehen sich in absoluter Topform spielen. Sie können dasselbe für Ihre Kinder tun. Nehmen Sie sich die Zeit, um sie als kleine Wesen zu visualisieren, die Liebe, Mitgefühl und Güte im Überfluß verdienen. Wenn Sie mit einem Kind ein bestimmtes Problem haben, machen Sie es wie ein Sportler und visualisieren Sie den perfekten Umgang damit.
Die richtige Visualisierung läßt vielleicht eine Zeitlang auf sich warten, aber das macht nichts. Praktizieren Sie weiterhin die Meditation der liebenden Güte – und glauben Sie mir, es wird alles seinen richtigen Gang nehmen. Oft

liegt die Antwort in einer Veränderung unserer eigenen Einstellung. Wie lautet noch das alte Sprichwort? Mit einem Löffel Honig richtet man mehr aus als mit einem Löffel Essig. Die Meditation der liebenden Güte erinnert uns daran, daß wir uns an den Honig halten sollten. Der Lohn dafür ist eine bessere Beziehung zu unseren Kindern. Wir brauchen uns nur zu fragen, wie wir selbst behandelt werden möchten.

Vor kurzem schnitt ich einen Zeitungsartikel aus, den ich zu Hause an die Wand pinnte. Dort lasse ich ihn hängen, weil er mich ermahnen soll, meinen Kindern Mitgefühl entgegenzubringen. Er stammt von einem erwachsenen Mann, der an seinen Vater schrieb. In diesem Brief dankt er seinem Vater für sein Mitgefühl. Er erzählt über den Abend eines Rendezvous, an dem er das teure Auto seines Vaters aus der Garage fuhr, um seine Angebetete zu beeindrucken. Er hatte nicht um Erlaubnis gefragt. In seiner Eile, heimlich wegzufahren, vergaß er, die Tür zu schließen. Als er im Rückwärtsgang aus der Garage fuhr, riß er die Tür aus der Verankerung. Mit Gewalt gelang es ihm, sie zu schließen. Als er um drei Uhr morgens von seiner Verabredung zurückkehrte, lag er stundenlang wach im Bett und dachte darüber nach, wie er seinem Vater wohl beibringen könnte, was geschehen war. Als er morgens nach unten kam, saß sein Vater vor einer Tasse Kaffee in der Küche. »Ich habe den Chevy in die Werkstatt gebracht«, sagte er. »Morgen wird er fertig sein. Dann können wir darüber sprechen, wer die Reparatur bezahlen wird.« Sein Vater legte eine Pause ein. »Hattest du Spaß bei der Verabredung?« Was für ein wundervolles Beispiel tätigen Mitgefühls. Es passiert uns als Eltern so leicht, daß wir unsere Kinder anfahren. Der Grund liegt meist darin, daß wir von unserem eigenen Leben so angestrengt sind, daß uns für andere nur wenig Geduld bleibt. Wenn uns ein paar Minuten Meditation der liebenden Güte nur ein bißchen mehr Geduld, ein bißchen mehr Mitgefühl und viel mehr Liebe bringen, werden wir tausendfach dafür belohnt werden.

Machen Sie sich Ruhe zur Gewohnheit

Sie können auch zur inneren Ruhe finden, indem Sie einfach still sind. Still zu sein kann in unserer von Reizen überfrachteten Welt sehr schwierig sein. Denken Sie an all die Geräusche, von denen wir jeden Augenblick unseres Lebens umgeben sind. Das erste, was wir morgens zu hören bekommen, ist das Rasseln des Weckers, Musik oder Nachrichten. Manche Leute schalten morgens auch das Fernsehgerät an, um sich auf die Arbeit vorzubereiten. Wenn wir uns überhaupt die Zeit zum Frühstücken nehmen, haben wir keine Ahnung, wie das Essen schmeckt, weil wir mit Zuhören oder mit Gedanken an andere Dinge beschäftigt sind. Wir springen ins Auto und starten den Motor. Wir drehen das Radio auf. Wir steigen in den Bus, wo wir von sprechenden Menschen umgeben sind. Die meisten von uns arbeiten inmitten lärmender Maschinen (Telefone, Computer, Kopiergeräte und so weiter) und Menschen. Wenn wir nach Hause zurückkehren, ist es dasselbe. Anstatt uns durch ein bißchen Stille erleichtert zu fühlen, ertragen wir sie nicht. Wir schalten den Fernseher ein, um nicht einsam die Stille ertragen zu müssen. Wenn wir mit anderen Menschen zusammenleben, sprechen wir mit ihnen. Unsere Haushaltsmaschinen machen Lärm – die Geschirrspülmaschine, der Staubsauger, die Waschmaschine, elektrische Geräte, und das sieben Tage die Woche! Kein Wunder, daß wir erschöpft sind und daß wir keine Vorstellung davon haben, was in unserem Inneren vor sich geht.

Lärm gilt als mitverantwortlich für hohen Blutdruck, Herzkrankheiten, mentale Probleme, Lernschwierigkeiten und Streß. »Wenn unsere Tage voll mit Fernsehen, Radio und anderen Geräuschen sind, übertönt der Lärm die Stille, in der wir denken, reflektieren und einen Sinn in dem finden können, wer wir sind und was wir tun«, sagt Dr. Bruce David, Psychologe und Autor des Buches *Monastery Without Walls: Daily Life in the Silence.* »Wenn ständig Dinge auf uns einstürmen, füllt sich unser Kopf mit den Stimmen und Meinungen anderer. Im Schweigen haben wir die Möglichkeit, auf unsere eigene Stimme zu hören. Wir treffen Entscheidungen auf der Grundlage dessen, was wir wirklich wollen, statt uns nach dem zu richten, was andere von uns erwarten. (Aus: *Prevention Magazine*, Oktober 1996)

Das gute alte Schweigen ist eine wunderbare Sache. Wir können in Verbindung mit uns selbst und der uns umgebenden Welt treten, und zwar auf eine Weise, die uns verschlossen ist, wenn wir ständigen Reizen von außen ausgesetzt sind. Versuchen Sie es bei nächster Gelegenheit. Wenn Sie Auto fahren, verzichten Sie auf das Radio. Anstatt automatisch aufzudrehen, versuchen Sie sich auf das Gefühl des Fahrens zu konzentrieren. Spüren Sie Ihre Hände auf dem harten, glatten Lenkrad, spüren Sie den Sitz unter sich, das Pedal unter Ihrem Fuß. Betrachten Sie das, was Sie vor sich sehen, wirklich. Wir glauben nur, zu sehen, aber in Wirklichkeit schauen wir nur vor uns hin, während wir mit unseren Gedanken beim nächsten Supermarkt sind, wo wir das Abendessen einkaufen wollen.

Abends, wenn Sie nach Hause kommen, lassen Sie das Fernsehgerät ausgeschaltet. Wenn Sie allein leben, kann das beängstigend sein, weil Sie keine »Gesellschaft« haben. Wenn Sie es über die »Entzugsphase« hinaus schaffen, haben Sie die Chance, wirklich zu sich zu kommen. Lauschen Sie auf die Geräusche der Natur. Lassen Sie auch morgens die Finger vom TV-Gerät. Genießen Sie die Ruhe und den Frieden, und hören Sie auf Ihre eigenen Gedanken und Gefühle.
Reservieren Sie sich einmal einen Abend, den Sie schweigend allein zu Hause verbringen; dann gehen Sie einen Schritt weiter und reservieren ein ganzes Wochenende für die Stille. Das ist natürlich am einfachsten, wenn Sie allein leben, aber Sie schaffen es auch, wenn Ihre Familie Sie unterstützt. Sie können das Schweigen zu Hause praktizieren. Es ist nicht notwendig, sich dazu in ein teures Refugium zurückzuziehen. Wenn Sie das einmal ausprobieren möchten, vergewissern Sie sich, daß das Telefon ausgeschaltet ist. Wenn Ihre Kinder noch klein sind, können Ihr Partner und Sie einander öfter einmal einen stillen Tag ermöglichen. Ein Partner kann mit den Kindern ein paar Stunden aus dem Haus gehen, während der andere allein zurückbleibt. Am nächsten Wochenende oder Monat wird gewechselt. Schweigen ist etwas Verjüngendes.
Sie werden feststellen, daß Ihnen Geräusche viel mehr Genuß bereiten, wenn Sie täglich eine Zeit der Stille praktizieren. So können Sie zum Beispiel am Abend schöne Musik hören und sie wirklich genießen. Wenn Sie mit anderen Leuten zusammenleben, können Sie sich die Zeit nehmen, die Töne und Geräusche der Menschen zu genießen, die Sie lieben, anstatt sich dem sinnlosen Geschwätz des Fernsehens auszuliefern. Wenn Sie Kinder haben, hören Sie ihrem Geplauder und ihren Spielen zu. Wenn Sie mit jemandem sprechen, können Sie auf das achten, was der andere sagt, ohne von modernen Lärm-

erzeugern wie Fernsehen und anderen Geräten abgelenkt zu werden. Was für ein Geschenk für einen Gesprächspartner, zu wissen, daß Sie ihm Ihre ungeteilte Aufmerksamkeit widmen!

Aber wie bei allen Aspekten der Einfachheit gilt es auch hier, nicht zuviel des Guten zu tun. Es ist nichts dagegen einzuwenden, im Auto manchmal das Radio laufen zu lassen. Das Bewußtsein wird Sie allerdings lehren, eine Ausgewogenheit zwischen Geräuschen und Stille zu finden.

Dr. Daniel Gottlieb, Psychologe und Autor von *Voices in the Family,* sagt: »Das Ziel besteht darin, auf die innere Stimme hören zu lernen, und nicht darin, auf die Ideen und Vorstellungen anderer zu reagieren. Der perfekte Zeitpunkt für Stille ist, wenn Sie der Meinung sind, daß Sie Stille brauchen.«

Achtsamkeit

Michael Freeman ließ sich im ersten Teil seines Lebens vom Autopiloten steuern. Erst nach einigen schwerwiegenden Erschütterungen und nach Jahren der Sinnsuche entdeckte er, daß Glück und Einfachheit des Lebens keine Sache des »Tuns«, sondern eine Sache des »Seins« sind. »Ein einfaches Leben kann für jeden Menschen etwas anderes bedeuten«, sagt er. »Man kann ein Haus und einen Job haben oder nicht. Es läßt sich nicht beschreiben, wie ein einfaches Leben aussieht. Es gibt Mönche und Nonnen in Klöstern, deren Leben so geschäftig ist wie das anderer Menschen.«

Auf seiner Suche nach Zufriedenheit probierte Michael viele der äußeren Lebenskostüme aus. Zuerst identifizierte er sich mit seiner Position und mit seinem Geld. Er widmete den Großteil seiner Zeit der Arbeit und dem Geldverdienen als Polizist. Obwohl er voller Schuldgefühle und Gewissensbisse war, weil er nicht mehr Zeit mit seiner Familie verbrachte, stellte er seinen unbewußten Drang, immer mehr erreichen zu wollen, nie in Frage. »Es war einfach das, was ich tat«, sagte er. »Ich dachte, daß es eben dies sei, was das Leben zu bieten hätte: ein elegantes Wohnzimmer, ein tolles Auto. Ich dachte nicht viel darüber nach, ob ich glücklich war oder nicht.«

Dann wurde Michael von seiner Frau verlassen. Danach kündigte er. Später stand er in einem neuen Job vor einem moralischen Dilemma. Die Leute dort zweigten bestimmte Summen von Subventionsgeldern ab, die für ein Hilfspro-

Die Sinnlichkeit des Einfachen

Duschen Sie oder nehmen Sie ein Bad. Spüren Sie dabei jeden einzelnen Wassertropfen. Fühlen Sie, wie das Wasser Ihren Körper umschmeichelt. Genießen Sie dieses Gefühl. Vielleicht ist es das erste Mal, daß Sie unter der Dusche vollkommen präsent sind. Sobald Ihre Gedanken abschweifen und Sie an die Bank, an die Kinder oder an Ihren nächsten Termin zu denken beginnen, holen Sie sie sanft zu dem Wasser zurück, das Ihren Körper benetzt und streichelt.

gramm verwendet werden sollten. »Zum ersten Mal begann mir aufzufallen, daß es auf der Welt Menschen gab, die hungerten, und daß die Leute in meiner Arbeit nichts anderes im Kopf hatten als sich selbst«, sagt er.

Daraufhin entschloß er sich, in den Wald zu ziehen. Dort würde er endlich glücklich sein. Er vollzog den Schritt, arbeitete als Tischler und heiratete zum zweiten Mal. Aber immer noch fühlte sich Michael Freeman nicht ausgefüllt. Er stellte fest, daß sogar Leute, die im Wald wohnten, glaubten, daß sie ein neues TV-Gerät oder ein Auto mit Allradantrieb glücklich machen würde. So kam er zu dem Schluß, daß er sich auf seiner Suche nach dem Glück noch weiter von der Masse entfernen mußte. Er wurde Selbstversorger und erzeugte seine eigenen Lebensmittel, konservierte sie für den Winter, baute sein eigenes Wasserversorgungssystem, erzeugte eigenen Strom mit einer Windmühle und eröffnete gemeinsam mit einigen Partnern ein biologisch-organisches Restaurant. Er hätte sich nicht weiter von seinem eleganten Wohnzimmer entfernen können.

»Nun war ich aber Sklave meines neuen Geschäfts«, sagt er. »Das Restaurant geriet außer Kontrolle. Es hielt uns wie ein Perpetuum mobile in Atem.«

Michael überließ das Restaurant seinen Partnern und zog noch einmal um, immer noch auf der Suche. Er hatte alle äußerlichen Hüllen ausprobiert, aber trotzdem hatte er keine Zufriedenheit gefunden. So kam er zu dem Schluß, daß es an der Zeit war, in sein Inneres zu blicken. Wer war Michael Freeman? Polizist? Vater? Ehemann? Restaurantbesitzer? Selbstversorger im Wald? Oder wer? In dem Versuch, dem echten Michael Freeman zu begegnen, begann er sich seiner Besitztümer zu entledigen. Er zog in eine Hütte. Sein Tischlerwerkzeug, eigentlich eine vollständige Tischlereiwerkstatt, behielt er jedoch. »Das bedeutete Sicherheit«, sagt er. »Aber auch einen Mühlstein um meinen Hals«.

Ein Brand lehrte ihn die nächste Lektion darüber, wer er war und was er brauchte. Eines Nachts brach auf dem Anwesen eines nicht weit entfernt lebenden Nachbarn ein Feuer aus. Er traf die bewußte, wache Entscheidung, lieber hinüberzugehen und zu versuchen, das Anwesen des Nachbarn retten zu helfen, als sich den Kopf über sein geliebtes Werkzeug zu zerbrechen. Er wußte, was Feuer war, und er wußte, daß er sein Werkzeug und alle anderen Besitztümer verlieren würde, wenn er zuerst versuchte, das Anwesen seines Nachbarn zu retten, bevor er seine eigenen Dinge in Sicherheit brachte. »Ich wußte, ich konnte meine Sachen nicht retten, wenn ich mich nicht zuerst um sie kümmerte«, erinnert er sich. »Aber es war mir auch klar, daß ich keine Zeit dazu hatte, wenn ich meinem Nachbarn helfen wollte.«

Tips von Michael Freeman

Probieren Sie einen Tag lang einmal folgendes aus:

▾ *Versuchen Sie nicht, zwei Dinge gleichzeitig zu tun, wie Kochen und dabei telefonieren.*

▾ *Lassen Sie Ihre Gedanken umherschweifen und verfolgen Sie sie dabei. Versuchen Sie nicht, sie zu kontrollieren, sondern nehmen Sie einfach Notiz von dem, was vor sich geht.*

▾ *Beurteilen Sie sich nicht selbst. Es geht nicht darum, daß wir uns beruhigen, sondern darum, Notiz zu nehmen und achtsam zu sein.*

▾ *Machen Sie sich während des Tages bewußt, was vor sich geht. Tun Sie alles, was Sie tun, wie hören, Auto fahren, sitzen, bewußt. Machen Sie sich bewußt, was Sie tun, wie zum Beispiel Zähne putzen, fahren, gehen, sprechen.*

▾ *Genießen Sie das Sein, nicht das Tun.*

  Unser Leben ist weniger zersplittert, wenn wir von den Dingen Notiz nehmen, die wir während des Tages tun.

Michael half dem Nachbarn tatsächlich, sein Anwesen zu retten. Er lernte, daß er auch ohne die Sicherheit, die ihm sein Werkzeug gab, sehr gut leben konnte. Wie durch ein Wunder hatte das Feuer sein Werkzeug nicht vernichtet. Aber er trennte sich trotzdem davon. Wieder zog er um. Immer noch auf der Suche. Immer noch eine äußere Haut nach der anderen abstreifend. Wer war Michael? Ein Freund schlug ihm vor, in eine Gemeinschaft zu ziehen, der unter anderem Ram Dass angehörte, Autor des Buches *Be Here Now*. Er blieb zwei Jahre dort und lernte die Spiritualität kennen. Er lernte, zu meditieren und sich seiner Gedanken und Gefühle bewußt zu werden. Er fand Michael Freeman, indem er sein inneres Ich kennenlernte. Dann zog er sich drei Monate lang in ein Meditationszentrum zurück und begann dort zu arbeiten. Vier Jahre lang blieb er dort, danach lebte er in einem Kloster. Und dann fand er, es sei an der Zeit, sein inneres Ich mit seinem äußeren Leben zu verbinden. Es war eine Sache, in einem Kloster oder einem Meditationszentrum einfach zu leben, aber eine andere, es in der Stadt zu tun. Wie konnte er das schaffen?

»Ich gehe heute einen Mittelweg«, sagt er. »Ein Kloster ist eine Möglichkeit, aber auch als Privatperson kann man ein einfaches Leben führen. Einfach ist es allerdings nicht. Sobald ich in die Stadt gezogen war, erkannte ich, wie leicht ich mich von der ständigen Begierde der Mainstream-Gesellschaft anstecken ließ. Wir wollen immer mehr Geld, immer weitere Versicherungen ... der ständige Druck, sich dem vorgegebenen Muster anzupassen. In der Stadt stehe ich auf und denke sofort an die Dinge, die ich tun muß.

Heute beginne ich jeden Tag, indem ich ihn einfach zur Kenntnis nehme. Ich nehme zur Kenntnis, daß ein neuer Tag beginnt. Ich versuche, den ganzen Tag bedachtsam zu verbringen, und am Abend frage ich mich, ob es mir gelungen ist. Beim Essen achtsam sein – daran denken, was ich esse, und das Gefühl spüren. Achtsam sein beim Gehen – den Druck des Asphalts unter meinen Füßen spüren. Meine Umgebung betrachten und sie wirklich sehen. Die Geräusche hören. Die Gerüche riechen. Achtsam sein beim Autofahren. Das Gefühl des Lenkrads in meiner Hand. Oder wenn ich in Eile bin, versuche ich mir das bewußt zu machen. Ich versuche, mich nicht zu beurteilen und zu sagen: ›Oh, ich sollte nicht so hetzen‹, sondern ich mache mir einfach bewußt, daß mein Herz schneller schlägt oder daß mein Nacken verspannt ist. Ich versuche nicht, das zu ändern, sondern ich nehme nur Notiz von den Gefühlen.«

ÜBER DIE ARBEIT

Was liegt im Zentrum deines Lebens? Überlege sorgfältig,
worauf du deine Aufmerksamkeit, deine Zeit verwendest.
Schau dir deinen Terminkalender an, deinen Tagesablauf ...
Den Dingen, die du dort findest, gehören deine Zeit und
Aufmerksamkeit und damit auch deine Liebe.

Wayne Muller, *How Shall We Love*

Ein einziger Augenblick Anfang der siebziger Jahre reichte aus, um Ted Butcharts Einstellung zu seiner Arbeit und zu seinem Leben für immer zu verändern. Er erinnert sich, daß er in der Zeit der Studentenproteste gegen den Vietnamkrieg in der Portland State University eines Nachts auf einer Barrikade saß. Es war Mitternacht, und er saß allein da und versuchte, sich über seine Gefühle über den Krieg und die Demonstrationen klarzuwerden. Da kam ein Mann Ende Siebzig und setzte sich zu ihm. »Er erzählte mir, wieviel Angst er vor der Revolution und vor den marschierenden Studenten hatte«, sagt Ted. »Ich verstand seine Angst, denn er befürchtete, daß dies der Beginn eines Umsturzes sein könnte. Er wußte nicht, was bevorstand.« Wie sich herausstellte, war die größte Sorge dieses Mannes, ob ihm wohl seine kleine staatliche Pension weiterhin ausbezahlt werden würde, denn davon lebte er.

»Das löste tiefes Mitgefühl in mir aus«, erinnert sich Ted. »Aber in dieser Nacht schwor ich mir, daß ich mich selbst niemals in eine Situation bringen würde, in der ich so verwundbar war. Ich wollte nie dazu gezwungen sein, bei meinen moralischen oder ethischen Vorstellungen Kompromisse zu schließen, weil sie womöglich einen Einfluß auf mein persönliches Einkommen haben konnten. Deswegen mußte ich mir ein Leben schaffen, dem Zeiten der wirtschaftlichen Ebbe und Flut nichts anhaben konnten: Ich brauchte keine staatliche Mindestpension, sondern einen Apfelbaum samt Saftpresse.«

Die Arbeitstheorie des Einfachen Lebens

Meine Arbeitstheorie für das »Einfache Leben« verdanke ich zum Großteil meinem Vater. Er brachte mir zwei ungeheuer wichtige Grundsätze bei:

1. Such dir etwas, das du gern tust, und laß dich dafür bezahlen.
2. Lebe unter deinen Verhältnissen. (Das tust du dann, wenn du weniger ausgibst, als du verdienst, und den Rest auf die hohe Kante legst.)

Diese Gedanken gingen Ted durch den Kopf, als er auf der Barrikade saß. Um der Theorie des einfachen Lebens zum Erfolg zu verhelfen, müssen wir beide Grundsätze praktizieren. Denken Sie einmal darüber nach. Wenn wir nicht unter unseren Verhältnissen leben, haben wir keine Ersparnisse. Dann haben wir kaum Wahlmöglichkeiten, wie wir unsere Zeit verbringen und was wir für unseren Lebensunterhalt tun wollen. Wir müssen weiterarbeiten, ob uns unsere Arbeit gefällt oder nicht. Wir können nicht einfach kündigen und uns mit der Suche nach einem sinnvolleren Job Zeit lassen, denn wir brauchen unser Einkommen, um uns zu ernähren und unser Heim zu erhalten. Wenn wir nicht nur nichts gespart, sondern auch noch Schulden haben, müssen wir auf jeden Fall weiterarbeiten, denn sonst steht bald der Gerichtsvollzieher vor der Tür.
Folgen Sie mir: Wenn Sie unterhalb Ihrer Verhältnisse leben, haben Sie Geld gespart. Nun können Sie sich den Luxus leisten, Ihren Job zu kündigen. Sie können darüber nachdenken, was Sie wirklich tun möchten oder ob Sie vielleicht wieder die Schulbank drücken wollen. Sie können natürlich auch Teilzeit arbeiten. Wenn Sie ein hübsches Sümmchen auf der hohen Kante haben (in Kapitel 2 wird erklärt, daß Sie dazu nicht das Kind reicher Eltern sein müssen), können Sie sich sogar vorzeitig aus dem Erwerbsleben zurückziehen und dann nur noch tun, was Ihnen gefällt. Sie könnten sogar zum Spaß arbeiten. Stellen Sie sich das einmal vor.
Es gibt aber auch noch eine andere Möglichkeit: Wir können lernen, von wenig Geld zu leben. Dann steht es uns frei, Teilzeit oder nur zeitweise zu arbeiten, Vertragsarbeiten zu übernehmen oder in einem Beruf zu arbeiten, in dem wir nicht viel verdienen, den wir aber lieben. Vielleicht können wir auf diese Weise nicht viel sparen, aber wir können das Leben führen, das wir uns vorstellen. Vielleicht wollen wir gerade soviel arbeiten, daß wir eine Leidenschaft finanzieren können. Eine Anzeige für einen Skiurlaubsort, die ich vor kurzem in einer Zeitschrift sah, veranschaulicht sehr gut, was ich meine. Die Anzeige zeigt das Bild eines Skifahrers, der gerade einen Hang hinunterfährt. Darunter steht:

»Doktorand. Toller Job. Großes Haus. Wir alle machen Fehler.« Dieser Werbetext ist vom Feinsten, und er wirbt für ein bewußtes Leben vom Besten. So viele von uns tun einfach das, was in unserer Gesellschaft etwas gilt – studieren, einen guten Job suchen, Hypotheken aufnehmen, zwei neue Autos kaufen, in die Vorstadt ziehen und so weiter. Wir halten nie inne, um nachzudenken, ob wir das alles wirklich wollen. Verstehen Sie mich nicht falsch – ich trete nicht dafür ein, daß wir uns ziellos durchs Leben treiben lassen. Bildung und eine gute Arbeit können unser Leben sehr aufwerten. Vor allem Bildung ist eine ausgezeichnete Versicherung: Wir haben viel mehr Wahlmöglichkeiten, wenn wir gebildet sind, und Bildung kann uns viele Türen öffnen, von denen wir gar nicht wissen, daß es sie gibt. In ähnlicher Weise kann uns auch ein guter Job Befriedigung verschaffen. Und wahrscheinlich würde ein Leben der reinen Unterhaltung, ob wir es nun mit Skifahren, Fischen oder Wandern ausfüllen, nach einiger Zeit langweilig werden. Einfach zu leben, das bedeutet auch hier wieder, ein Gleichgewicht zu finden. Können Sie Ihr Leben so gestalten, daß Sie viel von dem darin unterbringen, was Sie lieben, und in dem Sie auch Reserven haben? Können Sie einen Job annehmen, der Ihnen ein derartiges Leben ermöglicht? Brauchen Sie wirklich ein großes Haus und eine riesige Hypothek? Nicht unbedingt. Wie viele Menschen kennen Sie, die ihre Studienzeit als die glücklichste Zeit ihres Lebens in Erinnerung haben – eine Zeit, in der ihnen Orangenkisten als Möbel dienten, in der alle ihre Besitztümer in einem alten VW-Käfer Platz fanden und in der sie die Freiheit genossen und ein ausgewogenes Leben führten? Führen Sie auch heute ein Leben der Mitte? Ich persönlich mag keine Orangenkisten als Möbel, und ich habe gern ein »Nest«, aber ich brauche keinen riesigen Palast, der mich mein ganzes Leben kostet.

Als Joe Puryear sein Studium beendet hatte, kam er zu der Erkenntnis, daß dem Klettern seine ganze Liebe gehörte. Er arbeitet heute in einem Sportausrüstungsgeschäft, wo er ermutigt wird, seiner Leidenschaft zu frönen. Aber er hegt Pläne, die darüber weit hinausgehen. Er möchte seine Kletterfähigkeiten bis zu einem Stadium weiterentwickeln, in dem er von einem Sponsor fürs Klettern bezahlt wird. Und er hat sich auch die Zeit genommen, gemeinsam mit seiner Partnerin Valerie ein persönliches Leben aufzubauen. Joe hat seine materiellen Bedürfnisse reduziert, um Geld für seine Expeditionen zu sparen.

Er verdient in seinem Beruf sehr wenig, aber genug für den von ihm bewußt gewählten Lebensstil.

In meinem Leben wirkte sich die Einfach-leben-Theorie folgendermaßen aus: Die erste Karriere, die ich nach dem College verfolgte, war die einer fest angestellten Journalistin. Damals verdiente ich sehr wenig. Dann kündigte ich, um freie Journalistin zu werden. Dabei verdiente ich noch weniger. Das Schreiben war schon damals meine Leidenschaft und ist es bis heute geblieben. Es machte mir riesigen Spaß, jede Nacht bis zum Morgengrauen meine Storys zu schreiben. Aber ich wußte, daß ich als Freischaffende nicht überleben würde, wenn ich viel Geld ausgab. Deshalb lernte ich, mit weniger zu leben. Eine ganz einfache Rechnung. Ich lebte gut (für meine Verhältnisse) und gönnte mir auch oft Reisen, zum Beispiel nach Hawaii und Mexiko. Dabei achtete ich aber darauf, keine Schulden zu machen. Ich hatte sehr wenig anzuziehen, und mein Auto hatte tausend Mark gekostet. Eine Kreditkarte beantragte ich nicht. Ich wollte diese Freiheit unbedingt weiter genießen, und so nahm ich es gern in Kauf, weniger Geräte und Firlefanz zu besitzen. Der Gedanke, einen Vollzeitjob annehmen zu müssen, jagte mir kalte Schauer über den Rücken. Mir war aber bewußt, daß das meine einzige Möglichkeit sein würde, wenn ich mehr Geld ausgab. Und darauf hätte ich mich um nichts in der Welt eingelassen.

Derselbe Grundsatz gilt für uns alle, ganz gleich, was wir beruflich tun, völlig egal, welchen angemessen bezahlten Job wir haben. In einem Buch mit dem Titel *Millionaire, Next Door* von Thomas Stanley, finden wir einige überraschende Fakten und Zahlen: Wußten Sie, daß die meisten Menschen, die Millionäre sind, ganz normale Jobs haben, wie zum Beispiel Leiter eines Campingplatzes oder Chef einer Schweißerei? Das Buch berichtet noch von einem zweiten wichtigen Faktum: Neue Autos werden von viel mehr Nicht-Millionären als von Millionären gefahren. Dämmert Ihnen langsam, was gemeint ist? Die Leute, die es schafften, große Geldsummen auf die hohe Kante zu legen, gaben eben nicht ihr ganzes Geld aus. Sie lebten nach dem Motto: Weniger ausgeben, als ich habe, und den Rest sparen. All jene, die jammern, man müsse eine hochbezahlte Fachkraft sein, um im Leben Wahlmöglichkeiten zu haben, sollten im *Millionaire*-Buch nachlesen. Wir brauchen kein Millionär zu sein, um ein erfülltes, ausgeglichenes Leben zu führen. Aber wir müssen nach denselben Prinzipien leben, wie Millionäre es tun.

»Thomas von Aquin sagt: »Es gibt keine Lebensfreude ohne Arbeitsfreude.« Unsere Freude an der Arbeit und am Leben steigt, wenn wir uns nicht »kaputt-arbeiten«, sondern statt dessen versuchen, unseren Lebensunterhalt auf eine Weise zu »verdienen«, die zum Wohlbefinden aller beiträgt.«

Duane Elgin, Autorin von Voluntary Simplicity

Sobald wir die beiden wichtigsten Einfach-leben-Prinzipien über die Arbeit ein-mal verstanden und sie verinnerlicht haben, eröffnen sich uns viele Nuancen und Feinheiten. So müssen wir zum Beispiel bereit sein, hart und effizient zu arbeiten, wenn wir arbeiten. Wir müssen offen sein für alle Möglichkeiten, und wir müssen große Entschlossenheit und vor allem großen Einfallsreichtum an den Tag legen.

Arbeit ist wichtig

Keine Frage: Arbeit ist ein wichtiger Teil unseres Lebens. Wilhelm Reich, der österreichische Psychoanalytiker und Kollege Freuds, schrieb einmal: »Liebe, Arbeit und Wissen sind die Quellen unseres Lebens. Sie sollten es auch leiten.« Und Freud selbst, der einmal gefragt wurde, was ein normaler Mensch in sei-nem Leben zu tun imstande sein sollte, antwortete: »Lieben und arbeiten.«

In ihrem Buch *Chop Wood, Carry Water* zitieren die Autoren Rick Fields, Peggy Taylor, Rex Weyler und Rick Ingrasci einen tibetischen Buddhismuslehrer, der sagte: »Wenn wir unsere Arbeit nur als ein Mittel zum Erwerb unseres Lebens-unterhalts betrachten, muß es uns absonderlich erscheinen, sie wichtig zu neh-men, sie zu mögen und sogar zu lieben. Aber wenn wir Arbeit als einen Weg zur Vertiefung und Bereicherung all unserer Erfahrungen sehen, finden wir diese Hinneigung in unseren Herzen und erwecken sie auch in den Menschen unserer Umgebung. Denn dann nutzen wir jeden Aspekt unserer Arbeit zum Lernen und Wachsen.«

In dieser Theorie geht es um die Veränderung unserer Einstellung zur Arbeit. Wir können in unserer Arbeit, worin immer sie bestehen mag, Leidenschaft, Sinnhaftigkeit und Bewußtsein finden. Anstatt während des Arbeitstages abzu-schalten und uns vom Autopiloten steuern zu lassen, können wir bei jeder Arbeit, die wir verrichten, vollkommen präsent und bewußt sein. Überlegen

Sie einmal: Die meisten Menschen verbringen siebzig Prozent ihres Tages oder noch mehr mit Arbeit. Wie traurig, sich aus einem so großen Bereich seines Lebens auszuklinken, oder, noch schlimmer, keinen Gefallen an ihm zu finden! In seinem Buch *Creative Work ‒ Karma Yoga: A Western Interpretation* beschreibt der Philosoph Edmund Bordeaux Szekely diese Veränderung der Einstellung:

 Arbeit in ihrem höchsten Sinn soll dem Menschen dienen und nicht dem Meister. Dabei ist es nicht so wichtig, welche Gestalt oder Form unsere Arbeit hat. Was wirklich zählt, ist unsere Einstellung zu unserer Arbeit. Wenn wir Liebe und Begeisterung in sie einfließen lassen, wird das, was ehemals Mühe und Belastung war, zu einem magischen Werkzeug, das uns in unserem Leben voranbringt, bereichert und nährt. »Arbeit macht den Menschen« ist ein altes Sprichwort, in dem viel mehr Wahrheit steckt, als es zunächst den Anschein hat. Arbeit kann tatsächlich den Menschen machen. Dazu muß der Mensch allerdings seine von Gott gegebene Geisteskraft dazu einsetzen, die Arbeit in jene heilige Partnerschaft mit dem Schöpfer zu verwandeln, als die sie ursprünglich gedacht war.

Diese Einstellung kann einer Arbeit, die wir bisher als öde und langweilig empfanden, neues Leben einhauchen. Zen-Mönche werden zum Beispiel dazu angehalten, manuelle Arbeiten wie Kehren, Toilettenreinigen und Jäten zu verrichten. Das zeigt, daß Spiritualität nicht nur in einer Kirche oder beim Meditieren erlebt werden kann. Spiritualität bedeutet auch, Achtsamkeit auf unsere tagtäglichen Verrichtungen zu verwenden. Sobald die Mönche das verinnerlicht haben, ist keine Arbeit, wie niedrig sie auch sei, unter ihrer Würde. »Diese Arbeit«, schreibt Roshi Philip Kapleau in dem Buch *The Three Pillars of Zen*, »ist in der Tat erleuchtend. Denn im Zen-Buddhismus dient die Erleuchtung nicht nur der eigenen Person, sondern immer dem Wohl aller.«
Sicherlich haben wir in unserer Arbeit und in unserem täglichen Leben bereits beide Seiten dieser Gleichung aus eigener Erfahrung erlebt. Wir alle haben Vorgesetzte, die meinen, niemandem mehr dienen zu müssen, nur weil sie Vorgesetzte sind. Wie schön, wenn sich ein vielbeschäftigter Chef die Zeit nimmt, seinen Mitarbeitern Kaffee zu servieren, oder wenn er ihnen hilft, etwas zu suchen. Manche Leute, mit denen wir gern zusammenarbeiten, nehmen jede

Aufgabe, wie sie kommt, während andere ständig stöhnen und jammern. (Ausgewogenheit, Ausgewogenheit ... vergessen Sie nicht, wir sind alle Menschen, und das bedeutet, daß auch jemand, der normalerweise Freude an der Arbeit hat, ihrer von Zeit zu Zeit überdrüssig wird.)

Eine Veränderung der Einstellung kann das gesamte Klima im Büro positiv beeinflussen und dabei gleichzeitig unser Leben bereichern. Wenn wir unsere Arbeit mit Achtsamkeit tun, kann jede Aufgabe eine weitere Chance für uns sein, unsere Spiritualität zu vertiefen. Eine neue Einstellung kann sogar einen Job angenehm machen, den wir glaubten kündigen zu müssen. Ganz gleich, ob Sie Chef oder Mitarbeiter sind: Versuchen Sie, Ihre Einstellung zu verändern, bevor Sie aufgeben.

Arbeit mit Achtsamkeit

Wenn wir unsere Arbeit verändern wollen, müssen wir auch achtsam und authentisch sein. Wenn wir uns nicht die Zeit nehmen, uns tagsüber bewußt zu machen, wie wir uns fühlen, wird es uns schwerfallen, eine Arbeit sinnvoll zu finden. Wir müssen Schicht über Schicht von unserer Zwiebelschale entfernen, um festzustellen, was tatsächlich im Inneren steckt. Die meisten von uns passen sich im Lauf ihres Lebens einfach den Erwartungen an, die an sie gestellt werden. Wir wachsen in der Überzeugung auf, daß wir gut daran tun, uns Bestätigung von außen zu holen. Wir glauben, wir müßten den bestbezahlten Job anstreben, den wir in unserem Bereich finden können. Das tun wir auch. Sobald wir einmal in unserem Beruf als Computerprogrammierer, Ärztin, Maschinistin, Maurer, Büroleiter oder Versicherungsmakler arbeiten, beginnen wir, diese Titel mit unserer Identität gleichzusetzen. Je mehr Geld wir mit unserer Arbeit verdienen, desto stärker identifizieren wir uns persönlich mit ihr. Viele von uns beziehen ihre »Macht« aus ihrem Job. Wir werden zu »mächtigen« Anwälten, Unternehmenseigentümern, Generaldirektoren oder Managern. Und was passiert, wenn wir unseren Job verlieren? Vorbei ist es mit der Macht.

Einfach zu leben, das bedeutet die Erkenntnis, daß ein Universitätsabschluß nichts weiter als ein Universitätsabschluß ist, ein Job nichts weiter als ein Job und Geld nichts weiter als Geld ist. Aber diese Dinge sind nicht mit dem identisch, was wir tief in unserem Inneren sind. Sie alle sind ein Teil von uns, aber sie bilden nicht unsere gesamte Identität. Wenn wir ein authentisches Leben führen, finden wir Macht und Identität in uns selbst. Alles, was infolge eines Jobs hinzukommt, ist dann nichts anderes, als es ist: ein Job; Macht im Zusammenhang mit dem Job oder Geld durch den Job.

Dean Ornish, Autor des Buches *Dr. Dean Ornish's Program for Reducing Heart Disease*, meint, daß diese Veränderung der Einstellung unsere Gesundheit und unser Wohlbefinden positiv beeinflussen kann:

 Harte Arbeit kann durchaus gut für uns sein ... Aber viele von uns denken: »Wenn ich nur soundso viel Geld verdiene«, »Wenn ich nur diese Beförderung schaffe« oder »Wenn ich nur diese Anerkennung, diesen Preis bekomme« ‒ oder was immer sonst noch ‒ »wird es mir gutgehen, dann werden mich die Leute lieben und respektieren, und ich werde mich nicht mehr so einsam fühlen.« ... Es ist nicht unbedingt das, was wir tun, was zu chronischem Streß und zu Leiden wie Herzerkrankungen führt, sondern es sind die Motive für unser Handeln ‒ der Irrglaube, daß uns etwas, das außerhalb unseres Selbst liegt, auf irgendeine Weise Gesundheit, Frieden, Intimität und Liebe bringen wird.«

Wenn wir ständig versuchen, unserer Umwelt ein berufsbezogenes Bild unseres Ich zu präsentieren, und wenn wir dann endlich nachzuspüren wagen, wie wir uns dabei fühlen, stoßen wir oft auf eine tiefe, lautlose Leere, die uns sagt, daß etwas nicht stimmt.

Einfach zu leben, das hat sehr viel mit Authentizität zu tun, was besonders wichtig ist, wenn wir Wert auf ein befriedigendes Arbeitsleben legen. Authentizität ist nicht das Bild, das wir der Welt zu vermitteln versuchen, sondern das, was wir tief in unserem Inneren sind. Wenn Sie wissen wollen, wer Sie sind, schlagen Sie im dritten Kapitel nach. Susan Wittig Albert, Autorin des Buches *Work of Her Own*, empfiehlt uns noch etwas: Fragen Sie sich einige Tage oder Wochen jeden Tag vor dem Zubettgehen, was Sie mit Ihrem Leben wirklich beginnen wollen. Worin besteht der Sinn Ihres Lebens? Sie können ein Tagebuch führen und darin festhalten, welche Leistungen Sie der Nachwelt hinterlassen möchten. Und denken Sie daran: Ihre Antworten werden sich mit der

Zeit verändern und entwickeln. Albert meint, daß wir, solange wir von äußerer Anerkennung abhängig sind, uns den Erwartungen anpassen müssen, die andere in uns setzen. Und wenn wir das tun, können wir nicht aus unserem Herzen heraus leben.

Ich kenne dieses Thema aus erster Hand. Nachdem ich einige Jahre lang als Journalistin und freiberufliche Autorin gearbeitet hatte, begann die Unsicherheit an mir zu nagen. Ich liebte zwar die Ausgewogenheit meines Lebens, aber trotzdem blickte ich neidisch auf die urbanen Leute in ihrer eleganten Kleidung und mit ihren schicken Uhren und Aktentaschen. Sie machten alle den Eindruck, als hätten sie ein Ziel vor Augen, und ich dachte, ich hätte keines. Dann entschloß sich meine beste Freundin Laura, Jura zu studieren. Ich befürchtete, daß dies das Ende unserer Freundschaft sein würde, weil sie nun »wichtigere« Leute um sich haben würde.

Da mir das Bewußtsein fehlte, ließ ich es zu, daß diese Unsicherheit immer stärker von mir Besitz ergriff, bis ich eines Tages erwachte und dachte: »Warum sollte ich nicht auch Jura studieren?« Damals dachte ich, daß mir das denselben Status bringen würde und daß die Leute dann auch mich für wichtig halten würden. Also begann ich mit dem Studium. Eine Zeitlang versuchte ich, mich wie eine Anwältin zu benehmen. Ich kaufte mir ein Kostüm und begann, ein ausgefeiltes Vokabular zu verwenden. Ein Teil des Studiums gefiel mir, aber dort, wo es wichtig war – in meinem Inneren –, gab es keine echte Identifikation. Das Studium ließ meine Seele verdorren. Dann bekam ich Kinder, und ich entschloß mich, bei ihnen zu Hause zu bleiben. Mein Ego litt sehr darunter. Wenn ich Leute kennenlernte, hatte ich nichts anderes vorzuweisen, als daß ich Mutter war und Windeln wechselte. Wen interessierte das schon?

Innerlich war ich glücklich mit den Kindern, aber mit meinem Erscheinungsbild nach außen hatte ich zu kämpfen. Allmählich begannen aber die innere und die äußere Persönlichkeit zusammenzuwachsen, so wie es gewesen war, bevor ich zu studieren begonnen hatte. Ich begann, mich rundherum gut zu fühlen. Dann fing ich an, zu Hause zu schreiben. Endlich konnte ich vor der Welt bekennen, wer ich wirklich war. Es war ein Gefühl, als käme ich nach Hause oder als wäre ich wieder zehn Jahre alt. Ich verzichtete auf mein aufgeblasenes Vokabular und begann zu reden, wie mir der Schnabel gewachsen war.

Ich bin Mutter und Autorin, und das gefällt mir ausgezeichnet, vielen Dank. Ich fahre ein altes Auto - na und? (Übrigens habe ich deswegen keine einzige Freundin verloren.) Ich trage wieder Jeans und Sweater, und ich fühle mich darin pudelwohl. Ich bin ich, und das ist ein gutes Gefühl. Wenn ich je wieder ein Studium oder etwas anderes aufnehmen sollte, dann wäre der Grund eine innere Motivation und keine von außen kommende.

Erfolg: Eine neue Definition

Sobald wir authentischer und damit unabhängiger von der Bewertung anderer werden, können wir beginnen, Erfolg für uns selbst und für die Welt neu zu definieren. In der Vergangenheit wurde der Erfolg klar daran gemessen, wieviel Geld jemand verdiente oder wie hoch er die Karriereleiter emporstieg. (Normalerweise waren diese beiden Dinge miteinander verbunden.) Ich dachte viel über das Thema Erfolg nach, nachdem ich mich bei einer Konferenz mit Betty Friedan unterhalten hatte. Sie kennen sie alle, die Autorin des Buches *Der Weiblichkeitswahn*, das die Frauenbewegung in den Vereinigten Staaten ins Rollen brachte. Betty fragte mich, ob Einfachheit ein männliches oder ein weibliches Thema sei. Ich sagte ihr, daß ich es für ein menschliches hielte.

»Das weiß ich nicht«, sagte Betty. »Ich muß mich weiter damit auseinandersetzen. Ich befürchte nämlich, daß das einfache Leben nichts weiter sein könnte als ein Vorwand dafür, die Frauen wieder nach Hause an den Herd zu schicken.«

Ich halte mich selbst für eine leidlich moderne Frau und glaube an gleichberechtigte Beziehungen aller Arten. Aber ich entschied mich dafür, nach der Geburt meiner Kinder bei ihnen zu Hause zu bleiben.

Betty hingegen machte sich Sorgen, daß die Rückkehr ins Haus für die Frauen eine Rückkehr zum Dienen und Kuschen bedeuten könnte. Ich sagte ihr, daß ich nicht im entferntesten für eine Bewegung eintreten wollte, die auch nur in Ansätzen versuchte, die Frauen wieder zur Unterwürfigkeit anzuhalten. Aber ich sagte auch, daß ich nicht dafür eintrat, die Kinder zehn Stunden täglich in einer »Kinderaufbewahrungsstätte« unterzubringen.

Bettys Antwort eröffnete mir eine erweiterte Sicht von dem, was Erfolg ist. Sie fragte sich, ob wir uns wirklich entscheiden müssen: Entweder die Frau bleibt zu Hause, oder die Kinder werden den ganzen Tag lang in einer Kinderbetreuungseinrichtung untergebracht. Sie sagte, daß wir zu einer neuen Sichtweise der Welt finden müßten.

Nach Bettys Meinung ist es sowohl für Männer als auch für Frauen an der Zeit, Arbeit und Familie neu zu gestalten. Sie nennt vier neue Paradigmen, die uns das ermöglichen: 1) eine kürzere Arbeitswoche; 2) flexible Arbeitszeiten; 3) keine Polarisierungen (Frauen gegen Männer, Schwarze gegen Weiße, Heterosexuelle gegen Homosexuelle) und 4) eine neue Betrachtungsweise von persönlichem und wirtschaftlichem Erfolg.

Wenn wir uns von der Vorstellung des beruflichen »Vorankommens« als Maßstab für den Erfolg lösen und statt dessen stärker auf Zusammenarbeit setzen, können wir die echten »familiären Werte« wieder in den Vordergrund rücken. Auf Unternehmensebene können wir auf flexible Arbeitszeiten oder eine kürzere Arbeitswoche drängen. Die Unternehmen könnten für dasselbe Arbeitsvolumen mehr Menschen beschäftigen, indem sie die Arbeitswoche der einzelnen Arbeitnehmer kürzen. Im Gegenzug müßten die Arbeitnehmer Lohneinbußen in Kauf nehmen. (Wenn wir die Gesellschaft verändern wollen, müssen wir uns alle bewegen.)

Auf der persönlichen Ebene sollten wir einmal darüber nachdenken, wie Männer traditionell erzogen werden. Der durchschnittliche Mann meiner Generation wurde in der Überzeugung erzogen, es sei seine Aufgabe im Leben, möglichst viel Geld zu verdienen. Seine Identität richtet sich nach seinem Kontostand, dem gesellschaftlichen Ansehen seines Jobs und der Eleganz seines Autos. Was passiert, wenn ein Mann sein Ziel nicht erreicht? Sein Selbstwertgefühl sinkt, als ob er bezüglich sich selbst und seiner Familie versagt hätte. Heute gehen auch die Frauen in dieselbe Richtung. Sie arbeiten mehr, und sie identifizieren sich stärker mit ihren Jobs.

Das ist traurig. Das Problem geriet in meinen Newsletter *Simple Living,* als ich darin die erste persönliche Partnerschaftsanzeige aufnahm. Der Mann hatte mir geschrieben, daß er die Nase voll davon hätte, daß sich die Frauen von ihm abwandten, sobald sie feststellten, daß er keinen Porsche fuhr und keinen »Statusjob« hatte. Er fragte sich, ob es wohl Frauen gab, die sich für einen Mann interessierten, der andere Bereiche seiner Persönlichkeit weiterzuentwickeln versuchte.

An diesem Punkt laufen Bettys Theorien und das einfache Leben zusammen. Können wir eine neue Gesellschaft schaffen, in der wir nicht nach unserem Kontostand beurteilt werden, sondern als Menschen zählen? Das soll nicht heißen, daß wir unsere Jobs kündigen und das Armenhemd überstreifen müssen. Wir sollten nur neu definieren, was Erfolg für jeden einzelnen ist. Erfolg bedeutet zum Beispiel, daß sowohl Männer als auch Frauen Zeit haben, um füreinander und für ihre Familien dazusein. Das können wir nicht, wenn wir zehn Stunden täglich für unseren beruflichen Aufstieg arbeiten.

Wir schaffen nichts davon, solange wir nicht unsere Identität neu definieren. Wenn wir unsere Identität zum Beispiel darauf beziehen, welches Auto wir fahren, müssen wir länger arbeiten, um ein teures Auto bezahlen zu können. Von wegen familiäre Werte. Wenn wir unsere Identität an der Höhe der Sprosse bemessen, die wir auf der Karriereleiter erklommen haben, müssen wir länger arbeiten, um uns auf diese Sprosse emporzuarbeiten. Aber wenn wir unsere Identität in einer Kombination aus der Arbeit sehen, mit der wir unser Leben finanzieren, und aus den familiären, elterlichen, partnerschaftlichen, kindlichen oder freundschaftlichen Beziehungen, die wir pflegen, wird es uns möglich sein, in unserem Leben Veränderungen vorzunehmen. Wir werden auf ganz natürliche Weise weniger Geld ausgeben und uns weniger unnütze Dinge zulegen, weil sie nicht länger bestimmend sind für unsere Identität. Wenn wir weniger ausgeben, können wir es uns leisten, weniger zu arbeiten. Wenn wir weniger arbeiten, finden wir die Zeit, bessere Menschen zu werden. Wir können befriedigende Jobs und Karrieren haben, wir können ein angemessenes Gehalt verdienen, aber nicht auf Kosten von uns selbst, der uns nahestehenden Menschen und der ganzen Welt.

Einfach zu leben, das bedeutet, Ausgewogenheit zu finden. Arbeit ist ein wichtiger Bereich unseres Lebens, aber nicht der einzige. Auch wenn wir den besten Job der Welt haben und ihn über alles lieben, müssen wir ein Gleichgewicht zwischen der Arbeit und den anderen Bereichen unseres Lebens herstellen. Die Überarbeitung ist in unserer Gesellschaft zu etwas so Alltäglichem geworden, daß sich ein neuer Begriff etabliert hat, der ihre Auswirkungen beschreibt: TINS (Two Incomes, No Sex). Wir sind zu müde vom Arbeiten, um noch Energie für die anderen Freuden des Lebens übrig zu haben. Eltern mit zwei Einkommen laufen Gefahr, daß ihre Kinder von Tagesbetreuungsstätten erzogen werden. Die Ökonomin Juliet Schor, Autorin des Buches *The Overworked American*, stellte fest, daß die Männer im Jahr 1990 um zweieinhalb Wochen pro Jahr länger arbeiteten als 1970, und die Frauen sogar um siebeneinhalb Wochen. Dabei müssen alle verlieren.

Wenn wir uns der Notwendigkeit bewußt sind, Ausgewogenheit in unser Leben zu bringen, können wir sowohl ein befriedigendes Arbeitsleben als auch ein befriedigendes Privatleben genießen. Aber wie geht das?

Bedürfnisorientierte Arbeit

Die Buddhisten verwenden den Ausdruck »richtiges Auskommen«. Damit ist Arbeit gemeint, die wir tun, weil wir es wollen, und nicht, weil es modern ist, uns viel Geld einbringt oder von anderen gutgeheißen wird. Susan Wittig Albert meint, daß richtiges Auskommen Arbeit bedeutet, die bewußt und überlegt ausgewählt wurde und unseren Bedürfnissen uneingeschränkt Rechnung trägt. Eine solche Arbeit regt uns dazu an, als »ganze« Menschen zu wachsen, während sie gleichzeitig soviel Geld abwirft, daß wir angemessen leben können. Susan empfiehlt, ein paar Monate lang über unsere derzeitige Situation Tagebuch zu führen. Erst dann sollten wir eine Entscheidung treffen. Beschreiben Sie Ihre derzeitige Arbeit objektiv, und heben Sie sich Ihre redaktionellen Kommentare und Beurteilungen für später auf. Beschreiben Sie, welches Arbeitsumfeld Sie haben, wie Sie zu Ihrem Job kamen, wie lange Sie ihn schon machen und so weiter. Nun ist es Zeit für Kommentare und Beurteilungen. Bewerten Sie die positiven und die negativen Seiten Ihres Jobs. Welche Auswirkung haben sie auf Sie? Als drittes fragen Sie sich, was geschehen müßte, um die negativen Aspekte Ihrer Arbeit akzeptabler zu machen. Können Sie die notwendigen Änderungen selbst vornehmen, oder gibt es jemanden wie zum Beispiel einen Vorgesetzten, der dazu bereit wäre? Fragen Sie sich auch, inwieweit die guten Seiten Ihres Jobs Ihnen halfen, zu wachsen und zu lernen.

Susan empfiehlt auch aufzuschreiben, wie viele Stunden Sie tatsächlich arbeiten. Vergessen Sie nicht, die Mittagspausen mit einzuberechnen, die Sie durcharbeiten, und die Stunden, in denen Sie sich den Kopf über Ihren Job zerbrechen. Als nächstes sehen Sie sich an, wie Sie sich entspannen. Können Sie noch »untätig« dasitzen, ohne den inneren Zwang zu verspüren, etwas tun zu müssen? Haben Sie genug Freizeit? Fragen Sie sich, inwieweit Sie sich anhand Ihres Jobs definieren: Wie würden Sie sich fühlen, wenn Sie ihn morgen verlören?

Weniger arbeiten, mehr spielen: So bringt man Spitzenleistungen

Ernie J. Zelinski

Der Workaholic	Der Leistungsfähige
♦ arbeitet viel	♦ arbeitet regelmäßig
♦ hat keine feststehenden Ziele, arbeitet, um etwas zu tun	♦ hat feststehende Ziele, arbeitet auf ein wichtiges Ziel hin
♦ kann nicht an andere delegieren	♦ delegiert möglichst viel
♦ hat keine Interessen außerhalb der Arbeit	♦ hat viele Interessen außerhalb der Arbeit
♦ verzichtet zugunsten der Arbeit auf Urlaub	♦ nimmt Urlaub in Anspruch und genießt ihn
♦ hat am Arbeitsplatz oberflächliche Freundschaften	♦ hat tiefe Freundschaften außerhalb des Arbeitsplatzes
♦ spricht immer über die Arbeit	♦ spricht möglichst wenig über die Arbeit
♦ ist immer geschäftig	♦ kann »Spiel und Spaß« genießen
♦ empfindet das Leben als anstrengend	♦ empfindet das Leben als ein Fest

Aus: *The Joy of Not Working* (VIP Publishing: Edmonton, Kanada, 1995)

Dieses Tagebuch wird Ihnen eine klarere Vorstellung davon vermitteln, was Sie an einem Job mögen, was Sie nicht mögen und was Sie brauchen. Indem Sie per Hand schreiben, schalten Sie den Autopiloten ab. So können Sie zurücktreten und Ihre Situation objektiv betrachten. Dies ist der erste Schritt, um tiefer in Ihr Herz hineinzublicken, um festzustellen, was Ihnen wichtig ist.

Wenn Sie auf der Suche nach dem einfachen Leben sind, gehört es zu den wichtigsten Dingen, zu erkennen, daß Sie selbst ihr Leben in der Hand haben. Es hat keinen Sinn, darauf zu warten, daß Ihnen jemand die Arbeit abnimmt, oder Energie damit zu vergeuden, anderen die Schuld an den Problemen Ihres Lebens zuzuschieben. In beruflicher Hinsicht ist es ebenfalls Ihnen vorbehalten, die notwendigen Veränderungen vorzunehmen. Wenn Ihr Chef oder eine andere Autoritätsperson nicht die Veränderungen vornimmt, die für Ihre geistige, spirituelle und physische Gesundheit notwendig sind, bleiben Ihnen nur zwei Möglichkeiten: entweder die Situation zu akzeptieren oder zu kündigen.

Passen Sie Ihren Job Ihren Bedürfnissen an

Wenn Sie zwar von bestimmten Bereichen Ihres gegenwärtigen Jobs frustriert sind, aber trotzdem nicht kündigen wollen, brauchen Sie nicht zu verzweifeln. Es stehen Ihnen verschiedene Möglichkeiten offen. Sie können zum Beispiel versuchen, Ihren Arbeitsbereich zu verändern. Mein Freund Larry Gaffin, ein Karriereberater, hat dazu folgende Tips:

1. *Verändern des Arbeitsbereichs:* Behalten Sie Ihren Job, aber verhandeln Sie mit Ihren Vorgesetzten darüber, daß Ihnen Verantwortung und Aufgabenbereiche übertragen werden, die Sie als sinnvoller empfinden. Eine Frau war bei einer großen Computerhardwarefirma als Technikerin beschäftigt. Sie hatte erkannt, daß ihr bei dieser Arbeit berufliche Grenzen gesetzt waren. Außerdem hatte sie einen Trend erkannt, dem ihre Firma folgen mußte: Mehr Kundenfreundlichkeit. Ihre Vorgesetzte stimmte ihr zu. Sie organisierte Kundenbeiräte, mit deren Hilfe die Produkte benutzerfreundlicher gestaltet werden sollten. Das brachte das Unternehmen der Verwirklichung seiner Vision näher, und sie bekam die Möglichkeit, entsprechend ihren Wünschen enger mit Menschen zusammenzuarbeiten. Diese Neudefinition ihres Jobs brachte ihr mehr Präsenz und verhinderte gleichzeitig, daß sie dem Burnout-Syndrom zum Opfer fiel. Außerdem wurde ihre Idee auch auf andere Firmenbereiche übertragen.

2. *Verhandeln:* Was könnte Gegenstand von Verhandlungen werden? Die Länge der Arbeitszeiten, Gleitzeit, Job-sharing, Altersteilzeitarbeit, Zeitausgleich, Telearbeit. Die Büroleiterin einer Anwaltskanzlei in Los Angeles liebte zwar ihren Job, wollte aber nicht länger in L. A. leben. Deshalb überredete sie ihre Vorgesetzten, sie von ihrem neuen Haus in Taos, New Mexico, via Telekommunikation arbeiten zu lassen. In ihr Büro in L. A. kam sie nur noch gelegentlich.
3. *Das System verändern.* Sprechen Sie einmal mit Ihren Kollegen. Vielleicht fühlen sie sich genauso belastet wie Sie. Wenn ja, können Sie gemeinsam an Lösungen arbeiten, die Sie dann an die Firmenleitung oder an die Personalvertretung herantragen.
4. *Auf unsere Einstellung achten.* Oft liegt das Problem nicht im Job oder in der Firma, sondern bei unserer individuellen Einstellung. Sind unsere Erwartungen in bezug auf unsere Arbeit realistisch? Vielleicht empfinden Sie Ihren Job als sinnvoller, wenn Sie außerhalb der Arbeit mehr Wert auf Ausgewogenheit legen.

Sie sollten sich selbst Grenzen setzen. Wenn in Ihrer Firma stillschweigend erwartet wird, daß alle Mitarbeiter Überstunden machen, können Sie sich in ruhigem Tonfall an Ihren Chef wenden und sagen, daß Sie jeden Tag um siebzehn Uhr gehen müssen. Es ist natürlich nicht sicher, daß Sie sich damit durchsetzen, aber wenn Sie in Ihrer Firma Ansehen genießen und Ihr Ansinnen vernünftig vortragen, haben Sie zumindest eine Chance.
Eine weitere Methode zur Verbesserung Ihres Arbeitsplatzes besteht in der Durchsetzung unternehmensweiter Veränderungen. Jim Meyerdirk wurde gebeten, in dem Produktionsunternehmen, in dem er arbeitet, ein System namens Open Book Management (OBM) einzuführen. Dabei werden alle Mitarbeiter in die Bestrebung eingebunden, der Firma beim Geldverdienen zu helfen. Im Gegenzug bekommen sie Firmenaktien und Bonusse und werden damit an dem Unternehmen beteiligt. Plötzlich steht für sie persönlich etwas auf dem Spiel, und das motiviert sie dazu, besser zu arbeiten. Dabei gewinnen alle Seiten. OBM wurde das erste Mal in einer Firma namens Springfield Remanufacturing Company in Springfield, Missouri, eingesetzt. Die Firma war zahlungsunfähig, als sie von dreizehn Angestellten praktisch umsonst übernom-

men wurde. Mit Hilfe der OBM-Prinzipien konnte Springfield innerhalb von dreizehn Jahren in ein Hundert-Millionen-Dollar-Unternehmen verwandelt werden.

Springfield begann, Seminare über das neue System zu veranstalten, und die Leitung von Jims Firma beschloß, es mit dem Programm zu versuchen. Jim, der Produktionskoordinator, wurde gebeten, es zu implementieren. »Bevor wir alle Unternehmensangehörigen in Geschäftsleute verwandeln können, müssen wir ihnen zunächst durch Schulung die notwendigen wirtschaftlichen Kenntnisse vermitteln«, sagt er. »Wir müssen ihnen die Grundlagen der Geschäftsterminologie beibringen, damit sie unsere Finanzberichte lesen können. Ein Eckpfeiler von OBM besteht darin, daß die Leute, sobald sie wissen, wie das Unternehmen funktioniert, in ihrem jeweiligen Job wie Geschäftsleute agieren, indem sie die finanziellen Auswirkungen ihrer Tätigkeit prognostizieren.«

Ein weiterer Aspekt von OBM sind Spiele. Diese Spiele haben die Form von Wettbewerben, bei denen versucht wird, irgendeinen leistungsschwachen Bereich in Angriff zu nehmen und zu verbessern. Die Angestellten verwandeln die Probleme einfach in ein Spiel. Der Hintergedanke dabei ist, daß Spiele etwas sind, bei dem alle mitmachen und was allen gefällt. Wenn ein Unternehmen zum Beispiel durch mangelhafte Genauigkeit bei der Lagerhaltung Geld verliert, könnte zu diesem Thema ein Spiel organisiert werden, an dem sich diejenigen beteiligen, die die tatsächliche Kontrolle über die Lagerbestände haben. Im Normalfall ist das das Lagerpersonal, denn diese Leute können diesen Arbeitsbereich tatsächlich verbessern. Als Ergebnis des Spiels könnte eine Steigerung der Genauigkeit von sagen wir zehn Prozent angepeilt werden.

Diese Spiele bieten Belohnungen für Leistungssteigerungen – Belohnungen, die direkt an die Leute der betreffenden Abteilung fließen. Wenn das Ziel erreicht ist, wird ein neues Spiel für eine andere, mit Schwierigkeiten kämpfende Abteilung ins Leben gerufen.

»Auf diese Weise ist die spezifische Leistung eines Mitarbeiters direkt mit dem Erfolg des Unternehmens verbunden, und das Bonussystem wird aus den Gewinnsteigerungen gespeist«, erklärt Jim.

OBM macht Unternehmen nicht nur profitabler, sondern verbessert auch die Arbeitsmoral. Warum? Nun, weil alle Unternehmensangehörigen etwas zu sagen haben. Sie können allesamt Vorschläge einbringen und die ersten

Schritte machen, um ihre Ideen zu verwirklichen. Die Tatsache, daß sie geschult und mit den Finanzen des Unternehmens betraut werden, erhöht ihre Zufriedenheit bei ihrer Arbeit. Sämtliche Bücher, mit Ausnahme der Aufzeichnungen über individuelle Gehälter, sind für alle einsehbar. Da die Mitarbeiter am Gewinn beteiligt werden, verdienen sie bei derselben Arbeitszeit mehr Geld.

Bezahlung

Viele Leute verwechseln das einfache Leben mit einem Leben in Armut. Vielleicht gehen sie auch noch einen Schritt weiter und denken, es bedeute auch, sich keine Sorgen über das Geldverdienen zu machen. Das stimmt nicht. Einfach zu leben, das bedeutet, bewußt zu leben und daher auch einen bewußten Umgang mit Geld zu haben. Wenn Sie in einem Bereich arbeiten, in dem es darum geht, anderen zu helfen, wie beispielsweise in der Sozialarbeit, oder wenn Sie für ein Anliegen oder eine Organisation arbeiten, an die Sie glauben, ist Geld wahrscheinlich nicht Ihr Hauptmotiv für Ihre Arbeit. Sie sollten das verdienen, was für diesen Beruf angemessen ist, aber nicht vergessen, daß Sie eine bewußte Entscheidung gegen das Geld und für das Herz getroffen haben. Sie werden sicher einen Lebensstil finden, der dem entspricht.

Wenn Sie aber in der Wirtschaft tätig sind, sollten Sie das höchste Gehalt verlangen, das in Ihrem Bereich bezahlt wird. Einfach zu leben hat mit vielen Dingen zu tun - und eines dieser Dinge ist Effizienz. Wenn Sie Ihre Zeit in einen Job in der Wirtschaft investieren, können Sie ebensogut ein Gehalt verlangen, das angemessen ist. Mein Freund Jim Fulton verdeutlichte mir das einmal. In meiner Zeit als freie Journalistin hatte ich mir im Wirtschaftsbereich soviel Kompetenz erworben, daß ich einen recht ansehnlichen Stundensatz hätte verlangen können. Ich getraute mich aber nicht. Da fragte ich Jim um Rat. »Janet«, brüllte er mich in einer Lautstärke an, wie sie nur zwischen Freunden möglich ist, »was glaubst du eigentlich? Weißt du, wieviel Leute verdienen, die dieselbe Arbeit machen wie du? Warum willst du dich unbedingt unter deinem Wert verkaufen? Muß ich hinüberkommen und dich persönlich anbrüllen?«

Da begann ich, meine Einstellung zu ändern. Angemessen zu verdienen, schadet unserer Spiritualität nicht und bedeutet nicht, daß wir keine Arbeit finden, die unserer Seele guttut. Es bedeutet auch nicht, daß wir alle Werte aufgeben müssen und nur noch für Geld arbeiten. Es bedeutet nur eines: Wenn wir in der Wirtschaft tätig sind, sollten wir so hart und effizient arbeiten, daß wir das bestmögliche Gehalt für unseren Bereich verlangen können. Der einzige Weg zu diesem Ziel besteht darin, uns einen guten Ruf zu schaffen. Das gelingt uns, indem wir mit Bedachtsamkeit arbeiten und mit voller Aufmerksamkeit bei der Sache sind, die positive Einstellung nicht zu vergessen. Wenn wir bei unserer Arbeit vollkommen präsent sind, arbeiten wir von Natur aus härter und effizienter. Nur wenn wir unkonzentriert und in Gedanken anderswo sind, werden wir ungenau und ineffizient.

Wenn Sie ein Dienstleistungsunternehmen führen oder darin eine leitende Position innehaben, müssen Sie sehr bewußt über den Wert Ihrer Dienstleistung und über Ihre Kunden nachdenken. Mich beeindrucken beispielsweise Anwälte, die hochelegante Kanzleien haben und mir ein kleines Vermögen abverlangen, längst nicht mehr. Wer bezahlt wohl die atemberaubende Aussicht aus der vierunddreißigsten Etage und die barocke Wartezimmereinrichtung? Richtig – ich! Tut mir leid. Ich wende mich an eine normale Kanzlei, in der ich gut und professionell betreut werde und keine überhöhten Preise zu bezahlen brauche.

Wenn Sie einer dieser Dienstleister sind, sollten Sie vielleicht Ihre persönliche Vorstellung von »Erfolg« überdenken. Wenn Sie sich ein bescheideneres Büro suchen und damit Ihre allgemeinen Unkosten senken, brauchen Sie von Ihren Kunden oder Klienten nicht soviel zu verlangen.

Arbeit mit Leidenschaft

Cecile Andrews, Autorin des Buches *Circle of Simplicity, Return to the Good Life*, hat sich so intensiv mit dem Thema Leidenschaft befaßt, daß sie sogar Seminare mit dem Titel »Finde deine Leidenschaft« leitet. Ich gründete meinen *Simple-Living*-Newsletter, nachdem ich eines von Ceciles Seminaren besucht hatte. Der freiwilligen Einfachheit und dem Schreiben gehörten meine Leidenschaft. Cecile ist davon überzeugt, daß wir auf ganz natürliche Weise eine Arbeit finden können, der unsere Leidenschaft gehört. Wir müssen nur unser Leben einfacher gestalten und uns für die Suche nach dem öffnen, was wir lieben. »Wenn wir uns einer Leidenschaft wirklich verschrieben haben, gibt es immer einen Weg, um zu leben«, sagt sie.

Cecile verdient mit ihren Leidenschaften Geld, seit sie die High-School besuchte. Sie spielte so gut Flöte, daß sie begann, jüngeren Schülern Unterricht zu geben. Diese Unterrichtstätigkeit behielt sie auch während ihrer Collegezeit bei. Eine andere ihrer Leidenschaften war seit jeher das Lesen, und deshalb begann sie nach dem College als Englischlehrerin zu arbeiten. Da sie gern von Frauen geschriebene Kriminalromane liest, hält sie darüber Seminare ab. »Wichtig ist, daß man seine Leidenschaft an etwas Größeres knüpft«, sagt Cecile. Deshalb verwendet sie die Romane oft für eine ihrer eigenen Leidenschaften: Frauenstudien. »Den Frauen, die diese Kriminalromane lesen, wird ein Bild intelligenter Frauen vermittelt, die Probleme mit Köpfchen lösen, nicht mit körperlicher Stärke«, sagte Cecile. »Das hat sich als sehr aufbauend für Frauen erwiesen, deren Selbstwertgefühl auf ihrer Intelligenz gründet.«

Eine weitere Möglichkeit, seine Leidenschaft in einen Job zu verwandeln, besteht darin, zunächst Freiwilligenarbeit zu leisten. Cecile schlug nach einigen Jahren eine weitere Laufbahn als Leiterin der Abteilung für Frauenstudien an der Volkshochschule ein. Um dort Fuß zu fassen, hatte sie zunächst als unbezahlte Volontärin gearbeitet. Aus dieser Freiwilligenarbeit wurde schließlich ein Job.

»Wenn man seiner Leidenschaft folgt, braucht man sich nicht zu überlegen, wohin das führen wird«, sagt Cecile. »Ich empfehle den Leuten immer, daß sie das tun sollen, was sie gern tun. Dann können sie darüber nachdenken, wie sie davon leben könnten.«

Lassen Sie sich für Ihre Leidenschaft bezahlen

Es gibt zwei Möglichkeiten, sich für seine Leidenschaft bezahlen zu lassen: sie entweder zu einer Vollzeitkarriere oder zu einer Nebenbeschäftigung zu machen. Beth Steinkoenig segelt für ihr Leben gern. Um ihrer Lieblingsbeschäftigung möglichst oft nachgehen zu können, tat sie zwei Dinge: Erstens zog sie mit ihrem vierzehnjährigen Sohn auf ein Segelboot, das ihr gehört. Wenn sie ein Haus hätte, könnte sie sich das Boot nicht leisten. Beth wog die Prioritäten gegeneinander ab und entschied sich für das Boot. Zweitens verdient sie sich ihr Geld mit drei Teilzeitjobs anstatt mit einer Vollzeitbeschäftigung. Einer dieser Jobs besteht darin, an den Wochenenden Segelunterricht zu geben. So hat sie Zeit für ihren Sohn und kann gleichzeitig ihrer Leidenschaft, dem Segeln, nachgehen.

Rick Steves verwandelte seine Leidenschaft in eine Vollzeitkarriere. Rick, der seit jeher mit Begeisterung reiste, schuf sich eine Nische, die es ihm erlaubt, oft unterwegs zu sein und dabei Geld zu verdienen. »Man muß das Reisen um des Reisens willen lieben. Dann bietet sich eine Tätigkeit als Reiseveranstalter an, weil man es anderen ermöglichen möchte, das Reisen so zu erleben, wie man es selbst liebt«, sagt Rick. Zu Beginn seiner Erwerbstätigkeit arbeitete er als Klavierlehrer. Im Sommer hatte er frei, und er nutzte diese Zeit, um nach Europa zu fahren. Das tat er zehn Jahre lang. Um seine Reisen finanzieren zu können, begnügte er sich mit einem alten Auto und achtete darauf, daß er keine Schulden machte. »Es wäre unvorstellbar für mich gewesen, mir ein Auto anzuschaffen, das ich in monatlichen Raten hätte abzahlen müssen«, sagt er. »Meine Priorität waren die Europareisen und nicht ein neues Auto.«

Die große Frage für Rick war aber, wie er den Sprung vom Reisen als Hobby zum Reisen als Job schaffen konnte. Seine Karriere in der Reisebranche begann mit seinem ersten öffentlichen Vortrag zu dem Thema, wie man für wenig Geld nach Europa reisen konnte. Er hielt ihn im Vortragssaal der Musikschule, an der er unterrichtete. Geworben hatte er dafür über ein lokales Experimentalcollege. Die Leute kamen, und nach dem Vortrag luden ihn mehrere Studenten in die Pizzeria ein und schlugen vor: »Fahren wir doch als große Familie nach Europa.« Das war die Geburtsstunde von Ricks Reisebüro. Trotzdem finanzierte er die Seminare und die Reisen weiterhin mit den Einkünften aus seinem Klavierunterricht. Bei der ersten Reise brachte er nur seine Unkosten herein, aber sie gab ihm einen Vorgeschmack auf seine bevorstehende Tätigkeit. »Es machte einfach klick bei mir«, sagt er. Als seine Seminare immer populärer wurden, stellte Rick fest, daß er den Vortragssaal öfter für Reisevorträge als für Klavierabende benutzte. Schließlich entschloß er sich, die Arbeit als Klavierlehrer an den Nagel zu hängen. In der Zwischenzeit ist er mit seiner Firma, die er »Europe Through the Back Door« (Europa durch die Hintertür) nennt, in ein größeres Bürohaus gezogen und beschäftigt zwanzig Mitarbeiter. Das Unternehmen organisiert jährlich achtzig Reisen. Sein vierteljährlich erscheinender Newsletter wird von sechzigtausend Menschen gelesen. Rick bringt den Leuten bei, »Europa auf dem Landweg zu bereisen ... sich die Finger an der lokalen Kultur schmutzig zu machen ... und unabhängig, bedachtsam und effizient zu reisen.«

Er hat fünfzehn Bücher veröffentlicht und ist mit jährlich siebentausend verkauften Zugtickets die größte Eurail-Verkaufsstelle in den Vereinigten Staaten. Das Unternehmen betreibt auch einen Versand für Reiseaccessoires und Bücher. Zum Sortiment gehören Dinge wie Geldgürtel, Wörterbücher und eine von Rick entworfene Reisetasche. »Ich bin ein Anhänger der Devise: Such dir dein Bedürfnis und erfülle es«, sagt er. Er präsentiert eine Fernsehserie auf dem Kanal National Public Television mit dem Titel *Travels in Europe*. Von seinem meistverkauften Buch, *Europe Through the Back Door,* wandern jährlich vierzigtausend Exemplare über den Ladentisch. Rick reist auch heute noch. Er verbringt insgesamt drei Monate pro Jahr in Europa und nimmt dabei einen Monat lang seine Frau und seine beiden Kinder mit.

Schwierig ist für ihn, ein Gleichgewicht zu finden. Er liebt sein Unternehmen, und er liebt seine Familie. Für ihn besteht das Leben aus vier Elementen: Familie, Arbeit, persönliches und soziales/spirituelles Leben. »Man muß sich entscheiden, wie man sich seinen Kuchen einteilen will«, sagt er. »Wenn man keine Zeit für diese Elemente hat, ist man selbst schuld. Ich habe mich entschlossen, mich auf die Familie und auf die Arbeit zu konzentrieren und auf den Rest zu verzichten. Man muß die Dinge eben gegeneinander abwägen.

Ich habe das Gefühl, daß ich eine Berufung habe ... meine Arbeit ist für mich gleichbedeutend mit vielen wundervollen Reiseerfahrungen, und das gefällt mir ungeheuer. Ich bin ein Workaholic. Deshalb konzentriere ich mich auf nichts anderes als auf meine Familie und auf meine Arbeit.«

Haben Sie Kinder – arbeiten Sie zu Hause

Viele Eltern entscheiden sich wie ich dafür, zu Hause zu arbeiten. So können sie Geld verdienen und gleichzeitig bei den Kindern sein. Bis jetzt haben sich fünfundzwanzig Millionen Amerikaner der sogenannten *Home Business Revolu-*

tion angeschlossen. Sie hat sich inzwischen so stark verbreitet, daß ich die Tatsache, daß ich zu Hause arbeite, nicht länger vor anderen verberge. Wenn ich jemandem davon erzähle, erfahre ich fast jedes zweite Mal, daß mein Gesprächspartner ebenfalls zu Hause arbeitet!

Ich persönlich kann mir keine bessere Art des Arbeitens vorstellen. Wenn meine Kinder krank sind und nicht zur Schule gehen können, ist das kein Problem für mich. Sie können schlafen, ich kann arbeiten. Um welche Zeit sie abends zu Bett gehen, ist ebenfalls nicht wichtig für mich. Ich kann arbeiten, wann ich will. Wenn sie Ferien haben, kann ich meinen Urlaub für diese Zeit einplanen. Als meine Kinder noch im Vorschulalter waren, arbeitete ich ebenfalls Teilzeit zu Hause. Kein Problem. Ich stellte einfach eine Kinderfau ein, die sie während der Zeit betreute, in der ich mich in unser zum Büro umfunktioniertes Gästezimmer zurückzog. Ich war da, wenn ich zum Kuscheln gebraucht wurde, und ich wußte, wie die Kinderfrau mit ihnen umging.

Das einschneidendste Zugeständnis ist meiner Erfahrung nach die Erkenntnis, daß man die Hoffnung auf eine Superkarriere, die man vor den Kindern möglicherweise hatte, aufgeben muß. Wenn man sich dafür entscheidet, zu Hause zu arbeiten, muß man einfach akzeptieren, daß man von Zeit zu Zeit unterbrochen wird und nicht soviel erledigen kann wie in einem »normalen« Büro. Vielleicht finden Sie wie ich jede Menge Spielzeugautos und angefangene Zeichnungen auf Ihrem Schreibtisch vor, wenn Sie morgens zu arbeiten beginnen. Sie haben keine Gesellschaft von Erwachsenen, und Sie können in der Mittagspause nicht einfach ins Stadtzentrum spazieren und mit Ihren Freunden und Kollegen in dem schicken, kleinen Bistro essen. Eine Mittagspause werden Sie kaum machen. Warum? Nun, Sie werden lernen, sich in den kurzen ungestörten Zeitspannen, die Ihnen zur Verfügung stehen, intensiv zu konzentrieren und schnell und effizient zu arbeiten. Ich habe nichts von dem bereut, was ich aufgeben mußte, um zu Hause arbeiten zu können.

Daß man zu Hause nicht genausoviel erledigen kann wie im Büro, ist eine weit verbreitete Erkenntnis. Die Autorin Lisa Roberts schreibt in ihrem Buch mit dem Titel *How to Raise a Family and a Career Under One Roof:* »Da ich dieses Buch zu Hause schrieb, während ich kleine Kinder großzog, entspricht es nicht hundertprozentig meinen Idealvorstellungen. Es ist aber das Beste, was ich zu diesem Zeitpunkt zu geben imstande war.«

Ich kenne viele Männer und Frauen, die zu Hause arbeiten. Ein Ingenieur und Vater von zwei Söhnen gründete in seiner Garage ein technisches Planungsbüro. Ein anderes Ehepaar betreibt von seinem Keller aus einen Grußkartenversand. Eine Friseuse verwandelte ihre separate Garage in einen sehr attraktiven Salon. Sie hatte aus der Zeit, bevor sie Kinder bekam, so viele Stammkunden, daß sie sich aussuchen konnte, welche von ihnen sie zu Hause weiterbetreuen wollte. Ich kenne eine Psychotherapeutin und Mutter, die ihre Garage zu einer Praxis umbaute, in der sie Klienten empfängt. Eine *Simple-Living*-Abonnentin schrieb und erzählte mir, daß sie sich gemeinsam mit ihrem Mann ein Heim an der Hinterseite eines Flugzeughangars eingerichtet habe, wo sie ein Wartungsunternehmen und eine Verleihfirma für Kleinflugzeuge betreibt. Sie ist froh darüber, daß ihre Kinder aus eigener Anschauung wissen, womit sich ihre Eltern den Lebensunterhalt verdienen. Ich arbeite in einem zum Büro umfunktionierten Gästezimmer und benutze bei Bedarf auch den Wohnzimmertisch. Viele Leute nehmen EDV- oder Textverarbeitungsjobs für alle möglichen Kleinunternehmen an, die sich keine regulären Angestellten leisten können. Sie können bei sich zu Hause eine Kinderbetreuungsstätte einrichten oder als Beraterin, Desktop-Publisher oder Internet-Forscherin arbeiten. Sie können als Buchhalter oder Wirtschaftsprüferin arbeiten oder eine Tierpension betreiben. Sie können auch zum Teil zu Hause und zum Teil in einem regulären Büro arbeiten. Eine mir bekannte, alleinerziehende Mutter vereinbarte mit ihrem Arbeitgeber, daß sie während der Unterrichtszeiten im Büro und nach der Schule zu Hause arbeiten würde.

Lisa Roberts sagt es, und ich stimme ihr zu: »Es gibt nichts Wichtigeres für Eltern als Seelenfrieden. Zu Hause zu arbeiten, bietet berufstätigen Eltern die Möglichkeit, ein erfüllteres Familienleben zu genießen.«

Arbeit mit Herz

Michele Gran und Bud Philbrook erschien in ihrer Hochzeitsnacht die Vision ihres Traumberufs. (Diese Geschichte stammt auszugsweise aus *Skyway News*, 18. Februar 1992)

Sie hatten bereits eine Flitterwochenkreuzfahrt angezahlt, als Michele plötzlich den Wunsch verspürte, etwas Sinnvolleres zu tun, als sich eine Woche lang untätig in einem Liegestuhl zu räkeln. »Einerseits fand ich das gut«, sagt Bud. »Aber andererseits hatte ich mich schon auf die Kreuzfahrt gefreut.« Die Entscheidung fiel zugunsten sinnvoller Flitterwochen, und das Paar reiste in ein entlegenes Bergdorf in Guatemala.

Jahre davor hatte Bud im Rahmen einer internationalen Expertendelegation in einem indischen Dorf gearbeitet. Nun hatte er von einem ähnlichen Projekt in Guatemala gehört. Nachdem Michele und er sich entschlossen hatten, dorthin zu fahren, fragte er in einem Brief an, ob sie dort nicht gemeinsam eine Woche lang aushelfen könnten.

Die erste Woche ihres Ehelebens verbrachten sie also in einer Hütte. Michele verfaßte eine Broschüre, in der sie die Entwicklungsarbeit der Gruppe erklärte, und Bud half den Gemeindeoberen, einen an die Regierung gerichteten Kreditantrag für die Finanzierung eines Bewässerungssystems zu formulieren.

Als sie nach Hause zurückkehrten, brachte der *Minneapolis Star* einen Artikel über ihre unkonventionellen Flitterwochen. »Offensichtlich hatten eine Menge Leute diese Geschichte gelesen, denn sie kamen auf uns zu und sagten: ›So etwas wollten wir schon immer tun. Wie macht man das?‹« erinnert sich Bud. »Wir begannen uns zu fragen, wie wir die Leute für Projekte wie dieses zusammenbringen konnten.«

Bud war damals noch auf der Universität, und Michele, die internationale Kommunikation studiert hatte, arbeitete als Marketing- und Public-Relations-Beraterin. In ihrer Freizeit begannen die beiden, ihr Unternehmen aufzubauen. 1984 war es dann soweit. Sie schickten ihre erste Global-Volunteer-Gruppe nach Jamaica.

»Es war schwer, die ersten Leute davon zu überzeugen, Freiwilligenarbeit zu leisten«, sagt Bud. »Und ich weiß heute auch, warum. Wenn ich eine Präsentation machte, mußte ich mich hinstellen und sagen: ›Wir wissen eigentlich selbst nicht genau, was wir tun, aber wir wünschen uns, daß Sie mitmachen.‹«

Dreizehn Jahre später hat Global Volunteers weltweit fünfundzwanzig Mitarbeiter in dreizehn Ländern. Die Organisation hat inzwischen mehr als tausend Freiwillige in so weit entfernte Länder wie Vietnam und Tansania und in so nahegelegene wie Mississippi und Arkansas geschickt. Bud arbeitet immer noch als Rechtsanwalt. Jedes Jahr leitet er eine der Reisen, und er beteiligt sich auch an Fact-Finding-Missions, wenn die Organisation andere Einsatzorte erkundet.

»Die meisten Freiwilligen sagen: ›Ich fuhr hin, um etwas zu geben, aber ich erhielt mehr zurück, als ich gab‹«, sagt Bud. »Bei einigen geht die Erfahrung noch tiefer. Es ist die Erkenntnis, daß es Unterschiede auf der Welt gibt – Sprache, Religion, Kultur, Rasse –, aber abgesehen davon haben wir als Menschen viel mehr Gemeinsamkeiten als Unterschiede ... Wenn man einmal in einem Dorf inmitten einer Gruppe von Menschen gelebt hat, die einem vollkommen fremd sind, und wenn man dann feststellt, daß sie einen als Freund betrachten, kann man mit dieser Erkenntnis nach Hause zurückkehren, und das ist ein wirklich starkes Gefühl.«

Profis, die aussteigen

Deborah Aaron schaffte es, ihre frühere Karriere als Sprungbrett für ihre neue zu verwenden. Sie war viele Jahre lang Rechtsanwältin gewesen, als sie plötzlich spürte, daß es Zeit für eine Veränderung war. Sie arbeitete zunächst zwei Jahre lang in einer großen Anwaltskanzlei, und dann tat sie sich mit einem Partner zusammen und gründete ihre eigene Kanzlei. Deborah und ihr Partner waren sich darüber einig, daß sie ein ausgewogenes Leben führen wollten.

Sieben Jahre, nachdem sie sich selbständig gemacht hatten, wurde dem Partner jedoch klar, daß er hunderttausend Dollar pro Jahr verdienen wollte. Er sagte, daß es ihm gleichgültig sei, wie viele Stunden und Monate Arbeit er dafür aufwenden müsse. »Ich hingegen wollte nicht nur Anwältin, sondern auch Mensch sein«, sagt Deborah. Die Partnerschaft wurde aufgelöst, und Deborah arbeitete ein Jahr lang allein. Dann sagte ihr eine Freundin eines Tages, daß sie sehr deprimiert aussehe. Sie schlug Deborah vor, ein Jahr frei zu nehmen. »Das kann ich doch nicht«, antwortete Deborah. »Meine Klienten sind von mir abhängig. Ich bin eine so gute Anwältin, daß ihnen ein nicht wiedergutzumachender Schaden zugefügt würde, wenn ich ginge!«

Aber vierzig Minuten später war ihr klar, daß sie die Pause tatsächlich brauchte und daß sie sie in Anspruch nehmen würde. Sie kehrte ins Büro zurück, sah sich ihren Umsatz an und erstellte eine Liste der Fälle, zu deren Vollendung sie sich moralisch verpflichtet fühlte. Auf diese Weise schaffte sie es, ihre Kanzlei innerhalb von sieben Monaten zu schließen.

Deborah konnte das tun, weil sie immer sparsam gelebt hatte. »Sogar in meinen Yuppie-Zeiten Ende der achtziger Jahre, als ich viel verdiente, gab ich nie mehr aus als hereinkam«, sagt sie.

Nachdem sie aufgehört hatte zu arbeiten, fiel Deborah bald in ein tiefes, schwarzes Loch der Depression. »Ich kannte sonst niemanden, der nicht arbeitete. Ich wußte nicht, was ich den ganzen Tag tun sollte. Ich hatte eine vage Vorstellung, daß ich über die menschlicheren Seiten der Juristerei schreiben und Vorträge halten wollte. Irgendwie hatte ich mir vorgestellt, daß ich in diesem Jahr vielleicht ein Buch schreiben wollte.«

Deborah schaffte es, ihren Notgroschen unangetastet zu lassen. »Ich gab keinen Pfennig von meinen Ersparnissen aus«, sagt sie. »Ich verkaufte das Haus, in dem ich gelebt hatte, und kaufte ein größeres, abgewohntes. Das renovierte ich und vermietete Zimmer. Das Geld, das an Mieten hereinkam, deckte fast die ganze Hypothek ab. Ich konnte sogar noch einige Forderungen bezahlen, die in meiner Kanzlei noch offen waren. Da die laufenden Kosten für das Büro jetzt wegfielen, brauchte ich von meinen Reserven nichts auszugeben.«

Deborahs neue Karriere kam ins Rollen, nachdem sie endlich ihr Buch *Running from the Law* geschrieben hatte – drei Jahre, nachdem sie ihre Kanzlei geschlossen hatte. Sie begann, Seminare abzuhalten und andere Anwälte beim Ausstieg aus dem Beruf zu beraten. Für diese Dienste verrechnete sie nichts, sondern benutzte sie dazu, ihr Selbstvertrauen und ihren Ruf aufzubauen. Ihr Fleiß und ihre Geduld zahlten sich aus. Heute reist sie durch das ganze Land. Universitäten und Anwaltsverbände bezahlen sie für Seminare zum Thema »alternative juristische Karrieren«. Außerdem hat sie inzwischen drei Bücher veröffentlicht.

»Nach der Veränderung geht es mir viel besser«, sagt sie. »Es ist gar kein Vergleich. Ich mache etwas, woran ich glaube – den Leuten helfen, die Veränderung auf positive Weise zu meistern. Ich setze mich mit den menschlichen Fragen der Leute auseinander, die sich dafür entscheiden, ihrem Wesen entsprechend zu leben, anstatt zu versuchen, sich den Wünschen anderer anzupassen.«

Finden Sie Ihr Glück in der Arbeit

Glück ist das Gegenteil von Ausgebranntsein. Glück bedeutet, sich in einem »Zustand des Fließens« zu befinden, in einem Zustand, in dem man so vertieft in sein Tun ist, daß man sich selbst vergißt. Die eigene Person und das Tun sind eins. Wenn man sich in diesem Zustand befindet, kann man optimale Leistungen erbringen. Studien haben ergeben, daß dieser Zustand des Fließens eher in der Arbeit als in der Freizeit erreicht wird. Es gibt Bedingungen, die zur Entstehung dieses Zustands beitragen:

A. Ausgewogenheit. Ihre Fähigkeiten und die Schwierigkeit Ihrer Arbeit stehen in einem ausgewogenen Verhältnis zueinander. Herausforderungen liegen innerhalb Ihrer Grenzen, obwohl Sie sich ein wenig anstrengen müssen, um sie zu bewältigen. Wenn Sie Sozialarbeiter sind, empfinden Sie Ihre Arbeitsbelastung als anregend, aber nicht als zu groß. Sobald eine Arbeit zu schwierig oder aber zu einfach wird oder sich zu oft wiederholt, ist dieses Gleichgewicht nicht länger gegeben.

B. Sinn. Ihre Arbeit ist wichtig und steht nicht in Widerspruch zu Ihren Werten. Listen Sie zwanzig Dinge auf, die Sie gern tun, und analysieren Sie sie. Was genau gefällt Ihnen an den einzelnen Aktivitäten? Suchen Sie sich eine Arbeit, die Ihnen diese Inhalte bietet. Wenn Sie Ihre Arbeit als sinnvoll empfinden, entwickeln Sie das sogenannte »Erfolgssyndrom«. Dieses positive Syndrom tritt dann ein, wenn Ihr Arbeitsplatz auf Ihre Fähigkeiten und Werte abgestimmt ist, denn die gute Atmosphäre beflügelt Sie und bewirkt die Entstehung eines Erfolgskreislaufs.

Seit ihrer beruflichen Veränderung hat Deborah eine andere Vorstellung davon, was ein erfülltes Leben ist. »Ich dachte immer, daß man nicht zuviel von etwas tun kann, das man gern tut. Nun habe ich erkannt, daß auch etwas, das man liebt, das Leben überrollen und einen aus dem Gleichgewicht bringen kann.

Ich stellte fest, daß ich anfangs, als ich noch nicht gut bezahlt wurde, eher das Gefühl der Kontrolle hatte als jetzt, wo ich gut verdiene. Aber dann fand ich, es sei dumm, all dieses Geld abzulehnen, wo mir meine Arbeit doch gefiel. Hier das richtige Gleichgewicht zu finden, habe ich als schwierig empfunden.«

C. Zweck. Betrachten Sie Ihren Job nicht länger als aufgabenorientiert, sondern als problemorientiert. Worin besteht das Problem, das zu lösen Sie eingestellt wurden? Die Antwort auf diese Frage gibt Ihnen etwas, das Sie anstreben können, und ermöglicht es Ihnen, die Gesamtheit zu sehen.

D. Kontrolle. Sie können etwas bewirken. Wenn Sie gut arbeiten, verbessert sich etwas; wenn nicht, wird etwas schlechter.

E. Unternehmenskultur: Sobald Sie festgestellt haben, wo Ihre eigenen Werte liegen, sollten Sie sich die Werte Ihres Unternehmens ansehen. Dazu müssen Sie die typischen Schlagwörter und Geschichten aufschreiben, die für das Unternehmen charakteristisch sind. Denken Sie auch darüber nach, wer weiterkommt und warum. Stimmt das mit Ihren Werten überein?

E. Vision. Denken Sie darüber nach, welchen Job Sie in Zukunft gern hätten. Wenn Sie sich kein geistiges Bild von diesem Job verschaffen können, können Sie ihn auch nicht bekommen. Aber wenn Ihre Vision Ihren Fähigkeiten entspricht und wenn Sie an sie glauben, können Sie sie auch erreichen. Wichtig ist, daß diese Vision auf Ihren inneren und nicht auf Ihren äußeren Werten basiert. Zu viele Leute nehmen einen Job der guten Bezahlung wegen an, oder weil der Arbeitgeber prestigeträchtig ist. Wie aber sieht die Arbeit aus, die Sie tatsächlich tun? Paßt sie zu Ihren inneren Werten? Wenn sie paßt, sind die Weichen für das Erfolgssyndrom gestellt.

Aus einem Gespräch mit Dr. Beverly Potter, Autorin des Buches *Beating Job Burnout: How to Renew Enthusiasm for Work* (Berkely, 1977).

Ein einfaches Leben bedeutet für Deborah ein Leben, das möglichst frei ist von inneren Konflikten. »Als ich noch als Anwältin arbeitete, hatte ich genauso die Kontrolle über meine Zeit wie jetzt, aber ich spürte in meinem Inneren immer einen Konflikt, der mir sagte, daß ich nicht das Richtige tat. Nun bin ich diesen Konflikt mehr oder weniger los. Das einzige, was ich noch lernen muß, ist, nein zu sagen, wenn jemand mir zusätzliche Arbeit aufbürden will.

Eine Freundin sagte vor Jahren zu mir, daß ihr Ziel innerer Friede sei. Ich fand das komisch und fragte mich, wie sie wohl feststellen wollte, ob sie ihn gefunden hatte. Nun weiß ich es. Man muß einfach auf seine innere Stimme hören.«

Telearbeit

Phil Campbell sehnte sich nach der Weite des Landes, besaß aber ein Unternehmen, das von der Stadt aus geführt werden mußte. Die guten Beziehungen, die er über die Jahre zu seinen langjährigen Mitarbeitern aufgebaut hatte, machten es möglich, daß seine Firma in der Stadt problemlos weiterlief, während er in seinem Haus auf dem Land per Computer weiterhin die Fäden zog.

Phil hatte sein Importunternehmen schon viele Jahre lang betrieben, als er sich entschloß, sich ein Grundstück im ländlichen Montana zuzulegen. Das Stadtleben hatte ihn längst desillusioniert, und nun, mit dreiundfünfzig Jahren, begann er die Welt mit anderen Augen zu sehen. »Ich stellte fest, wie kompliziert das Stadtleben war«, sagt er. »Wenn man jünger ist, sucht man Chancen, Action und Wachstum. Das alles brauchte ich nicht länger.

Endlich war es soweit, und ich konnte umziehen. Das war mir möglich, weil ich meine Mitarbeiter in all diesen Jahren immer gut behandelt hatte«, erzählt er. »Für mich waren ihre Interessen immer wichtiger als meine eigenen, und ich gab ihnen lange Zeit mehr, als ich mir selbst nahm. Letzten Endes bekam ich aber das, was ich wollte: Die Freiheit, umzuziehen, weil ich in meiner Firma wertvolle, vertrauenswürdige Mitarbeiter habe.«

Um den Umzug vorzubereiten, arbeitete Phil einen Sechsmonatsplan aus. Er bot die Leitung der Firma einer Frau an, die von Anfang an bei ihm gearbeitet hatte. Er gab ihr sofort eine Gehaltserhöhung, so daß sie mehr verdiente als er selbst, und trug ihr auf, die Firma in diesen sechs Monaten so zu führen, als sei er nicht da. Sie tauschten die Arbeit, und Phil war nur noch in der Funktion eines Beraters und Problemlösers zugegen. Am Ende dieses Zeitraums war die Mitarbeiterin so weit, daß sie die Firma tatsächlich übernehmen konnte. Phil zog nach Montana und war dort weiterhin für Einkauf und Reisen zuständig. »Das kann ich von überall aus machen, solange ich ein Faxgerät habe«, sagt er.

Das Jahr nach Phils Umzug war das bis dahin erfolgreichste Geschäftsjahr der Firma. Phil hat in seinem Haus ein Büro, und er sagt, daß er jetzt in weniger Zeit mehr erledigen kann, weil es keine Ablenkungen gibt. Aber er rät allen, die einen ähnlichen Schritt in Erwägung ziehen, zuerst Mitarbeiter aufzubauen, denen sie vertrauen können. »Man kann nicht einfach jemanden von der

Straße weg anheuern, der die Firma führen soll«, sagt er. »Es muß jemand sein, dem man vertraut und zu dem man im Lauf der Zeit eine gute Beziehung aufgebaut hat. Wenn es Ihnen mit diesem Vorhaben ernst ist, müssen Sie sofort beginnen. Den Umzug können Sie für fünf Jahre später planen. Einer meiner Freunde kritisierte mich, weil ich meinen Angestellten so viel zahlte und weil ich so nett zu ihnen war. Er ist auch Unternehmer. Er kann seine Leute keinen Tag allein lassen, um in Urlaub zu fahren. Wenn er ausspannen möchte, muß sein Bruder einspringen, weil er seinen Mitarbeitern nicht trauen kann. Ich habe viel Zeit investiert, guten Willen und Vertrauen aufzubauen. Das hat sich für mich bezahlt gemacht, denn nun habe ich meine Freiheit.«

»Auszeit« nehmen

Das Buch *Six Months Off* von Hope Dlugozima, James Scott und David Sharp beginnt mit einem wundervollen Zitat. In dem aus dem Jahr 1938 stammenden Film *Leoparden küßt man nicht* unterhalten sich Cary Grant und Katharine Hepburn:

»Ich werde mir so lange Urlaub nehmen, wie ich brauche.«

»Nur zum Spaß?«

»Nein! Ich will wissen, warum ich arbeite. Der Sinn kann doch nicht nur darin liegen, Rechnungen zu bezahlen oder Geld anzuhäufen ... Über diese Dinge kann ich aber nicht nachdenken, wenn ich im Büro vor meinem Schreibtisch sitze. Sobald ich genug Geld beisammen habe, werde ich mich eine Zeitlang verkrümeln. Zur Arbeit komme ich wieder, wenn ich weiß, wofür ich arbeite. Verstehen Sie das?«

Eine Auszeit zu nehmen, kann das Vernünftigste sein, was Sie tun können, wenn Sie unter Streß stehen und sich nicht mehr soweit entspannen können, daß Sie mit Ihrer kreativen Energie in Kontakt kommen. Selbst wenn Ihnen Ihr Job oder Ihre Karriere Spaß machen, ist eine Auszeit eine wunderbare Möglichkeit, sich wieder Ihren Hobbys zu widmen, Kurse zu machen, die Sie schon immer machen wollten, Freunde zu besuchen oder eine Radtour durch das Land zu unternehmen. Wenn Sie Familie haben, können Sie sie mitnehmen. Manche Paare wechseln sich ab – sie macht im ersten Jahr Pause und er im zweiten. Als ich Jura studierte, arbeitete ich in einer fortschrittlichen, aber sehr geschäftigen Anwaltskanzlei. Die Anwälte dort arbeiteten nach dem Rotationsprinzip, so daß ausgebrannte Leute regelmäßig Gelegenheit bekamen, sich zu regenerieren. Ohne dieses System wäre die Personalfluktuation sehr hoch gewesen. Aber so arbeiten die Anwälte neun Monate lang und machen dann drei Monate Pause, und dabei gewinnen alle.

So wundervoll Auszeiten auch sind – sie sind nur für jene eine Möglichkeit, die sich an die erste Regel des Einfachen Lebens halten: *Leben Sie unter Ihren Verhältnissen.* Sie können sich nicht sechs Monate lang oder noch länger freinehmen, wenn die Inkassoinstitute hinter Ihnen her sind, wenn Ihnen die Bank Mahnungen wegen Ihres Auto-Kredits ins Haus schickt, oder wenn das Versandhaus mit der Pfändung droht. Ihre Position ist auch nicht viel besser, wenn Sie zwar keine Schulden, aber auch nichts gespart haben. Wovon werden Sie leben, während Sie auf einem Berggipfel in Tibet über den Sinn des Lebens nachgrübeln? Womit werden Sie Ihre Miete oder Hypothek zu Hause bezahlen?

Wenn Sie glauben, daß eine Auszeit gut für Sie ist, beginnen Sie sofort, Schulden zurückzuzahlen und sich Ersparnisse zuzulegen. Wie das funktioniert, können Sie im zweiten Kapitel nachschlagen. Sobald Sie Ihre Finanzen im Griff haben, können Sie damit beginnen, Ihre Auszeit zu organisieren. Aber wie?

Die Autoren des Buches *Six Months Off* geben Antworten auf die üblichen Fragen: 1) Was ist die richtige Zeit? 2) Wie sage ich es meinem Chef? und 3) Welche Auswirkungen hat eine Auszeit auf meine Karriere? Die Autoren schlagen vor, eine Gehaltserhöhung oder einen Bonus gegen freie Zeit zu tauschen oder die Auszeit in eine ruhigere Geschäftsphase zu verlegen. Sie könnten auch anbieten, ein paar Monate lang Überstunden zu machen oder sich mit anderen Angestellten zusammenzutun, um gemeinsam ein formelles Arbeitsprogramm für Ihre Arbeit zu erarbeiten. Sie brauchen kein ausgebrannter Anwalt zu sein, um Auszeit zu beanspruchen. Wir alle fühlen uns ausgebrannt, wenn wir tagein, tagaus arbeiten. Frische, energiegeladene Mitarbeiter sind für jedes Unternehmen gut.

Wenn Ihnen die Idee einer Auszeit gefällt, können Sie auch einen Beruf mit eingebauten Pausen wählen, wie Lehrer oder Steuerberaterin. Außerdem sind alle Berufe geeignet, die projektbezogen sind, zum Beispiel Schreiner, Beraterin oder Freelancer.

Was den Lebenslauf anbelangt, raten die Autoren von *Six Months Off*: »Wenn Sie die Pläne für Ihre Auszeit schmieden, denken Sie einen Augenblick lang darüber nach, wie Sie diese Zeit einem künftigen Arbeitgeber oder Ihren Kollegen erklären würden. Gibt es für diese Zeit eine einleuchtende Erklärung? Oder klingt sie ein wenig - nun, dubios? Oder stellen Sie sich vor, daß Sie den Lebenslauf von jemandem lesen, der Auszeit beansprucht hat. Welche Formulierungen würden Sie zu dem Ausruf ›Was für ein Idiot!‹ veranlassen, und welche Argumente würden Ihnen Bewunderung und vielleicht sogar ein wenig Neid für diesen Menschen abringen?«

Können Sie Ihre Auszeit vielleicht in eine berufliche Lernerfahrung ummünzen? Können Sie Ihre Fähigkeiten dazu einsetzen, eine Zeitlang in einem anderen Land zu arbeiten? Wenn Ihnen das gelingt, können Sie gleichzeitig Ihre Karriere vorantreiben, sich eine Pause verschaffen und neue Lebensperspektiven finden.

Ethel Whelan nahm sich von ihrer Schule in den USA ein Jahr lang frei, um als Lehrerin in Honduras zu arbeiten. Ihr Mann Jack unterstützte sie zwar in diesem Vorhaben, wollte aber selbst nicht mitkommen. Deswegen fuhren Ethel und ihr fünfjähriger Sohn Luke allein dorthin. Ethel hatte schon in ihren Zwanzigern als freiwillige Helferin im Ausland gearbeitet und sehnte sich nach einer Auffrischung dieser Erfahrung. Nun, wo sie ein Kind und einen Job hatte, mußte sie mehr Faktoren berücksichtigen. »Ich wollte das wirklich machen«, sagt sie. »Deshalb entschloß ich mich, mir meinen Vertrag genau anzusehen. Da fiel mir eine kleine Klausel über Auszeiten auf. Es stellte sich heraus, daß es in der Schulbehörde sogar eine eigene Abteilung für solche Fälle gab.«

Der Vertrag erlaubte Ethel eine einjährige, unbezahlte Auszeit, ohne daß sie Nachteile in ihrem Job zu befürchten hatte. Ihre Stelle in Honduras fand sie über die Jobbörse der University of Northern Iowa. Dieser Vermittlungsdienst ist gratis und für Lehrer gedacht, die Kontakte zu ausländischen Schulen knüpfen wollen. Die Lehrer müssen über ein abgeschlossenes Studium und über mindestens zwei Jahre Berufserfahrung verfügen. Es wird ihnen garantiert, daß sie an etablierten, angesehenen Schulen arbeiten können. Der Standardvertrag erstreckt sich auf zwei Jahre, wobei die Schule das Flugticket bezahlt, wenn der Lehrer die vollen zwei Jahre bleibt. Die Lehrer erhalten auch ein kleines Gehalt sowie Verpflegung und Unterkunft. Ethel wurde angeboten, in einer englischsprachigen, internationalen Schule in Honduras zu unterrichten. Ihr Sohn und sie wohnten bei einer Familie, und Luke konnte die Schule besuchen, in der Ethel arbeitete.

Ethel sagt, daß eine solche Arbeit ihrer Meinung nach mehr Vorteile bringt, wenn einige der Variablen unbekannt sind. »Man kann sich entweder ein Jahr freinehmen und alles perfekt planen, oder man kann zwar die grundlegenden Dinge wie Versicherung und Einkommen klären, den Rest aber offen lassen«, sagt sie. »Wenn man sich für einen solchen Einsatz entscheidet, bekommt man unendlich viel zurück. Man lernt schließlich mehr, wenn nicht alle Antworten von vornherein feststehen.«

Ethel ist mit ihrem freien Jahr sehr zufrieden. Sie weiß die Annehmlichkeiten, die sie in den Vereinigten Staaten genießt, nun mehr zu schätzen. Außerdem hat sie ein besseres Gefühl dafür bekommen, was sie braucht, um zufrieden zu sein. »Ich habe Bereiche meines Ich entdeckt, die mir bis dahin unbekannt waren. Zum Beispiel die Fähigkeit, unter unsicheren Bedingungen Entscheidungen zu treffen, oder die Fähigkeit, mich auf unbekannte Situationen einzustellen«, erzählt sie. »Oft gab es tagelang kein Wasser und keinen Strom. Ich lernte, wie schön es sein kann, wenn das Leben auf seine fundamentalen Bedürfnisse reduziert ist. Die Leute in Honduras zerbrachen sich nicht den Kopf darüber, warum es kein Wasser gab. Sie akzeptieren einfach, daß es so war, bis es wieder zu fließen begann. Sie wußten, daß sie ohnehin nichts dagegen tun konnten. Ihre Freuden sind ganz grundlegender Natur, und das gilt auch für ihre Ängste. Wenn zum Beispiel der Monsun einsetzt, kann ein ganzes Dorf ausgelöscht werden.

Aufgrund dieser Einstellung sind die Erwartungen, die sie an das Leben stellen, sehr vernünftig. Mir begann klarzuwerden, daß es in Wirklichkeit keine Rolle spielt, ob es nun fließendes Wasser und Strom gibt oder nicht. Ich hatte in Honduras keine elektronischen Informationen, und deswegen ging die Welt auch nicht unter. Je kopflastiger und urbaner wir sind, desto wichtiger ist es für uns, über all diese unwichtigen Dinge zu sprechen, wie zum Beispiel darüber, daß ein Stadtrat Steuern hinterzieht, oder über das Leck in der Hauptwasserleitung. Dadurch, daß wir all diesen Einzelheiten soviel Aufmerksamkeit widmen, lassen wir uns von unserem eigenen Leben ablenken. Wir geraten auf Nebengeleise, weil wir meinen, dauernd beschäftigt sein zu müssen.

Das erste, was wir am Morgen sehen, sind Nachrichten im Fernsehen oder in der Zeitung. Das beeinflußt unseren Tag, noch bevor wir mit unseren Kindern sprechen, bevor wir meditieren oder bevor wir beginnen, einen Roman zu lesen.«

Ethel lernte, das Leben auf das Wesentliche zu reduzieren: einfache Ängste, einfache Freuden. »Wenn man in Honduras am Abend ausgehen will, kann man nicht unter fünfundvierzig Restaurants wählen«, sagt sie. »Wie reich man auch ist – man hat auf keinen Fall alle diese Wahlmöglichkeiten. Ich habe gelernt, die Gegebenheiten hier zu Hause viel besser zu akzeptieren.«

Teilzeitarbeit und Jobsharing

Elouise Schumacher hatte viele Jahre lang als Vollzeitjournalistin für eine große Tageszeitung gearbeitet, als sie sich immer ausgebrannter zu fühlen begann. Also begann sie, mit zwei Kolleginnen, die ein ähnliches Gefühl hatten, über die Möglichkeit von Jobsharing zu sprechen. Alle anderen Kollegen im Newsroom arbeiteten Vollzeit.

»Wir wurden mit großen Widerständen seitens der Leute konfrontiert, die nicht verstehen konnten, warum wir nicht fünfzig bis sechzig Stunden die Woche arbeiten wollten«, sagt Elouise. »Es wird erwartet, daß man seinen Job so liebt, daß man das gern auf sich nimmt. Wir wollten aber Zeit haben, um Menschen sein und andere Dinge tun zu können.«

Zum damaligen Zeitpunkt hatte nur eine der drei Frauen Kinder. Die beiden anderen wollten einfach ein ausgewogeneres Leben führen. Es dauerte fast zwei Jahre, bis ihr Vorschlag endlich angenommen wurde – und auch das nur, weil es einen Wechsel im Management gegeben hatte. Der neue Chef brachte der Idee größere Sympathie entgegen. Später gab er zu, daß auch er anfangs sehr skeptisch gewesen war. Das Arrangement funktionierte aber besser, als er erwartet hatte. Er sagte: »Sie arbeiten jetzt mehr und besser als vorher.«

Elouise stimmt zu. »Ich glaube, daß man sich wirklich mehr anstrengt, wenn man weiß, daß man zu einer bestimmten Zeit zu Hause sein muß.«

Ein weiterer Grund für ihren Erfolg besteht ihrer Meinung nach darin, daß alle Frauen über eine solide Berufserfahrung verfügten und bereit waren, sich anzustrengen, um ihrem Anliegen zum Erfolg zu verhelfen. »Wir waren nicht faul, sondern sehr flexibel. So ließen wir um fünf nicht automatisch den Bleistift fallen. Wir blieben solange, bis wir die jeweilige Geschichte fertiggeschrieben hatten. Wenn es nötig war, kam ich auch in meiner freien Zeit ins Büro, um ein Projekt zu beenden.«

Die Vereinbarung sah so aus, daß drei Personen sich zwei Vollzeitjobs teilten. Jede der Journalistinnen arbeitete vier Monate lang und nahm anschließend zwei Monate frei. Die Krankenversicherung blieb bestehen, solange sie in jedem Monat einen Tag arbeiteten, und der Urlaub wurde bezahlt wie bisher.

Bedauerlicherweise endete das formelle Jobsharing, als Elouise ihr erstes Kind bekam. Sie erkannte, daß das Schema »vier Monate Arbeit, zwei Monate Urlaub« für die Kinderbetreuung nicht optimal war, und schlug einen anderen Plan vor. Das Management war damit nicht einverstanden und erlaubte auch das ursprüngliche Jobsharing nicht mehr. Nun haben die beiden anderen Frauen eine informelle Vereinbarung getroffen, derzufolge sie sich zwei Monate pro Jahr freinehmen können, und Elouise arbeit Teilzeit als Redakteurin in der Nachrichtenabteilung. Nun hat sie anstelle der projektbezogenen Arbeitszeiten, die für den Journalistenberuf so typisch sind, feste Zeiten, die sich besser für Teilzeitarbeit eignen.

»Es ist jetzt soviel besser als damals, als ich Vollzeit arbeitete«, sagt sie. »Ich kann bei den Kindern zu Hause bleiben, wenn sie krank sind. Jetzt macht es mir wirklich Spaß, zur Arbeit zu gehen. Es ist eine wundervolle Erleichterung.«

Effizient arbeiten

Es gibt zwei Berufssparten, die für ihre langen Arbeitszeiten bekannt sind: Die medizinischen und die juristischen Berufe. Aber nicht alle, die in diesen Berufen tätig sind, entsprechen dem Klischee.

Meine Freundin Laura Sealey ist Anwältin und Mutter von drei kleinen Jungen. Sie ernährt ihre fünfköpfige Familie (die drei Kinder und ihren Mann, der als Hausmann arbeitet), und das mit nur dreißig Arbeitsstunden pro Woche –

vier Teilzeit-Arbeitstage in ihrem Büro und ein Arbeitstag zu Hause. Diesen Zeitplan kann sie sich leisten, weil sie effizient arbeitet. Laura ist Sekretärin, Rezeptionistin, Sachbearbeiterin, Nachforschende und Anwältin in einer Person. Mit Ausnahme ihres Mannes, der ihr in der Buchhaltung hilft, hat Laura keine Hilfskräfte. Keine atemberaubenden Aussichten, kein zigstöckiges Gebäude. Laura muß nicht soviel Geld verdienen wie andere Anwälte, weil ihre Nebenkosten niedriger sind. Und sie hat noch nie einen Klienten verloren, weil ihr Büro nicht elegant genug gewesen wäre. »So gut wie alle potentiellen Klienten, die zur Beratung kommen, engagieren mich auch«, sagt sie.

Lauras Rezeptionistin ist ein Voice-mail-System. Ihre Akten sind so gut organisiert, daß sie die Papiere fast in dem Augenblick ablegt, in dem sie bei ihr hereinkommen. Die Texte tippt sie selbst in den Computer, anstatt sie einer Sekretärin zu diktieren. Sie nimmt nur so viele Klienten an, daß sie ihnen ihre ganze Aufmerksamkeit widmen kann.

Mit seltenen Ausnahmen verbringt Laura jeden Abend und jedes Wochenende zu Hause. »Meine Familie ist mir das wichtigste«, sagt sie. »Ich muß also effizient arbeiten, um ihr ein Heim bieten zu können.«

Robert Markison ist Chirurg. Er hat drei kleine Kinder, und seine Frau ist zu Hause. Er hat effizientes Arbeiten zu einer Kunstform erhoben. Markison besitzt und betreibt nicht nur eine Chirurgenpraxis auf Vollzeitbasis, sondern er hat auch viel Zeit für seine Frau und seine Kinder. Dabei fertigt er auch noch seine Kleidung, seine Schuhe und seine Kopfbedeckungen selbst an und musiziert. Er nimmt sich niemals Arbeit nach Hause mit und arbeitet kaum mehr als fünfunddreißig bis vierzig Stunden pro Woche. Wie, um alles in der Welt, macht er das?

»Ich betrachte die Welt eben mit den Augen eines Chirurgen. Das bedeutet Ökonomie der Bewegung und einen effizienten Umgang mit Zeit und Materialien«, sagt er. Bei jedem Projekt – gleichgültig, ob er sich ein Hemd nähen oder eine Operation durchführen möchte – visualisiert er zuerst den gesamten Ablauf, vom Anfang bis zum Ende. Er denkt jede Einzelheit durch. Diese Methode lernte er durch eine Art Selbsthypnose namens Autogenics. »Dabei stellt man sich eine Arbeit von Anfang an vor, auch das Material und die Ausrüstung«, sagt er. »Dadurch verhindert man, daß einem kreative Blockaden in die Quere kommen.«

Durch Autogenics lernte er auch, wie er es vermeiden kann, wütend zu werden. »Auf der medizinischen Fakultät lernte ich, bis zehn zu zählen, bevor ich zornig wurde. Konflikte sind auf jeden Fall etwas Zeitaufwendiges.«

Laut Robert ist durchdachtes Arbeiten eine der Voraussetzungen für Effizienz. Ein Teil des durchdachten Arbeitens besteht darin, den Papierkram möglichst gering zu halten. Er arbeitet nicht mit Krankenkassen, weil diese soviel Papierarbeit verlangen. »Ich lasse mich nicht in einen Papierkrieg verwickeln«, sagt er. Er hat gelernt, wie man mit dem Computer umgeht. Deshalb kann er seine Praxis mit nur einer Angestellten führen, und außerdem nimmt er nur Patienten an, von denen er sicher ist, daß sie selbst an ihrer Genesung und an ihrem Wohlbefinden mitarbeiten wollen. Koffein meidet er, weil es zu unnatürlichen Höhen und Tiefen führt. Seiner Meinung nach ist es wichtig, ein konstantes Leistungsniveau aufrechtzuerhalten, und das ist mit Koffein nicht möglich. Er sorgt tagsüber auch für eine gute Flüssigkeitsversorgung, indem er viel Wasser trinkt. Das fördert die Blutversorgung des Gehirns. »Viele Leute sitzen während des ganzen Arbeitstages auf dem Trockenen«, meint er. »Da werden sie leicht reizbar.«

Klug zu arbeiten, bedeutet, zu wissen, welche Ablenkungen man meiden sollte. Dazu gehört es, sich eher mit optimistischen als mit pessimistischen Menschen anzufreunden. »Der Tag wird in der Arbeit oder auch im Privatleben sehr lang, wenn man die ganze Zeit von Miesepetern umgeben ist«, sagt er. Robert hält sich auch vom Internet fern. »Ich gehe nur dann ins Internet, wenn es absolut notwendig ist. Dasselbe gilt für alle elektronischen Systeme wie zum Beispiel das Telefon. Solche Ablenkungen können einen leicht in ihren Bann schlagen, und plötzlich stellt man fest, daß man gar nichts geschafft hat. Das Internet ist nur eine zusätzliche Konfliktquelle.«

Er kultiviert sogar effizientes Reden. Er sagt: »Sich bewußt auszudrücken, sei es im Wort oder in der Schrift, spart unglaublich viel Zeit.«

Roberts effizienter Umgang mit der Zeit bringt seinen Patienten Vorteile. »Bei mir braucht niemand länger als fünf Minuten zu warten«, sagt er. »Ich glaube nicht, daß es für irgend jemanden, sei es für den Patienten oder den Arzt, gut ist, zu warten. Es ist unfair. Schließlich arbeiten wir alle. Jeder von uns muß Kinder abholen oder hat andere Termine. Es ist redlicher, weniger Patienten zu haben und diese dafür nicht warten zu lassen.«

Gründen Sie ein Unternehmen

Eine Möglichkeit für ein einfacheres Leben besteht darin, ein eigenes Unternehmen zu gründen. Wenn Sie Ihr eigener Chef sind, kann Ihnen das eine ungeheure Freiheit und die Kontrolle über Ihr Leben geben. Wichtig ist jedoch, daß Sie Ihr Unternehmen führen, und nicht, daß Ihr Unternehmen Sie führt. Wenn Sie einer jener Firmeneigentümer sind, die sechzehn Stunden täglich und auch an den Wochenenden in der Firma verbringen, werden Sie kaum zu jener Ausgewogenheit finden, die für das einfache Leben charakteristisch ist. Es spricht nichts dagegen, in der Anfangsphase Überstunden zu investieren. Oft werden die langen Arbeitszeiten aber zur Gewohnheit, weil der Unternehmer glaubt, daß niemand die Firma so führen könne wie er selbst. Dies ist eine Falle, in die man leicht gerät, und eine tödliche Falle für das einfache Leben.

Und wie macht man das – eine Firma führen, ohne sich von ihr führen zu lassen? »Man muß sich klare Ziele setzen«, meint Jim Fulton, Präsident der Fulton Company, einer Public-Relations-Firma. Überlegen Sie schon vor der Unternehmensgründung, was Sie sich von Ihrer Firma und von Ihrem Leben erwarten. Wenn Sie reich werden wollen, werden Sie wahrscheinlich viel Zeit investieren. Aber wenn Sie wie Jim glücklich sein und ein ausgewogenes Leben führen wollen, müssen Sie Ihr Unternehmen entsprechend strukturieren.

»Das beste daran, eine eigene Firma zu haben, ist, daß man die Kontrolle hat und auch Wahlmöglichkeiten«, sagt Jim. »Man hat die Wahl, sechzehn Stunden täglich, sieben Tage die Woche zu arbeiten. Ich habe mich dafür entschieden, nur von Montag bis Freitag von neun bis sechs Uhr zu arbeiten. Als ich meine Firma gründete, war mir bewußt, daß ich die Abende und die Wochenenden meiner Familie und meinem Freundeskreis widmen wollte.«

Um seinen Plan durchzuhalten, entscheidet sich Jim, wie er sagt, jeden Tag von neuem. Anstatt Löcher in die Luft zu starren oder Zeit mit Vergleichen zu verschwenden (wer hat das schönste Büro, wer hat eine Gehaltserhöhung bekommen und wer nicht), arbeitet er hart, schnell und konzentriert. Wie er sagt, hat er bewußt zwei Mitarbeiter eingestellt, die seine Philosophie teilen. Sie haben ein sehr bescheidenes Büro, dadurch sind die Unkosten niedrig, und es gibt keinen Konkurrenzkampf darum, wer das schönere Büro hat. Sie wollen einfach effizient arbeiten, sonst nichts.

Jim ist davon überzeugt, daß die Leute viel effizienter arbeiten, wenn sie sich ihrer persönlichen, geschäftlichen und finanziellen Ziele bewußt sind. Er hält sich an zwei Prinzipien: Erstens lehnt er neue Kunden oder Projekte ab, wenn er anderenfalls an Abenden und an Wochenenden arbeiten müßte. »Wenn mich jemand anruft und fragt, ob ich ein Projekt in zwei Wochen durchführen kann, sage ich nein, weil ich weiß, daß ich dafür meinem anderen Prinzip, die Abende und die Wochenenden mit meiner Familie zu verbringen, untreu werden müßte«, sagt er. Sein zweites Prinzip ist, den Großteil seines Arbeitstages dem Fakturieren oder dem Akquirieren neuer Kunden zu widmen. Er beurteilt jede Situation und jedes Angebot danach, ob es mit diesen Prinzipien in Einklang zu bringen ist. Wenn nicht, lehnt er ab. »Ich gebe Ihnen ein Beispiel«, sagt Jim. »Ich bin PR-Berater und gehöre der Public Relations Society of America an. Wir haben eine lokale Verbandszentrale, die etwa fünfundsechzig Meilen von meinem Büro entfernt liegt. Ich würde liebend gern an ihren monatlichen Mittagessen teilnehmen und mich mit meinen Kollegen unterhalten und vernetzen. Aber wenn ich das täte, würde es mich sechs Stunden meiner bezahlten Arbeitszeit kosten. Auch wenn ich hier und da einen neuen Kunden gewinnen könnte – ich habe entschieden, daß es die Sache nicht wert ist.«

Jim hat noch ein paar andere Tips parat:

1. Treffen Sie Entscheidungen schnell, ohne zurückzublicken. Worin die Entscheidung auch besteht – einen neuen Computer kaufen, ein neues Logo in Auftrag geben oder Büromaterial kaufen –, sie sollte schnell getroffen und dann als Fakt akzeptiert werden. Jim erzählt, daß er, als er einen neuen Computer brauchte, Wert darauf legte, einen wirklich guten zu kaufen. Es ist nicht der beste der Welt, aber er erfüllt seinen Zweck, und nun zerbricht er sich nicht länger den Kopf über die getroffene Entscheidung.

2. Wenn Sie in der Dienstleistungsindustrie arbeiten, sollten Sie nur jene Klienten annehmen, bei denen Sie ein gutes Gefühl haben. Oft nehmen die Eigentümer kleiner Firmen Klienten an, die ihnen nur wenig einbringen und mit denen sie letzten Endes ihre Zeit vergeuden. Nachdem Jim sich entschlossen hatte, zu überprüfen, ob ihn sein sechster Sinn richtig beraten hatte, fuhr er hundertsiebzig Meilen weit, um sich mit dem Mann zu treffen. »Als ich hinkam, wußte ich sofort, daß er mir nicht sympathisch war«, erzählt

Jim. »Er hätte mir an Ort und Stelle einen Scheck ausgestellt, aber ich gab ihm statt dessen die Namen von sechs anderen Firmen. Er dachte sicher, ich sei verrückt, aber ich schwor mir, nie wieder einen Klienten anzunehmen, bei dem ich ein schlechtes Gefühl hatte.«

3. Suchen Sie sich eine Arbeit, die Sie lieben. »Das Leben ist ein Prozeß«, sagt er. »Am besten genießt man das, was man tut, schon während des Prozesses. Die Arbeit beansprucht einen großen Teil unserer Zeit. Ich liebe die Arbeit, mit der ich mir meinen Lebensunterhalt verdiene.«

4. Das, was Sie lieben, sollte am besten etwas sein, worin Sie gut sind – vielleicht besser als der Durchschnitt.

5. Achten Sie darauf, daß Sie mit diesem Etwas gutes Geld verdienen können. Wenn Sie sich schon die Mühe machen, eine eigene Firma zu gründen, werden Sie ihr – zumindest anfangs – viel Zeit widmen müssen. Und für diese Zeit sollten Sie gut bezahlt werden.

Machen Sie Ihr Hobby zum Beruf

Jim Nilsen hatte zwanzig Jahre lang als Lachsfischer gearbeitet, als er erkannte, daß es an der Zeit war, etwas anderes zu tun. »Ich war nicht mehr mit dem Herzen dabei«, sagt er. »Es war einfach Zeit, aufzuhören.« Von Kindesbeinen an hatte Jim gern fotografiert, und er hatte in der ruhigen Saison eine Ausbildung zum Fotografen absolviert. In der Fischereisaison hatte er Fotos gemacht, von denen viele in Fachmagazinen und in Büchern veröffentlicht wurden. Aber der Markt für solche Fotos war beschränkt.

Nach einer Europareise entschloß Jim sich endgültig, aufzuhören. Er hatte festgestellt, um wieviel mehr ihm die Reisefotografie gefiel. Er hatte zwar noch keine Absatzmöglichkeiten für seine Bilder, aber er war trotzdem fest entschlossen, den Fischerberuf an den Nagel zu hängen. »Ich sah mir meine finanzielle Situation an. Ich hatte keine Schulden, alle Kredite waren abbezahlt, und ich hatte vierzigtausend Mark auf der Bank. Außerdem lebte ich in einem Zweifamilienhaus, das mir gehörte. Meine monatlichen Ausgaben waren ziemlich niedrig. Der Fischerberuf war zu einer Gewohnheit geworden, und ich fragte mich, warum ich immer wieder dazu zurückkehrte, obwohl ich nicht länger dazu gezwungen war. Mein Gefühl sagte mir, daß es Zeit war, abzuspringen.«

Gedacht, getan. Sechs Monate lang beschäftigte er sich mit den technischen Einzelheiten seiner Fotos. Schließlich legte er sich auf das Konzept fest, kleine Abzüge zu verwenden. »Ich war sehr aufgeregt«, erzählt er. »Ich hatte das Gefühl, ich hätte da etwas in der Tasche, das gewisse Erfolgsaussichten versprach. Ich wußte zwar kaum etwas über den Markt, und ich hatte auch keine Vorstellung, wie riesig der Markt für Kunst und Kunsthandwerk eigentlich ist. Also meldete ich mich einfach bei einem lokalen Straßenmarkt an, und das war der Wendepunkt für mich. An einem einzigen Wochenende verdiente ich dreitausend Dollar.«

Jim entdeckte, daß es im Land Hunderte von Kunst- und Kunsthandwerksmessen gab, und daß Tausende von Menschen in dieser Berufssparte sehr gutes Geld verdienten. Wie er sagt, sind diese Leute begeisterte, hart arbeitende und kreative Profis. Manche von ihnen arbeiten allein, andere zusammen mit ihrem Partner. Diese Paare verwalten ihre Firmen gemeinsam, wobei meist ein Partner der kreative Kopf ist, während sich der andere um die geschäftlichen Belange kümmert. Aber auch ganze Familien sind in diesen Berufen tätig. Sie ziehen in großen Wohnwagen durch das Land und unterrichten ihre Kinder selbst. Dieser Lebensstil ist für Jim geeignet, weil seine Partnerin Magrit unabhängig ist und weil sie keine Kinder haben.

Jim nahm in seinem ersten Geschäftsjahr an dreizehn Messen teil. Heute, vier Jahre später, sind es etwa zwanzig Messen in zehn amerikanischen Bundesstaaten. Wie er sagt, kann er von seinen Einnahmen sehr gut leben, mindestens so gut wie von seinen Einkünften aus der Fischerei. »Ich bin heute viel zufriedener«, meint er, »und ich kann viel besser über meine Zeit bestimmen.«

Jedes Jahr fährt Jim – oft gemeinsam mit Magrit – auf eine sechswöchige Fotoreise in Länder wie Griechenland, Guatemala, Italien, Malta, Mexiko, Marokko, Spanien oder die Türkei. Von Dezember bis Februar arbeitet er zu Hause in seinem Studio, das eine umfunktionierte Garage ist. Die Saison über produziert er Bilder für das nächste Jahr. Er arbeitet etwa fünf Stunden täglich und gönnt sich immer wieder eine Pause – sei es, um einen Tag lang Ski zu laufen oder um mit Magrit über das Wochenende zu verreisen. Von März bis September und dann wieder im November stellt er seine Bilder auf den verschiedenen Messen aus. Dabei übernachtet er in seinem Kleinbus oder in Motels.

In der Saison der Messen arbeitet er lange und hart, aber wie er sagt, sind die positiven Reaktionen seiner Kunden und die Freiheit, die er durch seine Arbeit gewinnt, ein guter Grund. »Die Kunden wissen meine Arbeit wirklich zu schätzen«, sagt er. »Es ist für mich sehr befriedigend, wenn jemand etwas kauft, das ich produziert habe.«

Zeitarbeit

Sobald Sie sich entschlossen haben, der Welt ein authentischeres Bild von sich selbst zu zeigen, werden sich Ihnen noch mehr berufliche Möglichkeiten eröffnen. Zeitarbeit ist eine davon. Sie können sich mit dieser Arbeitsform eine Karriere aufbauen, oder Sie können sie auch als Lückenbüßer verwenden. Ich interviewte einmal eine Frau, die in verschiedenen Büros arbeitete, um lange Urlaube machen zu können. Ihre größte Leidenschaft war das Reisen. Mit dieser Form der Arbeit konnte sie ihre Leidenschaft finanzieren und reisen, wann sie wollte. Sie arbeitete und reiste siebzehn Jahre lang. Im Alter von vierundvierzig Jahren zog sie sich schließlich vollkommen aus dem Berufsleben zurück, um nur noch zu reisen.

In der Zeit, in der ich freie Journalistin war, arbeitete ich ebenfalls für eine Zeitarbeitsfirma. So konnte ich Geld verdienen, wenn die Einkünfte aus dem Journalismus flau waren. Die Erfahrungen mit diesen Jobs waren überwiegend positiv. Heute, Jahre später, habe ich noch Freunde aus dieser Zeit. Außerdem konnte ich mir neue Fähigkeiten aneignen, und die Zeitarbeit paßte zu meiner Persönlichkeit. Kurz, es waren Einkünfte, die mich nicht in Ketten legten.

Viele Leute wollen von Zeitarbeit nichts wissen, weil man im allgemeinen nicht die vollen Sozialleistungen bekommt. Na und? Sorgen Sie eben selbst dafür. Ich habe seit Jahren eine Krankenversicherung mit Eigenanteil. Wenn die Krankenversicherung das einzige ist, was Sie in Ihrem Job hält, oder das einzige Argument dafür, keine Zeit- oder Projektarbeit anzunehmen, dann sollten Sie ernsthaft über sich nachdenken. Was für ein Leben ist das? Sie investieren den Großteil Ihrer Arbeitszeit, um krankenversichert zu sein? Haben Sie davon geträumt, als Sie ein Kind waren? Stellen Sie sich vor, Sie treten an Ihr Grab und lesen auf dem Grabstein folgende Inschrift: »Hier liegt Jane Doe. Sie haßte ihre Arbeit, hielt aber jahrelang an ihr fest, weil sie dadurch krankenversichert war.«

Auf das Argument, daß man mit Zeitarbeit keine Karriere machen kann, gibt es zwei Antworten: Eine lautet, daß man, wenn man wirklich in sich hineinhört, erkennt, daß die oberste Sprosse der Karriereleiter nicht unbedingt der Traum ist, den man in seinem Inneren beherbergt.

Zeitarbeit bringt uns in Kontakt mit einer Vielfalt von Jobs, und mittlerweile ist diese Arbeitsform nicht länger auf niedrige Arbeiten beschränkt. Es gibt viele Zeitpersonalagenturen, die High-Tech-Personal oder andere hochkarätige Fachkräfte vermitteln. Ich kenne zum Beispiel Computerleute, die sich vorübergehend als Programmierer oder ähnliches anheuern lassen. Mir persönlich wurden in einigen der Büros, in denen ich arbeitete, eine Festanstellung angeboten. Zeitarbeit ist eine großartige Möglichkeit für den Chef, um festzustellen, wie die betreffende Person arbeitet, und eine großartige Möglichkeit für den Zeitarbeiter, um festzustellen, ob er den Job mag.

Solche Jobs können lang- oder kurzfristig sein. Manche dauern nur zwei Tage, andere ein paar Monate oder noch länger. Man kann sich diese Jobs auf eigene Faust suchen oder sich von einer Agentur vermitteln lassen. Natürlich können Sie einen höheren Stundenlohn verlangen, wenn Sie sich den Job selbst suchen, denn dann fällt die Gebühr der Agentur weg. Aber Sie müssen sich auch mehr anstrengen. Sie werden selbst die Firmen abklappern müssen, die eventuell Verwendung für Ihre Fähigkeiten haben. Das ist fast so, als gründeten Sie Ihr eigenes Unternehmen. Lassen Sie sich Geschäftskarten drucken und halten Sie Ihren Lebenslauf bereit, den Sie bei den in Betracht kommenden Firmen hinterlegen können. Die Firmen können Sie dann anrufen, wenn sie Sie brauchen. Zeitarbeitagenturen nehmen Ihnen diese Arbeit gegen eine Gebühr ab. Sie können einigen dieser Agenturen einen Besuch abstatten (Sie finden sie im Branchenverzeichnis) und gemeinsam mit ihnen eine Liste Ihrer Fähigkeiten erstellen. Zeitpersonal wird für alle Arten von Tätigkeiten und Branchen gesucht – vom Blumenbinden bis hin zur Kernenergie.

Beratung

Beratungstätigkeiten haben insofern viel mit Zeitarbeit gemeinsam, als Sie arbeiten können, wann Sie wollen und wo Sie wollen. Als Autoren des Buches *How to Start and Run a Successful Consulting Business* beschreiben Gregory und

Patricia Kishel die Beratungstätigkeit so: »Ein Berater ist per definitionem jemand, der unabhängig arbeitet und die speziellen Dienst- und Beratungsleistungen erbringt, die Organisationen und Einzelpersonen brauchen, um ihre Ziele zu erreichen. Das wichtigste, was ein Berater zu verkaufen hat, sind seine Ideen und Informationen, Fähigkeiten und Qualifikationen. Als unabhängiger Berater wird man tatsächlich danach bezahlt, was man weiß und was man für andere zu tun imstande ist.«

Peggy Robinson nahm ihre Tätigkeit als Beraterin auf, nachdem sie einige Zeit einen Job gesucht hatte. Als sie sich entschloß, in eine andere Stadt zu ziehen, hatte sie fünfzehn Jahre Berufserfahrung als Angestellte von nicht gewinnorientierten Umweltschutzorganisationen vorzuweisen. Sie bekam zwar kein Angebot für eine Vollzeitstelle, aber man bot ihr in einigen der von ihr kontaktierten Firmen eine Beratertätigkeit an. Heute, sechs Jahre später, hat Peggy als Beraterin soviel zu tun, daß sie ernsthaft überlegt, eine Vollzeitassistentin einzustellen und in ein größeres Büro zu ziehen. Sie hat auch eine Strategie entwickelt, um Klienten zu werben und zu halten:

Als erstes geht es darum, genau einzukreisen, was man will, und sich eine spezielle Nische zu schaffen. »Als ich mit der Beratertätigkeit begann, erkannte ich, daß ich sehr viel über die Funktionsweise von nicht gewinnorientierten Organisationen wußte. Ich hatte schon alles gemacht, und deshalb wußte ich auch, daß ich alles tun konnte«, erzählt Peggy. »Aber ich stellte auch fest, daß die Leute von jemandem beraten werden möchten, der etwas Spezifisches kann. Sie möchten eine Lösung für ein spezifisches Problem. Je klarer man seine Nische definiert, desto wahrscheinlicher ist es, daß man Arbeit als Berater findet.«

Wenn Sie zum Beispiel Buchhalterin sind, könnten Sie Ihren potentiellen Klienten mitteilen, daß Sie nicht nur ihre Bücher führen können, sondern auch ihre Finanzen so managen, daß sie Steuern sparen.

Zweitens müssen Sie Ihren Kunden unabhängig von Ihrem Fachgebiet vermitteln, daß Sie ihnen in finanzieller Hinsicht von Nutzen sein können. Geben Sie ihnen zu verstehen, daß sie Ihr Honorar durch die Einsparungen schnell wieder hereinbringen, und erklären Sie ihnen, daß sie mehr Geld verdienen können, wenn sie Ihre Ideen umsetzen. Wenn Sie also zum Beispiel Ihre Dienste als Finanzberaterin anbieten, sollten Sie auch versuchen, Bankleute und Kreditgeber kennenzulernen, damit Sie Klienten helfen können, die ihr Unternehmen vergrößern möchten und dazu Geld aufnehmen müssen. Peggy arbeitet sowohl für Non-Profit-Organisationen als auch für Stiftungen, die ihre Klienten finanziell unterstützen.

Drittens sollten Sie sich unbedingt einen Namen machen. Peggy bietet auf Konferenzen regelmäßig Workshops an. Eine ihrer Klientinnen sagt, sie hätte Peggy engagiert, weil sie ein Jahr davor einen Vortrag von ihr gehört hätte. Als Peggy ihre Firma gründete, nahm sie regelmäßig an Fachmessen teil. Sie erkannte, daß viele erfolgreiche Berater mehr Arbeit hatten, als sie bewältigen konnten, und gerne Klienten an Peggy abtraten. Sie machte ihren Namen auch bekannt, indem sie ihren Stundensatz zu Beginn niedrig hielt und auf diese Weise mehr Jobs bekam. So konnte sie sich in ihrem Beruf etablieren.

Mit Teilzeitarbeit mehr Ausgewogenheit ins Leben bringen

Sie war eine Pionierin ... eine der entschlossenen Art. 1971 wurde Arlie Hochschild ein Job als Assistentin an der University of California in Berkeley angeboten. Sie antwortete, daß sie ihn liebend gern annehmen würde, aber nicht auf Vollzeitbasis. Man sagte ihr, daß die Universität noch nie Teilzeitpersonal eingestellt hätte, da man aber an ihren Qualifikationen interessiert sei, würde man dies ausnahmsweise für drei oder vier Jahre in Betracht ziehen, auch wenn so etwas nicht vorgesehen sei. Arlie blieb hartnäckig. Sie sicherte sich die Unterstützung des Frauenverbands von Berkeley, die sich an den Dekan wandte und argumentierte, daß die Universität ihre Regeln ändern und Teilzeitarbeit zulassen müsse, wenn sie an der Mitarbeit von Frauen interessiert sei. Der Dekan erklärte sich bereit, eine Ausnahme zu machen. Aber damit waren weder Arlie noch der Frauenverband zufrieden. Sie wollten nicht, daß Arlie »nur eine Ausnahme« sein sollte. Sie wollten, daß die Regeln geändert wurden. Schließlich bot der Dekan an, Frauen die Möglichkeit zur Teilzeitarbeit zu geben. Das war noch immer nicht genug. Auch die Männer sollten diese Möglichkeit bekommen.

Die Sinnlichkeit des Einfachen

Wenn Sie das nächste Mal zur Arbeit gehen, versuchen Sie, Ihre Arbeit mit Achtsamkeit zu tun. Seien Sie sich dessen, was Sie tun, vollkommen bewußt, und achten Sie darauf, wie Sie sich während des Tages fühlen. Da wir alle nur Menschen sind, werden Ihre Gedanken häufig abschweifen. Wenn Sie aber achtsam sind, werden Sie irgendwie spüren, daß Ihre Gedanken umherschweifen. Dann können Sie sie behutsam wieder in die Gegenwart zurückbringen. Wenn Sie achtsam sind, werden Sie jeder Aufgabe Ihre uneingeschränkte Aufmerksamkeit widmen und sie nach besten Kräften erledigen. Beobachten Sie Ihre Einstellung zu der jeweiligen Aufgabe – haben Sie ein gutes Gefühl dabei? Könnten Sie sie auch auf andere Weise erledigen? Solche Beobachtungen helfen Ihnen, Ihren gegenwärtigen Job zu verbessern oder das Bewußtsein zu erlangen, das Sie für eine Veränderung brauchen.

»Schließlich schafften wir den Durchbruch, so daß nun Männer und Frauen Teilzeit arbeiten können«, sagt Arlie. »Ich teilte meine Stelle schließlich mit einer anderen Frau. Das war für uns beide sehr angenehm, weil wir nie ausgelaugt waren und dadurch mehr Arbeit schafften.«

Zu Hause teilen sich Arlie und ihr Mann Haushalt und Kinderbetreuung. Als die Kinder noch klein waren, lebte die Familie in sehr bescheidenen Verhältnissen in einer Zweizimmerwohnung und benutzte das Speisezimmer als zweites Schlafzimmer.

Wie Arlie sagt, hat sie ihre Entscheidung nie bereut. Sie gesteht aber, daß sie öfter mit der Versuchung zu kämpfen hat, mehr zu arbeiten, als sie sich vorgenommen hat.

Ihre Erfahrung hat sie dazu bewogen, ein Buch über die Erschöpfung zu schreiben, mit der Vollzeitarbeitskräfte mit Familie konfrontiert sind. Das Buch heißt: *Second Shift: Working Parents and the Revolution at Home.* »Immer mehr Eltern kommen nach der ersten Schicht (bezahlter Job) nach Hause, um die zweite (Windeln und Abendessen) anzutreten«, sagt Arlie. »Das Familienleben sollte eigentlich eine Erholung von der Arbeit im Job sein und keine Verlängerung.«

Arlie sagt, daß diese zweite Schicht in vielerlei Hinsicht eine Fortsetzung des industriellen Lebens ist. Die letzten dreißig Jahre waren von zwei Trends geprägt: Die Arbeitszeit hat sich verlängert (weniger Urlaub, mehr Überstunden und längere Fahrzeiten), und die Frauen sind in den Arbeitsmarkt eingedrungen. Die Frauen bleiben nach der Geburt heute nicht mehr so lang zu Hause und arbeiten auch im Sommer. »Sogar zu Hause sind wir im Geiste noch in der Arbeit«, sagt Arlie. Sie hat festgestellt, daß wir, wenn wir unsere Aufmerksamkeit heute unserem Heim zuwenden, dies auf eine »professionelle« Weise tun. Für Kinder und Erwachsene gelten strenge Zeitpläne (Tagesbetreuung, Kurse usw.). So ist der Begriff der »Qualitätszeit« entstanden: »Ich bin eine gute Mutter oder ein guter Vater, wenn ich die Zeit zwischen achtzehn und neunzehn Uhr ausschließlich für mein Kind reserviere.

Diese Qualitätszeit wird heute wie Arbeit empfunden«, erklärt Arlie. »Wir behandeln sie wie eine andere Art beruflicher Tätigkeit. Sie ist abgegrenzt und gebündelt und nicht dasselbe wie die keinen starren Grenzen unterliegende, freifließende Familienzeit.«

Je länger wir in unserem Job arbeiten, desto stärker wird der Druck, auch zu Hause zu »arbeiten«. Wir versuchen beispielsweise, zwei Dinge auf einmal zu tun oder familiäre Aufgaben (wie Putzen oder das Organisieren von Geburtstagspartys) an Dienstleister zu delegieren. Gemeinsame Abendessen der Familie sind zur Seltenheit geworden. »Kurzfristig erweckt das den Anschein von Lösungen«, sagt Arlie. »Aber in Wirklichkeit ist es ein Problem ... denn auf diese Weise wird das Familienleben zur zweiten Schicht.«

Sie beschreibt eine Szene eines typischen »Zweite Schicht«-Morgens: Die gehetzte Mutter liegt ihrem Kind ständig in den Ohren: »Nun mach dich schnell fertig, beeil dich, Mama muß um acht Uhr im Büro sein!« Oder: »Nun komm schon, du hast genau eine halbe Stunde Zeit, um ein Bad zu nehmen. Schnell, schnell!« Unsere Kinder reagieren, indem sie trödeln und sich weigern, rechtzeitig aus dem Haus zu gehen.

Eltern, die tagsüber arbeiten, machen ihre Kinder oft unbewußt zu kleinen Schuldeneintreibern. Als Ausgleich dafür, daß sie tagsüber nicht bei ihnen sind, versprechen sie ihren Kindern zum Beispiel ein Wochenende in der Berghütte der Familie, wo die Zeit nicht strukturiert ist. Oder sie tauschen den Zeitmangel zu einem bestimmten Zeitpunkt gegen einen freien Samstag nachmittag. So lebt die Familie, mit der Verheißung des Wochenendes vor Augen, von Montag bis Freitag. Die Kinder fordern keine Rechnungen ein, sondern Liebe, zahlbar zu einem späteren Datum. Und so wird in Familien, in denen beide Elternteile arbeiten, die Zeit zu einem dritten Ehepartner: Du wählst zwei Tage, an denen du spät nach Hause kommst, und ich nehme mir dafür zwei Tage, an denen ich ...

Das Ganze läuft laut Arlie auf folgende Frage hinaus: Soll man in einem Hochleistungssektor arbeiten, der einem keine Zeit für die Familie läßt, oder nicht? Man könnte die Frage auch anders formulieren: Ehrgeiz gegen den Wunsch nach Wärme und Beziehungen. Aber Arlie ist sich vollkommen bewußt, daß solche Entscheidungen nicht einfach sind. Für sie liegt die Antwort in der Arbeitsteilung und in der 35-Stunden-Woche.

5

ÜBER EINFACHE FREUDEN UND DIE LIEBE

Abends ging ich hinaus in die Dunkelheit
da sah ich einen schimmernden Stern
und hörte einen Frosch quaken.
Die Natur schien zu sagen:
Nun? Ist das nicht genug?

Ralph Waldo Emerson

Ich nahm einmal an einer Wintersonnwendfeier teil. Dabei versammelten wir uns und setzten uns in einem Kreis auf den Boden. Wir feierten die Dunkelheit. Die Leute erzählten, was Dunkelheit für sie bedeutete. Der erste Gedanke, der mir in den Sinn kam, war der an drei himmlische Abende, die ich draußen in der Natur verbracht hatte. An einem Abend war ich nachts eine ruhige Landstraße entlangspaziert und hatte den Glühwürmchen zugesehen, wie sie zwischen den Büschen hin und her flogen. Der zweite Abend war ein warmer Sommerabend gewesen. Ich saß allein auf der Veranda eines Hauses, das inmitten eines dschungelartigen Gartens stand. Ich weiß noch, wie mich ein Gefühl der Leidenschaft durchströmte, als ich den Grillen, Fröschen und anderen Kreaturen der Nacht zuhörte, deren Konzert bis zum Morgengrauen anhielt. Ich wollte und brauchte keine anderen Töne, keine anderen Anregungen. Am dritten Abend schwamm ich in einer warmen Meeresbucht. Der Strand war von glühwürmchenartigen Wesen namens Pyrodinium (griechisch für »wirbelndes Feuer«) bevölkert. Die Tiere strahlten ein surreal anmutendes, grünes Licht aus, wenn man sie störte, und wenn man Wasser hochwirbelte, sahen sie aus wie Diamanten.

Es gibt noch andere Augenblicke, die ich in der Natur verbracht habe und die schöne Erinnerungen in mir wecken. Ich habe noch den Abend im Gefühl, den ich genußvoll ausgestreckt in einer natürlichen, heißen Quelle verbrachte. Zu spüren, wie das lauwarme Wasser meinen Körper umgab, war ungeheuer beruhigend und tröstlich. Ich rieb meinen Körper an einem flachen Stein, legte mich rücklings auf den Boden und grub meine Zehen in den Schlamm. Die Quelle lag mitten in einem uralten Wald und war umgeben von riesigen, alten Bäumen, Farnen und anderen Pflanzen und Felsen. Es war nichts zu hören, außer dem Rauschen des unterhalb fließenden Bachs und dem Zwitschern der Vögel. Am nächsten Morgen frühstückte ich im Freien. Dabei beobachtete ich, wie sich ein Fischadler mit einem Fisch im Schnabel in die Lüfte schwang. Ich dachte: Das ist das Leben, das ist das Wahre.

Manchmal finden wir das Wahre auch in unserem Inneren. Ich lese meinen Kindern gern schöne Geschichten vor. Die Charaktere und die Orte entstehen lebhaft vor unseren Augen. Ich liebe es, mit Opa und meinem älteren Sohn stundenlang dazusitzen und Monopoly zu spielen und dabei zuzuhören, wie Oma meiner Tochter Klavierunterricht gibt. Ich liebe es, mit meinen Geschwistern, Eltern und Kindern gemeinsam zu Abend zu essen. Ich genieße es, mit meiner Schwester bis in die Nacht im Wohnzimmer zu sitzen und mich mit ihr über den Sinn des Lebens zu unterhalten. Manchmal trinken wir ein Glas Wein, manchmal machen wir es uns bei Kerzenlicht gemütlich. Ich liebe es, im Kino mit einem Menschen, der mir nahesteht, Händchen zu halten. Und ich liebe es, kindisch zu sein, zum Beispiel, wenn ich mit meiner Tante und meinen Kusinen Wortspielwettbewerbe veranstalte. Und natürlich liebe ich nichts mehr, als »Ich liebe dich« zu sagen.

Das sind die einfachen Freuden meines Lebens, Erinnerungen, die hervorstechen, Gedanken und Situationen, die mein Leben reich machen. Diese einfachen Freuden sind die Höhepunkte eines einfacheren Lebens; in einem Leben, das mit Höchstgeschwindigkeit an einem vorbeirast, können sie leicht verlorengehen. Wenn mein Leben zu geschäftig wird, sind die kleinen Freuden das erste, das mir abhanden kommt, und auch das erste, das ich vermisse. Nach ziemlich kurzer Zeit beginne ich, mich ein wenig unwohl und verbindungslos zu fühlen. Wenn ich mir das bewußt mache, kann ich zurückschalten und mein Leben wieder mehr öffnen.

Wenn ich in meinen Lieblingserinnerungen wühle, fällt mir keine einzige Begebenheit ein, bei der ich mich elegant angezogen und ein Vermögen für die Unterhaltung ausgegeben hätte. Es fallen mir auch keine lärmenden Situationen ein, und keine, bei denen Geschwindigkeit eine Rolle spielte. Statt dessen fallen mir Szenen mit Freunden ein, die sich zum Abendessen oder zu einem Kartenspiel versammelten. Oder ich denke an einen Frühlingsspaziergang auf einer Wiese voller bunter Wiesenblumen, oder an ein Gespräch mit einer Freundin, die jemanden brauchte, dem sie ihr Herz ausschütten konnte – eine

Situation, in der ich froh war, dagewesen zu sein ⁓, oder an ein kindisches Softball-Spiel mit Jim und Laura und unseren Kindern in Jims Hof, oder an Spaziergänge mit Freunden, auf denen wir philosophierten, über den Sinn des Lebens diskutierten und unsere privaten Sorgen und Probleme voreinander ausbreiteten. In meiner Erinnerung tauchen diese einfachen Freuden immer wieder auf ⁓ nach den komplizierten und teuren suche ich vergeblich. Sicher, sie sind auch da, aber es sind nicht meine Lieblingserinnerungen.

Einfache Freuden. Einfach zu leben, das bedeutet, unser Leben so zu gestalten, daß wir Zeit für das Wesentliche haben ... so daß wir nicht länger glauben, ständig unterhalten werden zu müssen. Wir brauchen nichts weiter zu tun als unsere innere Uhr langsamer zu stellen und nachzufragen, wieviel äußere Anregung wir wirklich benötigen.

Wir können viel tun, um einfache Freuden zu finden. Der erste Schritt sollte darin bestehen, unser Leben zu verlangsamen. So finden wir die Zeit und den Raum, um über diese Dinge erst einmal nachzudenken. Was das Leben lebenswert macht, besteht oft im Teilen intimer Augenblicke. Mit anderen Menschen Verbindung aufzunehmen, braucht keine große Sache zu sein, um die viel Aufhebens gemacht wird. Wenn Sie kleine Kinder haben, bedeutet das die Intimität mit Ihrem Partner, sich eine bestimmte Zeit freizunehmen, in der Sie beide miteinander allein sind. Nichts Großartiges. Ich fand es aber großartig, als mir eine Frau berichtete, daß ihr Mann und sie dafür sorgten, daß ihre Kinder um acht Uhr im Bett waren, weil dann die »Erwachsenenzeit« begann. Ihr Mann bürstete jeden Abend ihr langes Haar, während sie ihm Geschichten vorlas. Kann das Leben einfacher und freudvoller sein?

Ein Leser meines *Simple-Living*-Newsletters schrieb mir eine Geschichte über eine einfache Freude, die er mit seiner Frau teilte: Im Gewitter auf ihrer uneinsehbaren, überdachten Veranda Liebe zu machen. Eine Mutter erzählte mir, daß sie ihre Tochter erst richtig kennenlernte, als sie begannen, gemeinsam lange Spaziergänge zu machen. Meine Freundin Ethel veranstaltete in einem Sommer einen denkwürdigen Folkloreabend. Eine Cowboyband spielte im Hof, es gab Hot dogs und Marshmallows, und die Kinder durften draußen im Zelt schlafen. Glauben Sie mir: Die Kinder (und auch die Erwachsenen!) hatten mindestens gleich viel, wenn nicht mehr, Spaß, als wenn wir ein großes, aufwendiges Zeltwochenende im Wald veranstaltet hätten.

Eine *Simple-Living*-Leserin fragte sich, welche Dinge es sind, die die Seelen der Menschen zum Vibrieren bringen. Für sie ist es, den Goldfischen beim Atmen zuzusehen und darüber nachzudenken, wie es wohl wäre, ein Fisch zu sein. Es kann aber auch etwas anderes sein: Freunde zum Abendessen einladen und mit dem Dessert beginnen. Sich Zeit lassen und die Beziehungen zwischen den Menschen sich entwickeln lassen, während die einzelnen Gänge aufgetragen werden. Keine Eile. Den Schneeflocken beim Herabtänzeln zusehen. Malen. Einen Strandspaziergang machen. Geliebt werden.

Zeit zum Nähren und Genährtwerden

Was uns in unserem geschäftigen Leben oft fehlt, ist etwas ganz Einfaches: Der Akt des Nährens. Wir haben viel zuviel zu tun, um uns selbst, geschweige denn andere zu nähren. Oft sind wir in unserem eigenen Erfolgs- und Leistungs-streben so verhaftet, daß wir die menschlichen Beziehungen vernachlässigen. Dabei sind es vor allem diese Beziehungen, die unserem Leben Tiefe und Sinn geben. »Nähren« ist hier im buchstäblichen Sinn gemeint: Wir brauchen Nah-rung, um zu überleben. Nähren heißt versorgen. Nähren braucht Zeit. Damit wir andere nähren können, müssen wir vollkommen präsent und ganz wir selbst sein. Wenn wir unseren Schutzpanzer fallenlassen, können wir anderen näherkommen und fürsorglichere und tiefere Beziehungen aufbauen.
Mir gefällt die folgende kleine Zen-Geschichte, auf die ich zufällig stieß. Sie drückt so gut aus, was nähren bedeutet:

 Ich hörte einmal eine Geschichte über einen Besuch im Himmel und einen in der Hölle. An beiden Orten erblickte der Besucher viele Leute, die um einen Tisch saßen, auf dem viele köstliche Speisen standen. An die rechten Hände der um den Tisch Sitzenden waren über einen Meter lange Eßstäb-chen gebunden, während ihre linken Hände an die Stühle gefesselt waren. In der Hölle konnten sie sich gebärden, wie sie nur wollten – die Stäbchen waren immer so lang, daß sie sie nicht zum Mund führen konnten. So wur-den sie ungeduldig, und ihre Hände und Stäbchen verhedderten sich ineinander. Die Köstlichkeiten waren bald überall verstreut. Im Himmel benutzten die Leute die Stäbchen ganz zufrieden dazu, einander mit den Köstlichkeiten zu füttern, jeden mit dem, was er am liebsten mochte. So genossen sie ihre Mahlzeit alle in Harmonie.

In einem Buch mit dem Titel *The Couple's Comfort Book* listet die Autorin Jennifer Louden zahlreiche Möglichkeiten auf, wie zwei Partner füreinander sorgen können. Sie können jede dieser Ideen auf Ihre Freunde, Kinder und anderen Familienmitglieder übertragen. Louden erwähnt zum Beispiel Ideen, wie seinen Partner einen ganzen Tag lang einfach zu akzeptieren, ohne zu nörgeln oder an ihm herumzukritisieren. Oder das »Nähren nach Alphabet«. Dabei können Sie Ihrem Partner zum Beispiel am ersten Tag Apfelkuchen bringen, am zweiten Blumen und so weiter.

Nähren bedeutet auch, Zeit für persönliche Zusammenkünfte zu haben. In unserem geschäftigen Leben wird diese scheinbar simple Geste immer mehr zur Seltenheit. Lassen Sie die Menschen, mit denen Sie zusammenleben, wissen, wie es Ihnen geht, und fragen Sie sie, was sie denken und fühlen. Einfach zu leben, das bedeutet, »echt« zu sein. Deshalb sollte dieses Interesse am anderen vom Herzen kommen.

Sie können andere nur dann nähren, wenn Ihr eigenes Leben offen ist. Ich hörte einmal eine sehr berührende Geschichte über eine Frau, die gemeinsam mit anderen Leuten in ein Haus zog. Sie kannte keinen der neuen Hausgenossen. Der Umzug hatte sie erschöpft. Die neue Situation löste Angst und Streß in ihr aus. Als sie ankam, machte sich eine ihrer neuen Hausgenossinnen die Mühe, sich einen Eindruck davon zu verschaffen, wie es ihr ging. Sie ließ ihr ein schönes, heißes Schaumbad ein, legte weiche Handtücher bereit, zündete eine Kerze an und zeigte ihr den Weg. Was für ein einfaches und doch so nährendes Geschenk. Meine Freundin Candice, die wußte, daß ich eine schwere Zeit durchgemacht hatte, war offen genug, um zu sehen, daß ich ein wenig Nahrung gebrauchen konnte. Sie rief mich an und sagte, daß sie auf der Suche nach einer guten Masseuse für sich selbst sei und ob ich ihr jemanden empfehlen könne. Ich nannte ihr den Namen meiner Lieblingsmasseuse und dachte im stillen, wie schön es doch wäre, selbst hinzugehen. Eines Abends, als ich nach Hause kam, fand ich an meiner Haustür einen Zettel. Darauf war eine

Nachricht von Candice, daß eine Stunde Massage auf mich wartete. Sie hatte sie bereits bezahlt. Ich brauchte nur noch den Termin auszumachen. Ist es nicht schrecklich, wenn wir so geschäftig sind, daß wir anderen diese Art Geschenke nicht zukommen lassen?

Manchmal merke ich, daß meine Kinder einen »Verwöhnabend« brauchen. Dann lasse ich ihnen ein schönes Schaumbad ein, stelle Kerzen ins Badezimmer, dämpfe das Licht und serviere ihnen Leckerbissen, die sie mit den Fingern essen können. Irgendwann einmal bildete sich die Tradition, an diesen Verwöhnabenden Honigmandeln zu servieren. Wir legen sie auf ein silberbeschichtetes Tablett und stellen sie auf einen kleinen Tisch neben der Badewanne. Oft tun die Kinder das auch füreinander. Ich bringe ihnen den Pyjama ins Zimmer, so daß alles bereit ist, wenn sie aus der Wanne steigen.

Rituale, um einfache Freuden zu verstärken

Meine Freundin Jane veranstaltet für ihre langjährigen Freunde jedes Jahr eine Gartenparty. Dabei sitzen wir den ganzen Nachmittag in ihrem schönen Garten. Wir essen, trinken Wein, lachen übermütig und erzählen einander das Neueste über unser Leben. Dieses Ritual, das wir schon zehn Jahre lang praktizieren, ist ein absoluter Höhepunkt in unserem Sommer.

》Ein Freund ist jemand, vor dem ich aufrichtig sein kann. Vor ihm kann ich laut denken.《

Ralph Waldo Emerson

Welchen Umfang und welche Form diese Rituale haben, ist gleichgültig. Es geht dabei aber immer um dasselbe: Eine regelmäßige, immer wiederkehrende Handlung, die davon zeugt, daß die Beziehung etwas Besonderes ist. Ich kenne ein Paar, das sich regelmäßig eine bestimmte Zeit reserviert, um miteinander auf der Couch zu sitzen. Sie legen eine Packung Taschentücher bereit, und jeder spricht über das, was ihm wichtig ist. Der andere hört einfach zu, ohne zu urteilen. Dieses einfache Ritual sorgt dafür, daß sie die emotionale Nähe zueinander aufrechterhalten. Außerdem betrachten sie es als Zeichen dafür, daß sie einander wichtig genug sind, um einander diese ganz besondere Zeit zu widmen.

Mir gefällt die folgende Idee aus *The Couple's Book:* »Wenn Sie eine geschäftige Arbeitswoche vor sich haben, schreiben Sie auf ein paar Postkarten liebe Worte und frankieren sie sie. Wenn Sie dann während der Woche das Gefühl haben, Ihrem Geliebten nahe sein zu wollen, aber keine Zeit dazu haben, schicken Sie ihm die Karten in die Arbeit.« Sie können dieses einfache Ritual natürlich auch bei Ihren Kindern und Freunden anwenden.

Meine Kinder und ich haben ein Freitagabend-Ritual. An Freitagabenden endet die geschäftige Arbeitswoche, und alle entspannen sich ein bißchen. An diesen Abenden leihen wir alte Filme aus und backen selbst Pizza. An diesen Abenden dürfen die Kinder beim Fernsehen essen, was ihnen sonst verboten ist. Unsere einfache Freude besteht darin, interessante Beläge für die Pizza zu finden, einen entspannenden Film auszuleihen und es uns die halbe Nacht lang auf der Couch gemütlich zu machen. Manchmal kuscheln wir uns unter einer weichen Decke zusammen, nachdem wir die Pizza verspeist haben.

Wie das Alltagsleben Vergnügen macht

Sue Bender schrieb ein ganzes Buch über das Thema der Sinnfindung im alltäglichen Leben. Das Buch heißt *Everyday Sacred.* Es zeigt uns, wie wir durch bewußtes Leben in jenen Augenblicken, denen wir normalerweise keine Beachtung schenken, Freude und Entzücken finden können. Sie schreibt: »Wie der Mönch, der mit seiner leeren Schüssel von Tür zu Tür geht, mache ich mich auf den Weg, um zu sehen, was mir der Tag zu bieten hat.« Sie schreibt auch: »Ich verspürte in mir den Wunsch, die Welt mit neuen Augen zu sehen. Was war vielleicht immer schon dagewesen, was ich nur noch nicht hatte sehen können? Was hatte ich alles als selbstverständlich hingenommen?«

Einfache Freuden sind Dinge, an denen wir uns im tagtäglichen Leben erfreuen können. Diese Freuden zu finden, ist, wie einen Spaziergang mit Kindern zu unternehmen. Sie begeistern sich ständig für Dinge, die wir Erwachsenen längst nicht mehr wahrnehmen. Ich erinnere mich an ein Familiencamp, an dem ich einmal mit meinen Kindern teilnahm. Die Kinder scharten sich ständig um einen ganz bestimmten Baum. Schließlich gingen die Erwachsenen hinüber, um herauszufinden, was es dort zu sehen gab. Es war eine Spechtmutter, die hin und her flog, als hätte sie ein Junges in dem hohlen Baum, das sie füttern mußte. Wir konnten es aber nicht sehen. Jeden Tag versammelten sich die Kinder um den Baum. Endlich lohnte sich ihre Geduld: Das Junge war so groß, daß es seinen Kopf aus dem Loch streckte. Nun konnten wir alle zusehen, wie die Mutter das Junge fütterte. Es war ein Anblick, den man nie vergißt. Hätten nur wir Erwachsene an dem Camp teilgenommen, wäre uns diese entzückende Begegnung mit der Natur wohl entgangen. Wir wären so mit unseren Erwachsenensorgen beschäftigt gewesen, daß wir keine Notiz von dem Baum genommen hätten. Nur das Staunen und die Neugier der Kinder waren imstande, uns wachzurütteln.

Man kann auch an einfachen Arbeiten wie dem Bügeln Freude finden. Denken Sie an den Menschen, der das Kleidungsstück tragen wird, und was er Ihnen bedeutet. Wenn ich eine Kinderhose bügle, durchflutet mich unweigerlich eine kleine Welle der Liebe. In seinem Buch *Slowing Down in a Speeded Up World* sammelt der Autor Adair Lara die Gedanken vieler Leute darüber, wie man im Alltagsleben Freude finden kann. Manchmal ist es hilfreich, wenn wir uns dazu zwingen, unser Tempo zu drosseln und die Welt mit neuen Augen zu betrachten. Die Geschichten und Wahrnehmungen anderer können uns dabei als Inspiration dienen. Eine Frau schreibt mir, daß es ihr Vergnügen bereitet, Schnee zu schaufeln, manchmal sogar um zwei Uhr morgens, wenn der Rest der Welt im Schlaf liegt. Aber sie genießt es auch am Nachmittag, wenn die Vögel zwitschern. Sie weiß natürlich, daß sie ebensogut den Schneepflug bedienen kann, aber es ist ihr auch bewußt, daß sie sich dadurch dieses sinnlichen Vergnügens berauben würde. Ein Mann schreibt, daß er Hartholzböden renoviert und streicht und daß er sich damit seinen Lebensunterhalt verdient. Wenn er fertig ist, legt er sich jedes Mal auf den neuen Boden und denkt daran, was sich auf ihm wohl so alles abspielen wird. Er schreibt: »Die Leute werden leben und arbeiten und miteinander reden; sie werden streiten und sich vielleicht sogar verlieben.«

Eine Frau berichtet, daß sie sich jeden Morgen auf ihre Veranda setzt, um Kaffee zu trinken und die Leute zu beobachten. Dabei fragt sie sich, ob das, was sie sich für diesen Tag vorgenommen hat, einen Beitrag zu den Zielen leisten wird, die ihr in ihrem Leben wichtig sind. Wenn nicht, warum sollte sie es dann tun? Ich selbst versuche auch, alltägliche Ärgernisse in einfache Freuden zu verwandeln, wann immer es mir möglich ist. Wenn jemand seine Pantoffeln auf dem Wohnzimmerboden liegen läßt, kann ich den Unmut darüber sofort abschütteln, wenn ich daran denke, daß es die Pantoffeln eines Menschen sind, den ich liebe. Das ist viel besser, als darüber böse zu sein, daß sie auf dem Boden herumliegen. Wenn der Hund meiner Schwester seine Haare auf meinem Autositz verliert, ärgere ich mich zuerst. Dann erinnere ich mich aber daran, daß ich mich über die Gesellschaft meiner Schwester freue und daß der Hund zu ihr gehört.

Eine meiner Lieblingsgeschichten in *Simple Living* stammt von einer Frau im Pensionsalter. Diese Frau hatte sich entschlossen, sich von einem Großteil ihrer Besitztümer zu trennen. Der Grund war, daß sie dann - unbelastet von den vielen unnötigen Dingen - in ein kleines Haus am Meer ziehen konnte. Anstatt sich über all den Kram und das mühselige Verladen zu ärgern, hielt sie inne und dachte darüber nach, was ihr einige besondere Stücke bedeuteten. Dabei stieß sie zum Beispiel auf eine bestimmte Schüssel, die sie vor vielen Jahren gemeinsam mit ihrem geliebten, verstorbenen Mann in einem Trödelladen gekauft hatte. Sie dachte an all die familiären Abendessen, die an dem nun zu groß gewordenen Wohnzimmertisch serviert worden waren. Sie erfreute sich einfach an dem Akt des Loslassens.

Meine Freundin Teryl lebt an einer vielbefahrenen Straße. Stört sie denn der ständige Lärm nicht? Meistens, so sagt sie, tut er das nicht. Sie sagt, daß sie jedes Mal, wenn sie ein Auto vorbeifahren oder einen Menschen vorübergehen hört, daran denkt, daß sie von anderen Menschen umgeben ist, und das ist ein beruhigendes Gefühl für sie.

Einfache Aktivitäten und Verabredungen

Wenn wir etwas Vergnügliches unternehmen wollen, fällt uns oft nichts anderes ein, als uns in Schale zu werfen und ein Vermögen für ein Abendessen im Restaurant oder eine andere Art der Unterhaltung auszugeben. Ob wir nun mit einem Freund oder einem Partner oder mit einer neuen Flamme ausgehen - es ist immer dasselbe. Vielleicht können die folgenden Ideen Ihrer Fantasie ein wenig auf die Sprünge helfen.

Unvernetzt

Kirk S. Nevin

Ich war fasziniert von Kathleen McCartys Kommentar zum 2. Juli (»Glühwürmchen«). Sie schilderte darin die eindrucksvollen Erfahrungen, die sie während eines Stromausfalls machte, den sie vor kurzem bei sich zu Hause in Baltimore erlebte.

Ms. McCarty und ihr Sohn genossen das Geheimnisvolle der Finsternis, die ihnen ein technisches Versagen beschert hatte: Nicht nur die magischen Glühwürmchen, sondern auch Wunder wie eine stille Stadt, den aufsteigenden Mond und die längst vergessenen Freuden familiärer und nachbarlicher Gemeinschaft.

Vielleicht würde es Ms. McCarty interessieren, zu erfahren, daß einige gar nicht so weit entfernt lebende Nachbarn bewußt einen »unverdrahteten« Lebensstil gewählt haben. Sie leben nicht nur eine Stunde am Tag stromlos, sondern jede einzelne köstliche Stunde eines wundervollen Tages.

Unsere Familie hat sich dazu entschlossen, sich »vom Netz abzuhängen«. Als wir vor zwanzig Jahren unser Haus bauten, Stein für Stein und Brett für Brett, »vergaßen« wir ein paar Dinge wie zum Beispiel elektrische Leitungen oder Installationen. Kein Fernsehen, kein Badezimmer, keine Waschmaschine.

Und warum?

Die Gründe würden ein ganzes Buch füllen (das ich eines Tages hoffe zu schreiben). Lassen Sie mich inzwischen nur ein paar Beispiele für die Vorteile auflisten, die das von uns gewählte Leben mit sich bringt.

Der größte Vorteil besteht darin, daß unsere Kinder ohne Fernsehen groß wurden. Keine Gewalt, keine Kommerzialisierung, keine Videospiele. Sie lasen, kletterten auf den Bäumen herum, badeten, unternahmen Reisen mit uns ... kurz gesagt, sie wuchsen als die gesunden jungen Wesen auf, die Kinder ihrer Natur nach sind.

Ein anderes, auf der Hand liegende Beispiel ist wirtschaftlicher Natur. Wir brauchen keine monatliche Strom- und Gasrechnung zu bezahlen. Außerdem waren die Baukosten unseres Hauses aufgrund der Tatsache, daß wir keine

Leitungen und Installationsrohre zu verlegen brauchten, sehr günstig. Wir bauten ein »Freiluft-WC« im Wald, kauften zwei Holzöfen (einen zum Heizen, den anderen zum Kochen), bauten einen Warmwasserkessel aus Abfallmaterial und kauften ein paar Kerosinlampen. Wir waren zu Hause.

Unsere zweite Tochter wurde im ersten Stock im westlichen Schlafzimmer geboren. In einer dieser schwarzen Märznächte, bitter kalt. Es schneite leicht. Drei Kerzen flackerten im Raum, das Feuer knisterte im Ofen, der schwarze Kessel zischte. Sie kam ganz ruhig und leicht. Ich badete sie liebevoll in einer Wanne mit warmem Wasser und legte sie an die Brust ihrer Mutter. Sie ist heute siebzehn, eine ruhige und selbstbewußte junge Dame.

Unser Plumpsklo ist sehr gemütlich. Seine Fenster gehen nach Westen und Süden und geben den Blick auf die sich ständig wandelnden Wälder frei. Jeder Gang, ob früh morgens oder spät abends, gibt uns Gelegenheit, das jeweilige Wetter bewußt zu spüren. Ein sanfter Nebel vor der Dämmerung, eine sternenklare Nacht, ein rutschiger Weg durch den Schnee ... jeder notwendige Gang zum Plumpsklo füllt die Lungen und das Herz mit der Schönheit des Augenblicks.

Unsere Abendmahlzeiten beginnen mit einem Gang in den Garten. Dieser Tag war typisch: Wir pflückten einen Krug Himbeeren und einen Krug Blaubeeren. Das war unser Salat. Wir brieten Zucchini, eine Zwiebel und grünen Paprika, ein paar Bohnen, eine Tomate, ein paar Karotten und einen Block Tofu. Diese Mischung gossen wir über eine Schüssel braunen Reis in einer hübschen Keramikschüssel (die unsere ältere Tochter gemacht hat). Wir aßen mit Stäbchen. Ihren Mikrowellenherd gönnen wir Ihnen von Herzen.

Das halbe Jahr schlafen wir auf einer überdachten Veranda im Wald, am Boden, auf einer dünnen Schaumstoffmatratze. Das letzte mitternächtliche Gewitter war ein Wunder: das ferne Donnergrollen, die wilden, eiligen Winde und die ersten, riesigen Regentropfen, die sich auf der Markise in eine Million winziger Lebenströpfchen verwandelten. Wir lachten, und wir liebten uns im Rhythmus des größten Ton- und Lichtspektakels, das die Natur uns zu bieten hat.

Kunst? Ertasten Sie einmal die Oberfläche eines Feldsteins, betrachten Sie die Muster einer Blauhäherfeder oder die Kerne einer Sonnenblume. Bewundern Sie den wunderhübschen rosa Farbton einer Hagebutte oder das Licht, das in der Dämmerung als erstes auf die kleinen Wellen eines Flusses trifft. →

Musik? Setzen Sie sich zu mir in den Garten. Wir werden der Dämmerstunde lauschen. Wir werden hören, wie unser Macho-Nachtigallmann vom obersten Zweig unserer höchsten Eiche aus sein Revier besingt. Wir werden an einem heißen Nachmittag den Tauben zuhören. Wir werden den Ochsenfröschen zuhören, die sich nachts paaren. Wir werden an einem Tag im April dem warmen Frühlingswind lauschen, wie er durch den blühenden Obstgarten streicht.

Kommen Sie, kommen Sie zu uns. Am Morgen, am Abend, wann Sie wollen. Jeder Augenblick ist ein echtes Wunder. Das kann aber nur so sein, wenn wir Menschen bereit sind, in unserem Tempo zurückzustecken, das Licht abzudrehen, zu schweigen, zu lauschen, zuzuhören, zu staunen.

Aktive, einfache Freuden

Aktive Verabredungen (mit Freunden, Partnern oder einer neuen Flamme) können Raum für mehr Authentizität schaffen, weil sie uns oft aus unseren eingefahrenen Gewohnheiten herausreißen. Sie können uns näher an unsere körperlichen Grenzen heranführen, zum Beispiel, wenn wir Sport betreiben. Aktive Verabredungen finden meist im Freien statt, und diese Umgebung kann die Freude vertiefen.

Eine der Lieblingsverabredungen meiner Schwester Karen war ein Eislauftag in der freien Natur. Ihr Freund und sie brachen an einem Samstag morgen um zehn Uhr auf, blieben bis zum Mittag auf dem Eis und veranstalteten dann ein Picknick im Freien. Das war der Beginn einer langen Freundschaft.

Indem Sie mit Ihrem Rendezvouspartner solche, ein wenig ausgefallenen Aktivitäten ausprobieren, können Sie Gemeinsamkeiten entdecken. Wenn es sich um eine Verabredung mit einer neuen Flamme handelt, können Sie diese Person auch ein wenig kennenlernen. Karen erfuhr durch diese erste Verabredung, daß ihr Freund wettbewerbsfreudig, aber trotzdem rücksichtsvoll war. Für ihn war es nicht das erste Mal, daß er in der Natur zum Eislaufen ging. Deshalb war klar, daß sie mit seinem Tempo nicht mithalten konnte. Sie bemerkte, daß es ihn ein bißchen störte, daß er nicht schneller fahren konnte,

Ich bin davon überzeugt, daß wir Menschen unseren Platz auf diesem fragilen Planeten haben. Es muß aber ein Platz sein, den Mutter Natur uns zuweist: nur eine von vielen Millionen wunderbarer Lebensformen, die eine von der anderen abhängen.

Ja, Ms. McCarty, freuen Sie sich über die Glühwürmchen. Und führen Sie ein Leben der Ruhe, so daß sich die Glühwürmchen auch über Sie freuen können.

Kirk ist ein *Simple-Living*-Abonnent, der diesen Text ursprünglich für die *Baltimore Sun* geschrieben hat.

aber er drängte sie nicht, ließ sie nicht zurück und kritisierte sie nicht, weil sie sein Tempo nicht halten konnte. Diese Eigenschaften hätte sie nicht an ihm entdecken können, wenn sie mit ihm essen gegangen wäre oder wenn sie sich einen Film angesehen hätten.

» Unsere Fantasie ist der am höchsten fliegende Drache. «

Lauren Bacall

Der Nachmittag gab den frischgebackenen Freunden auch Gelegenheit, viel miteinander zu sprechen und einander kennenzulernen. Sie wurden nicht durch Lärm und Geräusche abgelenkt, sondern nur ihre eigenen Stimmen unterbrachen das friedliche Gleiten über das stille Eis.

Wenn Sie beide (oder alle) in der Stimmung sind, sich körperlich zu bewegen, habe ich ein paar lustige Vorschläge für Sie, die nicht viel kosten. Wie wäre es mit Kegeln, Eislaufen oder Rollerskating? Bedenken Sie, daß man in den städtischen Parks keinen Eintritt bezahlen muß. Oder spielen Sie Tennis auf einem öffentlichen Platz, oder Minigolf, oder eine kurze Runde richtiges Golf, oder gehen Sie radfahren, und hängen Sie dann ein Picknick an, oder fahren Sie mit dem Rad zu einer Veranstaltung, zum Beispiel einem Konzert. In vielen Städten gibt es Radfahrerklubs, die gute Radwanderkarten anbieten. Ich habe eine Freundin, die bei der Erinnerung an eine Radfahrt im Mondlicht ins Schwärmen kommt. Sie brachen am Spätnachmittag auf, und als sie an ihrem Bestimmungsort ankamen, war es schon spät. Die Natur hatte ein Einsehen. Der Mond ging auf und erhellte ihnen den Rückweg.

Noch ein Wort zu aktiven Verabredungen – ein wenig Spontaneität kann etwas Wundervolles sein. Erinnern Sie sich an die Stelle im Film *Ist das Leben nicht schön?*, in dem Jimmy Stewart seine Rendezvouspartnerin plötzlich auffordert, auf einen Berg zu steigen, die Schuhe auszuziehen und bloßfüßig mit ihm herumzulaufen? Sie betrachtet ihn mit einem eigenartigen Blick, als sei er nicht ganz bei Sinnen. Da sagt Jimmy etwas wie: »Oh, vergiß es einfach.« Sie gehen nie mehr zusammen aus, und Jimmy heiratet eine andere.

Wie wäre es mit einem Spaziergang durch die Nachbarschaft? Wenn Sie einen langsameren Gang einlegen wollen, sollten Sie einmal durch eine andere, ungewohnte Nachbarschaft spazieren. Gehen Sie zu Fuß ins Kino, gleichgültig, ob tagsüber oder am Abend. Ich tue das sehr oft. Dabei habe ich Zeit, um mich mit meinem Begleiter zu unterhalten, und außerdem brauche ich vor dem Kino keinen Parkplatz zu suchen. Wenn Sie meinen, zu weit entfernt zu wohnen, fahren Sie eben die halbe Strecke oder wählen Sie eine Straße, an der ein kleines Café oder eine Konditorei liegt, wo Sie eine Pause einlegen können. Schließen Sie sich einer Freizeitgruppe an. Machen Sie Strandspaziergänge und bewundern Sie den Sonnenuntergang. Halten Sie sich vor Augen, daß ein Sonnenuntergang eine unschlagbar einfache, sinnliche Freude ist, die nichts kostet.

Gehen Sie tagsüber oder abends in einem städtischen Park spazieren, oder machen Sie eine Bergwanderung. Wer sagt denn, daß man nur tagsüber wandern kann? Wenn Sie am Abend gehen wollen, nehmen Sie eine Taschenlampe mit, etwas zu essen und ein kariertes Tischtuch. Legen Sie es über einen Baumstumpf oder einen großen Stein am Seeufer und genießen Sie Ihr Essen. Ein zusätzliches Bonbon? Massieren Sie einander die Füße.

Oder gehen Sie gemeinsam schwimmen. Eine Freundin und ich gingen einmal an einem lauen Sommerabend an einem See spazieren. Als uns danach war, sprangen wir ins Wasser. Es kostete absolut nichts und machte uns großen Spaß. Wir waren die einzigen, die da waren. Die Sterne blinkten, und der Mond spiegelte sich im Wasser. Das machte viel mehr Spaß als ein hektischer, lauter, teurer Abend in der Stadt.

Mieten Sie sich ein Boot. Packen Sie Essen ein, legen Sie an einer hübschen Uferstelle an und machen Sie es sich gemütlich! Wenn Sie musikalisch sind, können Sie auch eine Gitarre mitnehmen und Ihrem Freund etwas vorsingen. Glauben Sie mir: Sie werden diesen Ausflug in Erinnerung behalten.

Nicht-aktive, einfache Freuden

Besuchen Sie ein Café, in dem regelmäßig Diskussionen über Politik oder Philosophie oder andere Veranstaltungen durchgeführt werden. Solche Gesprächskreise werden in vielen Städten angeboten, vor allem in solchen, in denen es eine lebendige Kneipenszene gibt. Für die Kosten eines Kaffees oder einer heißen Schokolade können Sie an einem wundervollen Gespräch teilnehmen. Oder Sie suchen sich ein ruhigeres Café, in dem man Brettspiele wie Dame oder Schach spielen kann. So können Sie etwas tun, das fast nichts kostet (Sie brauchen sich nur ein Getränk zu bestellen) und viel Spaß macht. Eines Abends ging ich mit meinen Kindern in das örtliche Café, wo wir Scrabble spielten. Wir hätten natürlich auch zu Hause spielen können, aber uns stand einfach der Sinn nach der Gesellschaft anderer Menschen ... und außerdem nach Schokoladenkuchen.

Viele Theater bieten wenige Minuten vor Beginn der Vorstellung spezielle Preisnachlässe an. Diese Art des Theaterbesuchs ist natürlich ein wenig riskant (denn vielleicht bekommen Sie die Vorstellung nicht zu sehen), aber Sie sparen dabei Geld.

Oder besuchen Sie einen abendlichen Gottesdienst. Dazu können Sie in Ihre eigene Kirche oder in eine »fremde« gehen. Oft sind diese Abendmessen von schöner Musik, gedämpftem Licht und vielen Kerzen untermalt. Kann es eine schönere und sinnlichere Atmosphäre geben? Ach, mit Religion haben Sie nichts am Hut? Das macht nichts. Eine Kirche kann trotzdem ein schönes, lohnendes Ziel sein, weil dort eine angenehme Atmosphäre herrscht, die die Seele erbaut.

Wenn Sie sich aber für einen traditionellen Abend mit Essen im Restaurant und Kino entscheiden, versuchen Sie, die Kosten niedrig zu halten. In den meisten größeren Städten gibt es mindestens ein Kino, in dem die Karten günstiger sind als in anderen. Für diese Städte gibt es oft auch Restaurantführer, in denen kostengünstige Lokale aufgelistet sind, in denen man trotzdem gut ißt.

Picknicks können ebenfalls eine sehr vergnügliche Methode sein, eine unbeschwerte Zeit miteinander zu verbringen. Beginnen Sie doch, indem Sie Drachen steigen lassen. Muß ein Picknick immer tagsüber in einem Park stattfinden? Wie wäre es mit einem Picknick auf einem Dach an einem Sommerabend? Ach, es ist Winter? Dann machen Sie sich ein schönes Feuerchen im Kamin, holen Sie ein Flasche Wein, ein paar leckere Häppchen oder Salzgebäck, breiten Sie eine Decke oder ein paar Kissen aus und machen Sie es sich gemütlich.

Es folgen einige Ideen, die *Simple-Living*-Leser an das Magazin schickten:

▼ Gehen Sie abends mit einem Glas Wein hinaus und betrachten Sie die Sterne.

▼ Besuchen Sie gemeinsam einen Tanzkurs.

▼ Schmökern Sie geruhsam in einem gemütlichen Buchladen und gehen Sie dann Kaffee oder Tee trinken.

▼ Veranstalten Sie eine private Wein-und-Käse-Party. Kaufen Sie ein paar Flaschen Wein und machen Sie gebackenen Brie: Dazu paniert man ein schönes Stück Brie und bäckt es von allen Seiten, bis es knusprig ist.

▼ Machen Sie gemeinsam ein kleines Schläfchen in einem großen Sonnenflecken.

▼ Leihen Sie sich ein Cabrio zu einer Testfahrt aus – Sie müssen es ja nicht kaufen!

▼ Spielen Sie in einem Theater den Platzanweiser. Für die meisten Vorführungen, von Schülerproduktionen bis hin zu großen Opernaufführungen, werden Platzanweiser gesucht. Rufen Sie im Kartenbüro an, dort wird man Sie über diesbezügliche Möglichkeiten informieren. Das ist eine kostenlose Möglichkeit, sich die Vorstellungen anzusehen.

▼ In großen Buchgeschäften treten oft Autoren oder Schauspieler auf. Gehen Sie hin! So können Sie einen festlichen Abend genießen und haben auch die Möglichkeit, Ihren Lieblingsautor persönlich kennenzulernen.

▼ Viele Büchereien und Volkshochschulen veranstalten regelmäßig spezielle Filmtage. Dabei werden kostenlos klassische oder auch moderne Filme gezeigt. Sie können natürlich auch einfach gemeinsam mit einer Freundin in die Bücherei gehen und einander Ihre Lieblingsbücher zeigen, neue entdecken und sich vielleicht eine CD oder ein Video für zu Hause ausleihen.

- ▼ Konzerte im Park werden durchweg im Sommer veranstaltet. Viele städtische Parks bieten frühabendliche Veranstaltungen und Wochenendkonzerte von Pop bis hin zu Jazz. Ein Park ist ein schöner Ort für ein Picknick.

- ▼ Fahren Sie mit der Fähre, mit der Straßenbahn oder mit dem Bus bis an die Endstation. Eine wundervolle Gelegenheit, die Leute zu beobachten. Wie wäre es mit einem kleinen Picknick vor der Rückfahrt?

- ▼ Eintrittskarten für das lokale Kunstmuseum oder für Vernissagen in einer Galerie sind nicht teuer. An solchen Abenden werden meist Hors d'œuvres serviert.

- ▼ Große Buchhandlungen bieten an Wochenenden Gratismusik in den ihnen angeschlossenen Cafés.

- ▼ Lokale Kunstfestivals bieten im allgemeinen abendliche Konzerte an.

- ▼ Besuchen Sie eine nahegelegene Sternwarte und betrachten Sie dort einen Sternschnuppenschauer.

- ▼ Leisten Sie gemeinsam Freiwilligenarbeit. Lesen Sie alten oder blinden Menschen oder Kindern vor. Helfen Sie alten Menschen, in Haus und Garten aufzuräumen. Bieten Sie Ihre speziellen Talente – musikalischer, handwerklicher oder fotografischer Natur – in Haushalten an, in denen Kranke zu versorgen sind.

- ▼ Schließen Sie sich einem Bergsteiger-, Radfahrer- oder Skiverein an. Solche Vereine bieten Wanderungen, Vogelbeobachtungen, Kanufahrten und im Winter Skilanglauf-Nachmittage an.

- ▼ In Zeitungen werden für Kochkurse geworben. Nehmen Sie an einem teil und bereiten Sie gemeinsam ein Abendessen zu.

- ▼ Schreiben Sie gemeinsam Verse oder Gedichte und lesen Sie sie einander vor.

- ▼ Leihen Sie sich das Fernrohr eines Freundes aus oder mieten Sie eines. Betrachten Sie die Sterne.

- ▼ Besuchen Sie öffentliche Workshops, Seminare, Gespräche und Vorträge, für die in Zeitungen und religiösen Publikationen geworben wird.

201

Liebe

Die Tatsache, daß Sie eine Verabredung haben, bedeutet noch lange nicht, daß Sie auf Hochtouren laufen müssen. Sie können die einfachen Freuden auch genießen, während Sie einen neuen Freund oder eine Freundin kennenlernen. Das wurde mir beim ersten Rendezvous nach meiner Scheidung sonnenklar. Da ich verheiratet gewesen war, war ich viele Jahre lang nicht mit einer neuen Flamme ausgegangen. Deshalb wußte ich nicht, was ich zu erwarten hatte. Meinem Verabredungspartner, der ebenfalls vor kurzem geschieden worden war, ging es ähnlich. So stürzten wir uns eines Abends in einen wahren Wirbelwind hektischer Aktivitäten, die uns ein kleines Vermögen an Geld und Energie kosteten. Es war, als hätten wir keine andere Möglichkeit gesehen, als uns den ganzen Abend lang buchstäblich um jeden Preis unterhalten zu lassen.

Als ich von der Verabredung nach Hause zurückkehrte, war ich vollkommen erschöpft. Ich dachte: Wenn Verabredungen so sind, dann melde ich mich besser im Kloster an. Da hatte ich die ganze Zeit in meinem *Simple-Living*-Newsletter über die einfachen Freuden des Lebens geschrieben, darüber, daß man die Unterhaltung der Natur überlassen und ein Gleichgewicht zwischen Aktivität und Ruhe suchen und nicht viel Geld ausgeben soll. Und dann sah ein Rendezvous so aus wie das meine? Irgend etwas stimmte nicht an dem Bild, aber ich wußte nicht genau, was es war. Ich wußte nicht, wie andere Menschen ihre Verabredungen gestalteten oder wie ich selbst sie in Übereinstimmung mit meinen Werten gestalten konnte.

Ich sprach über dieses Thema mit meinem Freund Taso, der zu der damaligen Zeit ebenfalls Single war. Er kannte das Dilemma aus eigener Erfahrung. Wie konnten wir unsere Verabredungspartner auf eine entspanntere, weniger teure Art kennenlernen? Wir veranstalteten ein Brainstorming und schrieben für *Simple Living* eine Kolumne mit dem Titel »*Creative Dating*« – kreatives Ausgehen. Und da stellten wir fest, daß wir nicht allein waren. Viele Leute schrieben uns, und der Strom der Ideen floß ständig. Ich probierte einige davon selbst aus, und sie funktionierten! Ich fühlte mich besser, mein Partner fühlte sich besser, und keiner von beiden brauchte eine Hypothek auf sein Haus aufzunehmen, um den Abend bezahlen zu können. Ich stellte auch fest, daß ich meine Verabredungspartner besser kennenlernen konnte, wenn wir nicht das

Gefühl hatten, den anderen ständig unterhalten zu müssen oder uns ständig unterhalten zu lassen.

Ich möchte noch einmal sagen, daß ein einfaches Leben für mich ein Leben der Ausgewogenheit ist. Bedeutet das, daß ich nun nie mehr in ein feines Restaurant oder zu einer Abendveranstaltung gehe, für die ich Eintrittskarten kaufen muß? Nein. Es bedeutet nichts anderes, als daß ich meistens weniger aufwendige Verabredungen bevorzuge. Deshalb bin ich aber noch lange kein miesepetriger Geizkragen, der niemals über die Stränge schlägt. Und ich quaßle meinen Ausgehpartnern auch nicht den ganzen Abend lang die Ohren über diese Dinge voll. Ich glaube nämlich, daß Extreme niemals gut sind. Kreatives Ausgehen bedeutet einfach, interessante Alternativen zu (in finanzieller wie in emotionaler Hinsicht) teuren Rendezvous mit der üblichen städtischen Abendunterhaltung zu finden – und zwar solche mit Charme, die etwas für die Seele bieten.

Denken Sie daran: Verabredungen sind jene Einkaufstouren, die Sie auch unternehmen können, wenn Sie sich dem einfachen Leben verschrieben haben. Stellen Sie sich Ihre Verabredung als »Einkaufszentrum des Lebens« vor. Sie stellen Ihren Ausgehpartner auf die Probe, um herauszufinden, ob er zu Ihnen paßt. Wenn nicht, probieren Sie es mit dem nächsten. Erkunden Sie bei der nächsten Verabredung zum Beispiel, ob Sie ähnliche Vorstellungen über Zeit und Geld haben. Ich kenne viele Paare, die sich wegen solchen Fragen getrennt haben. Einer der Partner legt Wert auf vollgestopfte Terminkalender und intensive Aktivitäten, und der andere ist eher häuslich. Einer ist sparsam, und der andere hat in seinem Leben von Sparen noch nichts gehört. Sie wissen schon, was ich meine. Kreative Verabredungen geben Ihnen eine perfekte Möglichkeit, Ihre Werte auszuleben und dabei festzustellen, ob Ihr Partner in irgendeiner Weise mit ihnen übereinstimmt. Überlegen Sie einmal, was passiert, wenn Sie Ihre Verabredungen nicht im Einklang mit Ihren Werten gestalten: Dann präsentieren Sie Ihrem Gegenüber ein falsches Bild Ihrer Persönlichkeit. Wie finden Sie heraus, ob Ihr Rendezvouspartner und Sie gut zusammenpassen?

Neben der Wahl der Aktivitäten gibt es noch andere Möglichkeiten, Ihre Vorstellungen bei Verabredungen auszuleben. Die Kleider, die Sie tragen, das Auto, das Sie fahren, und die Art und Weise, wie Sie mit Ihrem Geld umgehen, sagen eine Menge über Sie aus. Stürzen Sie vor einer Verabredung ins nächste Kleidergeschäft und legen Sie sich ein neues Outfit zu, um Ihren Rendezvouspartner zu beeindrucken? Was sagt das über Sie und über die Art der von Ihnen gewählten Verabredung aus? (Bedeutet das andererseits, daß Sie in Lumpen zu der Verabredung erscheinen und sich überhaupt nicht darum scheren müssen, wie Sie aussehen? Nein. Schluß mit dem Unsinn. Lassen Sie die Extreme sein. Ausgewogenheit ist die Devise!) Den Wert der Ausgewogenheit zu leben, bedeutet, angemessen und gut aussehen zu wollen. Aber wenn Sie das Gefühl haben, daß das »Normale« nicht genügt, sollten Sie sich fragen, welche Motive Sie haben, Geld nur deswegen auszugeben, weil Sie Ihr Gegenüber beeindrucken wollen. Warum genügt Ihr normales Ich nicht, und was würde passieren, wenn Ihr Gegenüber Ihr normales Ich zu Gesicht bekäme?

》Jeder Morgen bringt uns vierundzwanzig brandneue Stunden zum Leben.**《**
Thich Nhat Hanh

Es gibt da noch ein Argument für ein einfaches Leben, das sich auch am Beispiel »Verabredungen« sehr schön veranschaulichen läßt. Ein einfacheres Leben bedeutet auch ein authentischeres Leben. Wie viele von uns wählen Berufe, Autos, Kleider, Häuser und andere Dinge, nur um andere Leute zu beeindrucken? Damit will ich natürlich nicht sagen, daß uns diese Dinge keine persönliche Freude bringen können. Wir sollten uns aber ernsthaft die Frage stellen, ob wir so weit gehen würden, wie wir es manchmal tun, wenn es nur darum ginge, unsere eigenen Bedürfnisse zu befriedigen. Einfach zu leben, bedeutet, diese Zusammenhänge langsam freizulegen und der Welt ein authentischeres Bild unseres Ich zu zeigen ... des Menschen, der wir im Alter von, sagen wir, zehn Jahren waren, bevor wir uns vom Konsumdenken vereinnahmen ließen.

Wenn Sie der Welt ein authentischeres Gesicht Ihres Ich zeigen möchten und sich entschlossen haben, im Rahmen Ihrer Möglichkeiten zu leben und sich nicht zu verschulden ‒ warum zahlen Sie dann ein teures Auto in Raten ab, nur um vor der Welt den Anschein zu erwecken, als hätten Sie eine Menge Geld? Diese Dinge sollten Sie zuerst bei sich selbst und dann bei Ihren Verabredungspartnern überprüfen. Es könnte zwar einen anziehenden und »erfolgreichen« Eindruck machen, wenn Ihr Partner in einem teuren Auto vorfährt, aber wenn Sie ein bißchen an der Oberfläche kratzen und feststellen, daß das Auto auf Kredit gekauft wurde und dieser Mensch keinen einzigen Pfennig an Ersparnissen besitzt, könnte es sein, daß Sie seine Werte in Frage stellen. (Denken Sie daran: Dies ist ein Einkaufsausflug. Seien Sie kritisch!)

Es gibt auch noch andere wichtige Dinge, auf die man bei Verabredungen achten sollte. Welches Leben führt der oder die Betreffende? Als mein Freund Taso sich stärker mit dem einfachen Leben zu beschäftigen begann, wurden ihm auch die Spiritualität und die Natur, die ihn umgab, zunehmend wichtiger. Er begann, auf die Wertvorstellungen seiner Ausgehpartnerinnen zu achten. Frauen, die ihr Leben so gestalteten, daß sie für Freiwilligenarbeit Zeit fanden, wurden immer anziehender für ihn. Frauen, die auf irgendeiner Art spirituellen Reise unterwegs waren, begannen ebenfalls, sein Interesse zu wecken. Das waren völlig andere Frauen als die, mit denen er in jüngeren Jahren ausgegangen war, als er sich noch nicht für das einfache Leben interessiert hatte. Damals waren seine Kriterien, ob das Mädchen gut aussah, gut angezogen und unterhaltsam war. Für Taso ist es heute keineswegs mehr überraschend, daß keine dieser Beziehungen langfristig befriedigend war. Heute hat er viel weniger Verabredungen. Der Grund liegt darin, daß er anspruchsvoller geworden ist – aber die Kriterien, die er hat, sind authentischer und auf lange Sicht auch befriedigender.

Taso kann diese Dinge heute nur deshalb unterscheiden, weil er damit begann, sein nach außen gekehrtes Ich Schicht für Schicht abzutragen. In früheren Zeiten, als er sich noch nicht dem einfachen Leben verschrieben hatte, wechselte er von einer Beziehung zur anderen, hetzte von einer Verabredung zur nächsten. Alles dauerte nur kurz, und schon war er wieder auf der Suche. Keine Zeit, um nach innen zu blicken. Schließlich hielt er inne und traf eine langfristige Verabredung mit sich selbst. Er erkannte, daß er sich selbst auf einer tieferen Ebene kennenlernen mußte, bevor er eine Chance hatte, eine seelenverwandte Frau zu finden. Von da an blieb er an den Samstagabenden zu Hause und las philosophische Bücher. Er meditierte. Wenn er an einige seiner alten Verhaltensweisen zurückdachte, kamen ihm die Tränen. Er verschwendete keine Zeit damit, vergangene Beziehungen zu bereuen, sondern ging in sich. Das erforderte Mut – wenn man bedenkt, daß er jemand war, der Angst davor hatte, an einem Samstag abend allein zu sein. Ich konnte mich gut in Tasos

Geschichte einfühlen. Bevor ich heiratete, waren nach meiner Erinnerung drei Tage die längste Zeit, in der ich ohne Beziehung (nicht nur ohne Verabredung) war. Unglaublich. Wie können wir erwarten, unsere Verabredungspartner kennenzulernen, wenn wir uns nicht einmal die Zeit nehmen, um uns selbst kennenzulernen?

Eine weitere Möglichkeit, authentisch zu leben, besteht darin, ehrlich über Ihre Vorlieben und Abneigungen zu sprechen. Tun Sie das auf eine ruhige, unvoreingenommene Weise. Wenn Ihr Ausgehpartner einen wilden, ereignisreichen Abend plant und Sie nicht in der Stimmung dazu sind, sagen Sie es. Authentisch zu sein, das bedeutet in diesem Fall, daß Sie ruhig und freundlich sagen, daß Sie lieber etwas weniger Aufregendes tun würden. Auch am Ende einer Verabredung ist es wichtig, »echt« zu sein. Als ich nach meiner Scheidung wieder begann, mit Männern auszugehen, wußte ich nicht, wie ich mich am Ende eines Rendezvous verhalten sollte. Ich glaubte, ich könnte nicht vor, sagen wir, neunzehn Uhr ausgehen und ich müßte den ganzen Abend lang bleiben. So verliefen Verabredungen eben. Auch wenn ich früher müde wurde, zwang ich mich zu einem Lächeln und blieb. Authentisch zu sein, bedeutet, zu sagen, wie man sich fühlt, und auch den Partner zu fragen, wie es ihm geht. Es ist gut möglich, daß Sie beide dasselbe Gefühl haben. Trotzdem glauben Sie, Sie müßten Ihr Gegenüber beeindrucken, und das führt zu einem Benehmen, das weder für Sie selbst noch für Ihren Partner angenehm ist.

Einfachheit bedeutet, einander mit Respekt zu behandeln. Wenn Sie authentischer leben und in Ihrem Leben die Zeit und den Platz schaffen, um sich anderer Leute ehrlich anzunehmen, wird es ganz natürlich für Sie werden, andere mit Respekt zu behandeln. Sie werden niemanden als Objekt behandeln, und niemand wird Sie als Objekt behandeln.

Der Schlüssel liegt in der Mäßigung. Es steht außer Frage, daß Erfolg sexy macht und daß das körperliche Erscheinungsbild wichtig ist. Aber halten Sie einmal inne und fragen Sie sich, was Erfolg für Sie wirklich bedeutet. Meiner Meinung nach bedeutet Erfolg, daß ein Mensch das Leben führt, das ihm gefällt und das ihn erfüllt. Auf welchem finanziellen Niveau er das tut, ist seine Sache und spielt keine Rolle. Das, was er an materiellen Gütern besitzt, muß bezahlt sein; er verdient genug, um den für ihn angemessenen Lebensstil führen zu können; er verfügt über Ersparnisse; er hat Zeit, zu arbeiten, Zeit für sich selbst und Zeit für andere; im allgemeinen macht ihm der Beruf, mit dem er sich seinen Lebensunterhalt verdient, Spaß; seine Beziehungen zu Menschen beiderlei Geschlechts sind für alle Seiten nutzbringend und bereichernd; er übernimmt die Verantwortung für sein eigenes Handeln, und er hat im allgemeinen, wenn auch nicht immer, Freude am Leben.

Einem solchen Menschen ist bewußt, daß er nicht perfekt ist, und er kann zeigen, wenn er traurig ist. Er kann sich von seiner verwundbaren Seite zeigen. Er kann Hilfe großzügig geben und annehmen. Er hat Zeit und Raum, um am Leben anderer teilzunehmen. Wenn etwas nicht klappt, kann er innehalten, eine Bestandsaufnahme durchführen und von vorn beginnen. Auf sein äußeres Erscheinungsbild achtet er. Er ist attraktiv. Das bedeutet nicht, daß er atemberaubend, wie aus dem Ei gepellt oder wie ein Model aussehen muß. Es bedeutet statt dessen, daß sein Verhalten und die Wahl seiner Kleidung aussagt, daß er in seinem Wesen freundlich, ehrlich und interessant ist. Wenn er nicht alle der obengenannten Dinge bereits verwirklicht hat, erwarte ich, daß er so wie wir anderen wenigstens in diese Richtung unterwegs ist. Diese Art Erfolg ist meiner Meinung nach wirklich sexy.

Wie sieht Ihre Definition von Erfolg aus? Denken Sie einmal darüber nach. Dadurch werden sich Ihre Lebensweise und die Eigenschaften, nach denen Sie bei potentiellen Partnern Ausschau halten, stark verändern.

Noch ein Wort zum Schluß: Sobald Sie sich selbst kennengelernt haben und Ihre eigenen Werte leben, werden Sie auch Ihre Rendezvouspartner anders auswählen. Aber geben Sie sie nicht zu früh auf! Wenn jemand offensichtlich nicht zu Ihnen paßt, sollten Sie natürlich keine Zeit mit Verabredungen verschwenden. Wenn Ihr Gegenüber aber ein im wesentlichen wertvoller Mensch zu sein scheint, der zwar Ihre Zeit wert ist, aber nicht in allem mit Ihnen übereinstimmt, sollten Sie sich fragen, ob sich Ihre Seelen doch noch treffen und ob Sie den anderen nicht auf die eine oder die andere Weise beeinflussen könnten. Wenn Sie rigide auf Ihren Vorstellungen beharren, kann das auf den anderen abschreckend wirken. Aber wenn Sie durch Ihr ruhiges Beispiel zeigen, wie schön Einfachheit sein kann, kann es durchaus sein, daß Ihre Einstellung ein wenig auf Ihr Gegenüber abfärbt. Eine gute Partnerschaft ist eine Verbindung zwischen zwei im Grunde gesunden Menschen, die einander auf positive Weise beeinflussen.

Ein Potpourri sinnlicher Genüsse in der Karibik

Manche Leute träumen davon, der Hektik unserer Tage zu entgehen und sich auf einer tropischen Insel niederzulassen, und einige packen ihre Siebensachen tatsächlich und verwirklichen ihren Traum und landen an Orten, von denen die meisten von uns noch nie gehört haben, wie zum Beispiel Vieques in Puerto Rico – eine Insel, von der ein dort Gelandeter sagte, daß ihn die Zeit vergessen habe. Ein Ort, der so verschlafen ist, daß sich die meisten Leute auf dem puertoricanischen Festland nicht mehr erinnern, wann sie das letzte Mal dort waren.

Auf Vieques gibt es in der kleinen Stadt Esperanza eine Bäckerei, die köstliches, frisches puertoricanisches Brot verkauft ... aber die Bäckerei öffnet ihre Pforten nur dann, wenn der Besitzer Lust dazu hat. Wenn man Glück hat, ist man gerade vor Ort, wenn nicht, kommt man eben ein andermal wieder. Um vom einen Ende der Stadt zum anderen zu gelangen, muß man vorsichtig über die einzige, schmale, kurvenreiche Straße fahren, die durch üppigen Dschungel und am Meer entlangführt. Vorsichtig muß man deswegen fahren, weil es mehr Wildpferde als Autos gibt, die seelenruhig am Straßenrand grasen. Und es gibt in Vieques keine einzige Ampel.

Gail Burchard ist eine der Träumerinnen, die ihre Habseligkeiten zusammenpackte und das hektische Leben hinter sich ließ, um sich in den Tropen niederzulassen. In den sechziger Jahren arbeitete sie als Flugbegleiterin – ein Job, der sie oft auf die Inseln der Karibik führte. Auf St. Thomas lernte sie ihren Mann kennen. Immer schon ein Abenteurer, hatte er die Welt zu dem Zeitpunkt, als sie einander kennenlernten, bereits achtmal umrundet. »Er tat all die Dinge, die ich auch tun wollte, aber zu denen ich noch nicht gekommen war«, erzählt Gail. Er besaß einen Bootsverleih auf St. Thomas, und Gail arbeitete mit. Zwei Kinder und zwölf Jahre später ließen sich die beiden scheiden, und Gail kehrte zurück in ihre Heimatstadt Gloucester in Massachusetts. Sie arbeitete als Krankenschwester, führte ein zivilisiertes Leben und sehnte sich nach ein wenig Abenteuer. Da fiel ihr ein, daß sie mit ihrem Mann einmal ein Jahr lang auf Vieques gelebt hatte, und sie spürte sofort wieder dieses Gefühl der Freiheit, das sie damals erfüllt hatte. »Es war die Erkenntnis, daß ich dort nicht nach den

Die Sinnlichkeit des Einfachen

Suchen Sie an einem Nachmittag oder Abend Unterhaltung in der Natur. Sie sollten sich dabei nicht weit von Ihrem Zuhause entfernen. Oft meinen wir, zig Kilometer fahren zu müssen, um einen Waldspaziergang machen zu können. Dabei entgehen uns Dinge, die sich vielleicht direkt vor unserer Nase befinden. Legen Sie sich ins Gras. Kuscheln Sie sich an einen Freund oder an ein Familienmitglied und schauen Sie sich den Sternenhimmel an. Sprechen Sie mit Ihrem Partner. Man kann jemanden auf vollkommen neue Weise kennenlernen, wenn man sich in der wundervollen Natur aneinanderschmiegt. Wenn Sie in einer Gegend wohnen, in der man nicht so gut im Gras liegen kann, können Sie sich dieses Gefühl auch durch einen langen Abendspaziergang verschaffen oder sogar, indem Sie auf Ihrer Veranda oder auf der Treppe sitzen. Spüren Sie die Luft auf Ihrer Haut, beobachten Sie, welche Muster das Licht auf die Bäume und Häuser zaubert. Lauschen Sie den Klängen und Geräuschen. Am Ende vergleichen Sie das Gefühl mit einem Abend, an dem Sie viel Geld für Unterhaltung ausgaben. Was meinen Sie?

Vorschriften zu leben brauchte, die mein Leben zu Hause prägten. Welche Kleider ich trug, mein Verhalten oder wieviel Geld ich hatte, das alles war dort nicht wichtig. Wir hatten in einem kleinen Haus mit Blechdach gelebt, und ich brauchte es niemandem rechtzumachen.«

Nach einem Jahr kehrte die Familie nach Massachusetts zurück, und Gail machte sich daran, ihren Traum zu verwirklichen. Sie legte in ihrem Beruf als Krankenschwester in der Notambulanz Nachtstunden ein und erstellte Listen der Dinge, die ihr Spaß machten: körperliche Arbeit, Handwerk und Kunsthandwerk, soziale Anliegen. Sie würde eine Oase für Frauen schaffen, die auf der Suche nach Abenteuer waren – einen Ort, an dem sie sich erfrischen und regenerieren konnten. »Ich wollte die Frauen mit dem Geist des ›Ja, du kannst es‹ erfüllen«, sagt Gail.

Sie kehrte nach Vieques zurück und fand ihr Grundstück: fünf Morgen fruchtbaren Dschungelbodens auf dem Land zu einem Preis, den sie sich leisten konnte. Vollkommen unerschlossen. Es gab dort auch kein Telefon. Zur damaligen Zeit sprach sie noch kein Spanisch. Sie erzählt, daß die Straße, die zu ihrer Auffahrt führte, erst im Jahr davor asphaltiert worden war. Vom Bauen hatte sie keine Ahnung. Trotzdem machte sie sich unverdrossen ans Werk und schickte sich an, ihr Traumhaus mit Hilfe von Tauschgeschäften zu errichten. Sie stellte einen Teil ihres Grundstücks als Zelt- und Picknickplatz zur Verfügung, und als Gegenleistung verlangte sie Hilfe bei der Errichtung ihres Traumhauses: New Dawn. Die Studenten halfen ihr. Nach einem Jahr stand der Rohbau, und im zweiten kamen die elektrischen Leitungen und die Installationen dazu. Die notwendigen Fähigkeiten eignete sie sich mit Hilfe von Büchern an. »Wenn niemand zum Arbeiten da ist, muß man sich eben selbst kundig machen«, sagt Gail. »Ich hatte von meinem Mann gelernt, wie man seine Vorstellungen verwirklicht. Damals hatte ich keine Angst mehr davor, irgend etwas in Angriff zu nehmen ... Ich hatte genug Selbstvertrauen, um zu wissen, daß ich es schaffen würde.

Wenn man sich wirklich nach etwas sehnt, kann man sich seinen Traum erfüllen, auch wenn Geld und Mittel beschränkt sind.«

Als ihre Kinder aufs College gingen, war New Dawn fertig. Heute ist es nicht eine Oase nur für Frauen, sondern eine Oase für alle, die Erholung und eine Möglichkeit suchen, sich für eine Weile von der Hektik unserer Welt zurückzuziehen.

New Dawn ist eine Mischung aus sinnlichen Genüssen, die man fast nicht beschreiben kann, wenn man sie nicht selbst erlebt hat. Schon auf der unasphaltierten Einfahrt wird man von einer unglaublichen Vielfalt von Bäumen begrüßt, die mit allen Köstlichkeiten dieser Welt behängt sind: Bananen, Mangos, Sternfrüchte, Nüsse, Passionsfrüchte, Guave, Limetten, Papayas, Plantanen, Zitronen und Kokosnüsse. Auf der riesigen, rund um das Haus verlaufenden Veranda stehen Liegestühle aller Größen und Formen, auf denen man sich vom tropischen Wind umschmeicheln lassen kann. Die solarbeheizte Dusche steht in der freien Natur. Das Gefühl, sich an einem lauen Nachmittag von einem warmen Sprühregen berieseln zu lassen, ist unbeschreiblich. Wozu eine Dusche im Haus, wo es auf Vieques doch an allen Tagen warm ist? Drinnen hätte man keinen Blick auf die Palmen, die rosablühenden Orchideenbäume und die roten Flamingo- und Hibiskusblüten, die sanft im Wind schaukeln. Und man hätte auch nicht die riesigen Bougainvilleen vor Augen, deren schwer mit Blüten beladenen Äste in die Duschkabine hängen. Diese botanische Üppigkeit und Fülle sorgt für mehr als ein schönes Ambiente; sie sorgt für ein durch und durch privates Reinigungserlebnis.

Die sinnlichen Genüsse von New Dawn erstrecken sich auch auf die Abende. Bevor die Sonne untergeht, hat man einen Blick über die sanften Hügel von Vieques. Man sieht bis zum tropischen Meer. Sogar die Insel St. Croix, die vierzig Meilen entfernt liegt, ist noch zu erkennen. Und wenn die Dämmerung hereinbricht und die Luft kühler wird, erwacht der Dschungel zum Leben. Stimmführer der Symphonie ist der Coqui, ein daumennagelgroßer Frosch, der nur in Puerto Rico heimisch ist. Der Coqui stimmt ein in den Chor von Grillen, Zikaden und anderem nächtlichen Getier, und es entsteht eine wundervolle Melodie voller Trillern, Pfeifen und Summen. Keine Sirenen, keine vorbeirasenden Autos und nichts von dem, was unsere gewohnte, städtische Lärmkulisse sonst noch ausmacht.

»Ich weiß die Offenheit von Zeit und Raum zu schätzen, die ich hier antreffe«, sagt Gail. »Man braucht nicht so viele Entscheidungen zu treffen, denn es gibt ja nicht so viele Wahlmöglichkeiten. Man braucht sich nicht den Kopf darüber zu zerbrechen, was man am Abend unternehmen will. Und die Insel ist so entspannt, daß man sich nicht gleich aufregt, wenn die Leute im Auto, das vor einem fährt, stehenbleiben und mitten auf der Straße ein Gespräch mit jemandem beginnen. Das gehört hier alles zum Leben.

Die Natur ist eine Gleichmacherin. Ohne all die künstlichen, unnatürlichen Dinge, die der Mensch gemacht hat, rückt man von dem Konkurrenz- und Wettbewerbsdenken ab, das man in der Stadt gelernt hat. Seinem Herzen zu folgen, ist wichtig, und Vieques nimmt in meinem Herzen einen großen Platz ein.«

ÜBER WERTE UND TUGENDEN

Am Anfang – Liebe
Am Ende – Liebe.
In der Mitte müssen wir die Tugenden pflegen.

Swami Chidvilasananda

Die Quintessenz der Einfachheit besteht darin, aus dem Kern unseres Wesens zu leben. Wir alle haben einen inneren Kern. Bei vielen von uns ist er tief verschüttet, bei manchen aber auch leichter zugänglich. Wenn wir der Welt das zeigen, was wir eigentlich sind – unser höchstes und bestes Ich –, wird unser Leben von selbst einfacher und von heiterer Gelassenheit erfüllt. Wir können diesen inneren Wesenskern auf verschiedene Weise benennen: unsere Seele, unser inneres Ich, unser höchstes und wahrstes Selbst. Das äußere Erkennen dieses Wesenskerns können wir ebenfalls benennen: unsere Tugenden und Werte. Manchmal ist es hilfreich, die Dinge zu benennen, denn dadurch erhalten wir einen Rahmen. Michelangelo wurde einmal gefragt, wie er seine Statuen forme. Er antwortete, daß er einfach all das wegschlage, das nicht zu der Statue gehöre. Unser höchstes Ich steht in höchster Vollkommenheit bereit. Es wartet nur darauf, freigelegt zu werden.

Wenn wir Werte wie Ehrlichkeit, Respekt, Liebe und Mitleid leben, werden sie uns selbst ebenfalls zuteil werden. Wenn wir andere hingegen respektlos behandeln oder wenn wir zornig oder ungeduldig sind, spüren wir, daß unser Leben außer Kontrolle geraten ist. Wir brauchen unser Leben nicht länger zu verkomplizieren, indem wir die Antworten außerhalb unserer eigenen Person suchen. Und wir brauchen uns nicht länger den Kopf darüber zu zerbrechen, was wir zu wem gesagt haben oder wie wir uns in Gegenwart bestimmter Personen verhalten sollen. Wenn wir aus unserem Wesenskern leben, wissen wir, daß wir in jeder Situation unser Bestes getan haben, und deshalb sind wir befreit von allen »hätte sollen« und »hätte können«. All diese Klagen und Selbstvorwürfe kosten ungeheuer viel Energie, und das führt dazu, daß unser Leben nach außen hin einen immer chaotischeren Eindruck erweckt. Das kennen wir alle. Im ersten Jahrhundert nach Christus lehrte der Philosoph Epiktetus, daß ein tugendhaftes Leben zu Ganzheit nach innen und Harmonie nach außen führt. Er schrieb: »Es hat etwas wunderbar Erleichterndes, ein moralisch geradliniges Leben zu führen: Die Seele entspannt sich, und so können wir unsere Ziele ohne Behinderung verfolgen.« In der heutigen Zeit können wir das so verstehen, daß wir, indem wir ständig von unserem höchsten Niveau (unseren Tugenden) aus handeln, ein entspannteres Leben führen können. Der Grund dafür ist, daß wir dann die Gewißheit haben, daß wir unser Bestes tun. Epiktetus fordert uns dazu auf, den »äußeren« Entscheidungen weniger Gewicht beizumessen. In unserer heutigen Zeit könnten wir dies auf die Entscheidungen über den Lebensstil beziehen und uns aufgefordert fühlen, uns statt dessen auf unseren inneren, moralischen Verhaltenskodex zu konzentrieren.

Wenn wir uns nicht an unseren Moralkodex halten, geraten wir innerlich aus dem Gleichgewicht. Wie Sharon Lebell in ihrem Buch *The Art of Living* schreibt: »Das nagende Gefühl, daß etwas in unserem Leben nicht stimmt, und die Sehnsucht, unser besseres Ich zu leben, verschwinden nicht.«

Diese Sehnsucht können wir stillen. Indem wir unsere Tugenden und Wertvorstellungen zur Maxime unseres Handelns und Fühlens machen, vereinfachen wir unser Leben ungeheuer. Epiktetus schrieb: »Wenn unsere Gedanken, Worte und Taten ein nahtloses Gewirk bilden, vereinheitlicht sich unser Streben und Sorge und Furcht verschwinden. So können wir leichter das Gute anstreben, anstatt uns von den Gefühlen und Anwandlungen des Augenblicks treiben zu lassen.«

Tugenden wurden als die Quintessenz der Seele beschrieben. Wie Linda Kavelin Popov in ihrem Buch *Sacred Moments: Daily Meditations on the Virtues* schreibt: »Ein Akt der Liebe, der Gerechtigkeit, der Kreativität oder ein Erkennenlassen irgendeiner anderen Tugend ist seinem Wesen nach ein Ausdruck unserer Spiritualität.« Linda beschreibt die Tugenden auch als Edelsteine, die sich im Bergwerk des wahren Ich verbergen: »Wenn wir sie nicht sehen, benennen oder benutzen, sind sie für uns verloren. Dabei sind sie immer da und warten wie Schätze darauf, geborgen zu werden. Aber wir müssen tüchtig graben.« Als Linda fand, es sei Zeit, der Welt ein Geschenk zu überreichen, schrieb sie gemeinsam mit ihrem Mann und ihrem Bruder ihr erstes Buch. Es trägt den Titel *The Family Virtues Guide.* Die drei Autoren durchforsteten die großen Weltreligionen und entdeckten, daß es Tugenden und Werte gibt, die überall einen hohen Stellenwert haben. Dazu gehören zum Beispiel Mitleid, Ehrlichkeit und Großzügigkeit. Sie zählen insgesamt zweiundfünfzig dieser Tugenden auf – eine für jede Woche des Jahres. Das Buch ist ein Leitfaden für Eltern, die ihren Kindern Werte vermitteln möchten. Alle Tugenden werden erklärt, und es wird gezeigt, wie sie sich in unser Leben einbauen lassen.

Popov wurde meine persönliche Mentorin, was Tugenden angeht. Ich begann, sie meinen Kindern zu vermitteln und erkannte dabei, wie wichtig sie in meinem eigenen Leben waren. Außerdem bemerkte ich, wie sehr sie mein Leben vereinfachen konnten. Ich beschreibe nachfolgend einige Tugenden und Werte, die auch Ihr Leben vereinfachen können.

Zufriedenheit

Zufriedenheit ist einer der Eckpfeiler des einfachen Lebens. Leider tragen wir Menschen eine unersättliche Gier in uns – die Gier nach *mehr*. Den Großteil unserer wachen Stunden verbringen wir damit, uns Dinge zu wünschen und zu versuchen, sie zu bekommen. Sobald wir etwas haben, wollen wir schon wieder etwas anderes. Das können Gegenstände sein wie ein neues Auto, ein neues Haus, ein neuer Pullover oder ein neuer Job, aber auch solche, die sich nicht greifen lassen, wie mehr Liebe, perfektere Kinder. Mehr hiervon, mehr davon. Zufrieden sind wir so gut wie nie. Einer meiner Lieblingssätze lautet: »Wahrer Reichtum bedeutet nicht, mehr zu haben, sondern weniger zu wollen.«

So wahr dieser Satz ist, so schwer läßt er sich umsetzen. Er läßt sich so schwer fassen, daß ein ganzes Buch über das Thema geschrieben wurde. Es ist von Timothy Miller und heißt *How to Want What You Have*. Das zu wollen, was man hat, bedeutet laut Miller, daß wir so denken, handeln und fühlen müssen, als sei unsere alltägliche Existenz heilig. Aldous Huxley schrieb in seinem 1945 erschienenen Buch *Die ewige Philosophie:* »Die wichtigste einzelne Aufgabe eines Menschen ist es, in gewöhnlichen Dingen, im gewöhnlichen Leben und in gewöhnlichen Gedanken das Göttliche zu entdecken.«

Wenn wir uns auf die Tugend der Zufriedenheit konzentrieren, lernen wir langsam, das zu schätzen, was wir haben. Alle Menschen, die ich für meinen Newsletter *Simple Living* interviewte, erzählten mir, daß sie nun, nachdem sie ihr Leben vereinfacht hatten, die Dinge schätzen können, die direkt vor ihren

Augen liegen. Sie brauchen nicht mehr soviel Unterhaltung, und sie suchen sie auch nicht mehr. Eine Frau, die aufs Land gezogen ist, erzählt: »Ich schaue aus dem Fenster. Es ist schön. Absolut wundervoll. Ich habe Zeit, den Bussarden bei ihren Sturzflügen zuzusehen, zu beobachten, wie sich Regenbogen bilden und wie Wolken vorüberziehen ... Wenn ich das nur fünf Minuten lang mache, sehe ich den Tag mit ganz anderen Augen. Auch dann, wenn ich wirklich hart gearbeitet habe.« Ein anderes Paar hörte auf, ein Vermögen für Abendunterhaltung auszugeben. Die beiden stellten fest, daß ihnen ein kleines Picknick an einem Fluß bei Sonnenuntergang weit mehr Zufriedenheit brachte.

Wenn wir unseren Autopiloten abschalten, beginnen wir zu erkennen, wie sich zu unseren Füßen eine Welt voller Wunder entfaltet. Kleine Dinge bringen uns mehr Freude. Unsere Sehnsüchte werden uns bewußt.

Wenn wir über Zufriedenheit sprechen, sollten wir uns eines vor Augen halten: Zufrieden zu sein, bedeutet nicht, nichts mehr für die Zukunft zu erhoffen, zu wachsen aufzuhören, apathisch zu werden oder aufzugeben. Zufrieden zu sein, bedeutet, sich stärker auf die Dinge zu konzentrieren, die erreichbar sind. Anstatt für die Zukunft zu leben (ich werde glücklich sein, wenn ich mein neues Auto habe; wenn meine Kinder aufs College gehen; wenn ich einen neuen Freund habe; wenn ich befördert werde), freut sich ein zufriedener Mensch über das Heute. Natürlich können Sie für die Zukunft hoffen und Pläne schmieden, aber vergessen Sie darüber nicht, im Heute zu leben und das Heute zu genießen.

Popov zitiert in *Sacred Moments* Thich Nhat Han: »Wir benutzen die Hoffnung zu dem Glauben, daß uns die Zukunft etwas Besseres bringen wird – den Frieden oder das Königreich Gottes. Dadurch wird die Hoffnung zu einer Art Hindernis. Wenn es uns gelingt, nicht mehr zu hoffen, können wir vollkommen im Jetzt leben und entdecken, daß die Freude bereits da ist.«

Ordnung

Ordnung ist ein weiterer Eckpfeiler des einfachen Lebens. Überlegen Sie einmal, um wieviel leichter alles ist, wenn man findet, was man sucht, oder wenn die Buchhaltung auf dem laufenden ist. Und wie reibungslos das Leben verläuft, wenn der Zeitplan (in der Arbeit und im Privatleben) geordnet ist.

Wir nehmen zu viele Dinge an und öffnen damit Chaos, Streß und Nervosität Tür und Tor.

Popov hörte auf, sich selbst »chaotisch« zu nennen, als sie feststellte, daß sie die Tugend der Ordnung in sich trug. Heute sehen ihr Heim und ihr Büro, wie sie sagt, unglaublich ordentlich und schön aus.

Ordnung zu haben, bedeutet, nicht mehr zu besitzen, als wir wirklich brauchen und außerdem pflegen und lagern können. Wenn wir zu viele Dinge anhäufen, wissen wir nicht mehr, wohin mit ihnen. Manche von uns legen sich sogar ein größeres Haus zu oder bauen ihre Küche um, nur um immer mehr Dinge unterbringen zu können. Je mehr sich ansammelt, desto schwieriger wird es, die Dinge zu finden, desto länger müssen wir darüber nachdenken, was wir wohin geräumt haben, und desto mehr Energie brauchen wir zum Saubermachen und Aufräumen. Wird mein Leben leichter, wenn ich mich von immer mehr dieser überflüssigen Dinge trenne? Allerdings.

Überlegen Sie einmal, in welcher Beziehung Ordnung zu Schönheit steht. Ich erinnere mich an eine Zeit, als es modern war, bei der Inneneinrichtung alle möglichen Farben und Muster zu mixen. Angeblich verlieh das dem Haus ein extravagantes Erscheinungsbild. In Wirklichkeit machte es die Leute aber nervös, weil so viele Formen und Farben da waren, die um ihre Aufmerksamkeit wetteiferten. Und nun denken Sie an die Schönheit einer Umgebung, die von einer einfachen, heiteren Gelassenheit geprägt ist. Japanische Häuser sind dafür bekannt. Man spürt die Ruhe schon beim Eintreten. Oder denken Sie etwa an die Schönheit einer einzelnen Rose in einer schönen Vase. Wozu brauchen wir eine ganze Tischplatte voller Krimskrams und Artefakte, bunt gemischt wie auf einem Weihnachtsmarkt?

Mir wird immer stärker bewußt, daß weniger besser ist. Wichtig ist aber auch, daß das Streben nach Einfachheit nicht zur Manie wird.

Die Leute, die Kinder haben, werden nun natürlich verärgert den Kopf schütteln: »Die hat sie wohl nicht alle! Eine Umgebung, die Einfachheit und Ruhe ausstrahlt – mit Kindern im Haus?«

Langsam, langsam. Ordnung und Ruhe bedeuten nicht, daß wir in einem Kloster leben müssen, wo die einzige Möblierung aus einem Bett und einem Holzstuhl besteht (obwohl diese Vorstellung nicht ohne Reiz ist). Mir persönlich gefällt ein bestimmtes Maß an »bewohnter« Unordnung durchaus. Wenn alles perfekt ist, kann ich mich nicht wirklich entspannen. Andere Menschen hingegen fühlen sich wohler, wenn die Räume sehr spärlich möbliert sind und nichts herumliegt. Jeder von uns muß hier sein eigenes Maß finden.

Für mich bedeutet Ausgewogenheit in diesem Bereich, eine Kombination aus »bewohnter« Vielfalt und einfacher Ruhe zu finden. Das ist möglich, sowohl mit Kindern als auch ohne. Erstens brauchen Kinder nicht jedes nur vorstellbare Spielzeug, und zweitens können die vorhandenen Spielsachen auf ordentliche Weise aufbewahrt werden. So lernen die Kinder, wie angenehm es ist, daß sie das Gesuchte finden, ohne gleich das ganze Haus auf den Kopf stellen zu müssen.

Wir brauchen auch bei der Einrichtung nicht zuviel des Guten zu tun, gleichgültig, ob wir Kinder haben oder nicht. In Wirklichkeit ist es so, daß Familien mit Kindern um so einfacher leben können, je weniger Dinge sie haben, über die sie sich den Kopf zerbrechen müssen. Mein Haus kann auch mit weniger Krimskrams bewohnt aussehen und gemütlich sein. Mir macht es zum Beispiel nichts aus, wenn die Zeitung herumliegt, wenn sie relativ bald aufgehoben wird. Wenn mitten im Zimmer Schuhe herumliegen, mache ich mir bewußt, daß jemand da war, den ich liebe, und das ist ein gutes Gefühl. Ich lache, wenn ich die Papierflugzeuge meines Sohnes in den Zimmerecken und die halbfertigen Kunstwerke meiner Tochter neben einer Schachtel Farbstifte auf dem Boden liegen sehe. Diese Dinge machen ein Haus gemütlich und warm. Gehen Sie durch Ihr Haus und werfen Sie alles hinaus, was Sie nicht wirklich lieben und was Ihnen kein Gefühl der Freude vermittelt. Nehmen Sie sich vor, Schönheit um sich herum zu schaffen.

Ordnung kann auch bedeuten, Papiere, Werkzeug, Geräte und Scheckbuch in Ordnung zu halten. Das ist nicht möglich, wenn man zu viele von diesen Dingen hat oder wenn der Terminkalender so randvoll ist, daß man keine Zeit findet, die ausgestellten Schecks einzutragen und die Ablage aktuell zu halten. Diese Art Ordnung ist es aber, die Frieden in unser Leben bringt.

Aufrichtigkeit

Aufrichtig zu sein (auf eine sanfte, fürsorgliche Weise), ist einer der direktesten Wege zu einem einfacheren Leben. Wenn wir nicht aufrichtig sind, müssen wir viel Energie investieren, uns daran zu erinnern, was wir zu wem gesagt haben.

Nur so können wir verhindern, uns in peinliche Situationen zu bringen. Überlegen Sie einmal, wieviel Streß es Ihnen bereitet, wenn Sie eine Affäre haben und Ihren Partner belügen. Wie einfach wäre das Leben doch, wenn Sie kein Doppelleben zu führen bräuchten.

Aufrichtigkeit bedeutet, daß wir ehrlich zu unseren Gefühlen stehen und unser wahres Ich leben. Daß wir zu unseren Gefühlen stehen sollen, bedeutet aber nicht, daß wir herumlaufen und allen Leuten unsere dunkelsten Gedanken mitteilen oder ihnen ständig Negatives sagen sollten (wozu auch?). Wir sollten der Mensch sein, der wir in unserem innersten Wesenskern sind, und aus diesem inneren Kern heraus leben und kein künstliches Verhalten an den Tag legen, nur um andere zu beeindrucken. Ich erinnere mich, daß ich das Gefühl hatte, mich endlich selbst zu akzeptieren, als ich gegenüber anderen Leuten zugeben konnte, daß meine Lieblingsserie im Fernsehen *I Love Lucy* war. Diese Serie bringt absolut keine geistige Anregung und hat kaum bildende Qualitäten. Sie ist nichts als leichte, entspannende Unterhaltung. Ich hatte nicht länger das Gefühl, andere mit meiner Intelligenz oder mit den anspruchsvollen, intellektuellen Interessen beeindrucken zu müssen, die ich hatte oder auch nicht. Ich ließ auch eine Karriere als Juristin sausen, um mich meiner Lebensliebe, dem Schreiben, zuzuwenden. Es interessierte mich nicht, ob einige Leute auf mich herabblickten, weil ich keine Anwältin mehr war.

Aufrichtigkeit bedeutet auch, mit anderen auf echte und sanfte Weise umzugehen. Was für ein wundervolles Geschenk, jemandem zu sagen, daß wir ihn mögen! Wenn wir traurig sind, wie tröstlich kann es dann sein, das zu zeigen und von Menschen akzeptiert zu werden, die wirklich Anteil nehmen, anstatt eine falsche Fassade nach außen zu kehren. Auf diese Weise aufrichtig zu sein, benötigt viel weniger Energie.

Freude

Die Freude ist der Zufriedenheit ähnlich, aber sie ist doch anders. Wenn wir Freude in unserem Herzen haben, kann unser Leben viel einfacher sein. Warum? Nun, wer sich freuen kann, braucht nicht so viele Anregungen von außen. Ich begann über diesen Wert nachzudenken, als ich Kellner und Kellnerinnen beobachtete. Ganz egal, ob es sich um ein teures Restaurant oder ein einfaches Café am Straßenrand handelt: Manche Kellner tun ihre Arbeit mit mürrischer Miene und zusammengekniffenem Mund. Man sieht ihnen auf den ersten Blick an, daß irgendeine Zwangslage sie zu diesem Job gezwungen hat. Sie wollen nicht dort sein, wo sie sind, und das merkt man. Es gibt aber auch ganz andere Leute in diesem Job. Sie sind von einer inneren Freude erfüllt, die nach außen strahlt und alle in gute Laune versetzt. Diesen Leuten ist es nicht im geringsten unangenehm, Kellner oder Kellnerin zu sein. Sie geben ihr Bestes.

»Die Freude verleiht uns Flügel! In Zeiten der Freude ist unser Lebensgeist lebendiger, unser Intellekt schärfer und unser Verstand weniger umwölkt. Wir scheinen besser mit der Welt zurechtzukommen und unsere Einflußsphäre zu finden.**«**

,Abdu,l-Baha,
Zitiert in The Familiy Virtues Guide von Linda Kavelin Popov

Dieselbe Theorie gilt für unser eigenes Leben. In dem Buch *Chop Wood, Carry Water* geht es darum, bei alltäglichen Arbeiten wie Holzhacken und Wassertragen Freude zu finden. Wir alle müssen Dinge tun wie die Toilette reinigen, Geschirr spülen, Wäsche waschen oder Unkraut jäten. Könnten wir diese Arbeiten nicht ebensogut freudig erledigen? Welchen Sinn hat es, sie unwillig und griesgrämig zu tun, wo wir doch nicht um sie herumkommen? Glauben Sie nicht, ich sei eine eifernde Tugendterroristin, die singt, während sie die Toilette putzt. Glauben Sie nicht, daß ich nie ein mürrisches Gesicht mache, wenn ich irgendwelche langweiligen Routinearbeiten erledigen muß. Aber Sie dürfen gern glauben, daß ich immer nach neuen und kreativen Wegen Ausschau halte, wie ich das, was ich tun muß, genießen kann.

Viele von uns haben das Gefühl für Freude verloren, weil wir uns von der Werbung beeinflussen lassen, die uns einreden will, daß wir die Freude nur außerhalb unseres Ich finden. Wenn wir unser ganzes Leben damit zubringen, einem äußeren Reiz nach dem anderen nachzujagen, verlieren wir unsere Fähigkeit, die Freude dort zu finden, wo wir stehen – in unserem alltäglichen Leben. Übrigens ist es nicht nur die Werbung, die uns einredet, wir müßten Dinge kaufen, um glücklich zu sein. Unsere ganze Kultur versucht, uns einzureden, daß wir solange nach oben streben sollten, bis wir die Spitze erreicht haben, wo wir endlich glücklich sein werden. Angeblich können wir nicht richtig glücklich sein, bevor wir nicht ganz »oben« sind, wo immer das ist.

In ihrem Buch mit dem Titel *Finding Joy* schreibt die Autorin Charlotte Davis Kasl, daß wir Freude finden, indem wir unsere Einstellung ändern. Wenn wir zum Beispiel im Verkehrsstau stecken und absolut machtlos dagegen sind, können wir ebensogut unsere Einstellung ändern und uns entspannen. Anspannung macht uns das Leben kaum leichter. Wenn wir gereizt sind, stecken wir auch unsere Umgebung mit unserer Gereiztheit an, und wenn wir diese Reaktionskette weiterdenken, wird uns bald klar, daß am Ende ein schönes, dickes Magengeschwür steht.

Ein Kapitel in *Finding Joy* trägt den Titel: »Wenn Ihre Nachbarn Müll aus dem Fenster werfen, ziehen Sie doch um.« Charlotte wurde von einer befreundeten Psychologin auf dieses Thema aufmerksam gemacht. Sie sagte ihr, daß sie zwar nicht verhindern könne, daß Müll aus dem Fenster geworfen würde, daß sie aber eines tun könne: zur Seite treten. Was sollen wir sonst tun? Diese Nachbarn anzeigen? Behaupten Sie Ihre Grenzen mit Freude, und vergessen Sie nicht: Von Zeit zu Zeit schadet es gar nichts, ein bißchen lockerer zu sein.

Geduld

Alle gute Dinge kommen zu dem, der warten kann. Wir alle haben diesen Satz schon einmal gehört, und nirgends beweist sich seine Richtigkeit besser als im einfachen Leben. Der Hauptgrund, warum sich die Leute zum Beispiel in Schulden stürzen, besteht darin, daß sie nicht warten können. Sie müssen alles sofort besitzen. Ganz egal, ob sie das Geld haben oder nicht: Kreditkarte genügt. Und schon stecken sie bis zu den Ohren in Schulden und fragen sich, wie das nur passieren konnte.

》Wenn es eine Sünde wider das Leben gibt, dann ist es vielleicht nicht so sehr, am Leben zu verzweifeln, als auf ein anderes Leben zu hoffen und die unvergleichliche Größe dieses einen Lebens zu mißachten. 《

Albert Camus

Ein Akt der Freundlichkeit

Marilyn Meyer

Als meine Tochter Molly sechs Jahre alt war, bemerkte sie bei einem Besuch bei ihrer Freundin Teru, daß diese Vorbereitungen traf, von zu Hause auszureißen. Sie packte den Großteil ihrer Kleider in kleine Plastiktaschen. Molly sagte zu Teru, daß auch sie schon einmal in Erwägung gezogen hätte, auszureißen, daß sie sich aber dann gedacht habe: ›Wohin soll ich gehen? Ich kann nicht allein die Straße überqueren. Was würde ich essen? Ich würde hungern! Deswegen entschloß ich mich, es nicht zu tun.‹ Als Teru aber Mollys klugen Rat von sich wies, rannte Molly nach unten, um Terus Mutter zum Einschreiten zu bewegen. »Becky, Teru hört nicht auf mich! Sie will immer noch weglaufen. Ich glaube, daß ein Erwachsener mit ihr reden sollte.«

Wir leben in einer gewalttätigen Welt, und unsere Kinder werden tagtäglich mit Zeitungen, Fernsehen, Filmen und – nicht zu vergessen – Videospielen konfrontiert, in denen sie lebhafte Beispiele der Unmenschlichkeit beobachten, mit der wir Menschen Pflanzen, Tiere und einander behandeln. In der Einführung zu ihrem Buch Kid's Random Acts of Kindness fragt die Psychologin Dawna Markova: »Was können wir tun, um die Hoffnung und Freude ihrer kleinen, offenen Herzen zu fördern und ihr Bedürfnis, zu helfen, zu unterstützen? Was wäre, wenn wir, anstatt die Dunkelheit zu verdammen, die Gesichter unserer Kinder dem Licht zuwendeten? Was, wenn wir ihnen zeigten, wie sie mit anderen in Verbindung treten, ihnen die Hand entgegenstrecken und sich in jenes Netz von Beziehungen einweben können, das wir Gemeinschaft nennen?«

Im Hebräischen gibt es kein Wort für Wohltätigkeit. Sehr wohl aber gibt es verschiedene Ausdrücke für Akte der Güte. Mitzvot sind die vorgeschriebenen

Ein wenig Geduld zahlt sich aus. Wir brauchen nicht alles, was wir sehen, sofort zu haben. Meist kommen wir ohne diese Dinge ebensogut zurecht. Geduld bedeutet auch, auf das Leben warten zu können, anstatt zu erwarten, daß es an Ort und Stelle stattfindet. Heute, wo unsere Welt immer technischer wird, fällt es uns zunehmend schwerer, diesen Wert zu einem Bestandteil unseres Lebens zu machen. Faxgeräte, E-mail und Funktelefone ermöglichen es uns, jederzeit und unmittelbar miteinander in Kontakt zu treten. Wenn uns das

Verhaltensweisen: die Eltern, Großeltern und Kinder respektieren, den Armen Nahrung geben, für Waisen, Witwen und Fremde sorgen. Tzedakah bezeichnet die bewußten Akte, durch die wir unseren Kindern Vorbild sind, wie Lebensmittel und Kleidung spenden, andere zum Essen einladen, aber auch Werte wie Bildung, harte Arbeit, Ehrlichkeit und Sparsamkeit. Dann gibt es noch Gimelut hasidim, die Akte der liebenden Güte: Das sind die kleinen Dinge, die unvermittelten Gesten, die Geschenke der Liebe und des Einfühlungsvermögens sind. Tkun olam (Heilung der Erde) sind die winzigen und die ganz großen Taten, wie Abfall vom Boden aufheben, den Regenwald retten und über den Frieden in Bosnien verhandeln.

Man braucht kein Talmud-Gelehrter zu sein, um Akte der Güte zu vollbringen, die anderen als Vorbild dienen.

Jeder von uns ist ein Lehrer; wir lehren durch das, was wir tun, und nicht durch das, was wir sagen. Wir lehren unsere Kinder Fürsorglichkeit – nicht nur, indem wir ihnen Meerschweinchen als Haustiere schenken, sondern indem wir selbst liebevoll für unsere alten Eltern sorgen.

Die Gesellschaft kann künftigen Generationen die Großzügigkeit des Geistes nur durch Taten vermitteln. Viele dieser Taten werden bewußt gesetzt und sind nicht nur zufällige Akte der Güte. Ein Kind versteht vielleicht nicht, was es bedeutet, einen Scheck auszustellen, aber es versteht sehr wohl, was es bedeutet, seine Spielsachen in eine Schachtel zu packen und sie Kindern zu schenken, die im Leben weniger Glück haben. Seit vielen Jahren veranstalten meine Kinder gemeinsam mit mir eine jährliche Spielzeugaktion. Eine der schönsten Erinnerungen meiner Tochter Genevieve ist die an einen Tag aus ihrer Junior-High Zeit, als sie gemeinsam mit ihren Klassenkameraden Lunchpakete packte und sie an Obdachlose verteilte.

nicht möglich ist, werden wir nervös. Gönnen wir uns doch eine Verschnaufpause, lassen wir ein wenig locker! Was, wenn uns nicht danach ist, jederzeit verfügbar zu sein? Ich zum Beispiel gehöre zu dieser Gruppe von Leuten. Das einfache Leben hat mich gelehrt, daß ich nicht tun muß, was alle tun. Ich bin zwar so modern, daß ich einen Anrufbeantworter habe, aber mehr will ich nicht. Meine Kinder und ich essen an den meisten Abenden bei Kerzenlicht, und in dieser Zeit gehen wir nicht ans Telefon. Ich war schon bei Leuten zu

Gast, die während des Abendessens telefonierten (das tat ich übrigens früher auch). Ich gebe freimütig zu, daß ich mich – nun, nicht besonders beachtet fühle, wenn meine Gastgeber bei jedem Klingeln vom Tisch aufspringen und zum Telefon laufen.

Geduld bedeutet auch Vertrauen. Wir alle kennen Leute, die einen x-mal anrufen, bevor man auch nur Gelegenheit hatte, sie zurückzurufen. Sie glauben, daß das, was sie von uns wollen, nicht geschehen wird, wenn sie sich nicht an unsere Fersen heften. Ruhig zu warten, tut der Seele gut und zeigt anderen, daß wir darauf vertrauen, daß sie uns erreichen werden. Geduld bedeutet auch, Vertrauen in uns selbst zu haben und den Mut aufzubringen, weiterzumachen, wenn uns nicht danach ist. Ich bin mir sicher, daß wir alle in unserer Schulzeit schwierige Zeiten durchgemacht haben. Leichter wäre es gewesen, die Schule Schule sein zu lassen und sich ein schönes Leben zu machen. Geduld trägt uns durch solche schwierigen Zeiten – das Wissen, daß wir unsere Zukunft aufbauen.

Ich bin immer wieder erstaunt über die Geduld und die Entschlossenheit der Leute, die ich für *Simple Living* interviewe. Sie wissen genau, welches Leben sie führen wollen, und lassen sich von der glitzernden Konsumwelt nicht von ihrem Weg abbringen. Sie sind bereit, zugunsten der Einfachheit auf materielle Luxusgüter zu verzichten. Sie sind bereit, Dinge selbst zu machen oder sie zu reparieren, anstatt sofort etwas Neues zu kaufen. Geduld zahlt sich für diese Leute aus, weil sie ihnen ein freudvolleres und erfüllteres Leben schenkt.

Bestimmtheit und Takt

Die beiden Werte Bestimmtheit und Takt ergänzen einander und können Ihr persönliches Leben viel einfacher machen. Bestimmtheit bedeutet, das zu sagen, was wir denken und fühlen, und Takt bedeutet, diese Dinge auf eine sanfte, nicht beleidigende Weise zu sagen. In Beziehungen verstärken wir unsere Probleme, indem wir nicht direkt sind oder indem wir uns taktlos verhalten und die Gefühle anderer verletzen. Manchmal versuchen wir, andere zu kontrollieren und sie mit Kritik oder durch verbale Attacken dazu bringen, uns das zu geben, was wir haben wollen. Wenn wir auf Bestimmtheit und Takt setzen, anstatt zu versuchen, andere so zu steuern, daß sie unsere Bedürfnisse erfüllen, bleiben wir bei unseren Forderungen klar und können sie positiv formulieren. Wenn Ihr Partner zum Beispiel oft länger weg ist, als es Ihnen angenehm ist, könnten Sie sagen: »Ich brauche regelmäßige Zeiten, in denen ich einfach mit dir zusammensein kann.« Das ist eine viel aussagekräftigere Botschaft als: »Ich bin dir wohl gleichgültig« oder »anscheinend bedeute ich dir nichts ...« Wenn wir taktlos sind, verfangen wir uns in aggressiven oder unerfüllten Beziehungen. Wir geben unseren Gefühlen Ausdruck, ohne darüber nachzudenken, welche Wirkung unsere Worte auf andere haben. Wir können unser Leben kaum einfacher machen, wenn wir nicht lernen, mit den Menschen auszukommen, die uns wichtig sind. Und wenn wir nicht lernen, uns mit Bestimmtheit auszudrücken, wird niemand wissen, was wir wollen und brauchen. Dann müssen wir mit langem Gesicht durch die Gegend ziehen und uns fragen, warum sich niemand um unsere Wünsche kümmert. Wenn ich in meinen jüngeren Jahren auf einen Freund böse war und er mich fragte, was denn los sei, zog ich einfach ein Gesicht und sagte: »Ach, nichts. Laß mich in Ruhe.« Dann war ich natürlich fassungslos darüber, daß er nicht das tat, was ich von ihm erwartete. Ich brachte es einfach nicht über mich, ihm zu sagen, was ich wollte oder brauchte. Es erfordert nämlich Mut, den Menschen zu sagen, wie es uns geht. Wir haben Angst davor, daß wir sie verletzen könnten, daß sie uns nicht verstehen könnten, daß sie böse werden könnten oder was immer. Im Lauf der Jahre habe ich gelernt, daß es besser ist, meine Angst zu überwinden und zu sagen, wie ich mich fühle. Wenn ich das auf taktvolle Weise tue, kann ich eine taktvolle Antwort erwarten, und wir können uns daran machen, das Problem zu lösen. Ohne Takt und Bestimmtheit können wir gar nichts lösen. Und wenn kleine Probleme ungelöst bleiben, entwickeln sie sich irgendwann einmal zu einem Vulkan, und die Beziehung leidet enorm. Und ein Leben in einem Druckkessel kann wohl nicht einfach genannt werden.

Es ist schwer, uns mit Bestimmtheit auszudrücken, wenn wir es nicht gewöhnt sind, unser wahres Ich zu leben und ehrlich zu sein. Wenn wir so tun, als seien wir ständig fröhlich, stark und der Welt zugewandt, fällt es uns schwer, mit Nachdruck Hilfe oder Trost zu verlangen. Der Welt unser wahres Wesen zu zeigen, erfordert Selbstbewußtsein. Wir müssen das Gefühl haben, daß unsere Ideen und Vorstellungen wertvoll sind. Auch Takt erfordert Selbstbewußtsein. Solange wir bis zum Hals in unseren eigenen Problemen stecken und ein chaotisches Leben führen, finden wir, bevor wir den Mund aufmachen, nicht die Zeit, die Energie oder das Bewußtsein, um innezuhalten und darüber nachzudenken, wie sich ein anderer Mensch fühlt.

Taktvolle Bestimmtheit ist eine wertvolle Verhaltensweise, die unseren Kindern als Vorbild dienen kann. Wenn sie Bestimmtheit nicht in eigener Anschauung erlebt haben, werden sie sich nicht trauen, aufzustehen und ihren Freunden zu sagen, wenn sie das Gefühl haben, daß ihr Verhalten nicht in Ordnung ist. Vielleicht sehen sie, wie Kinder ein anderes Kind bedrängen, und wagen es nicht, etwas zu sagen. Vielleicht geraten sie in Versuchung, zu rauchen oder zu trinken, und bringen nicht den Mut auf, nein zu sagen. Wir müssen uns immer vor Augen halten, daß unsere Kinder unsere Tugenden nur dann übernehmen, wenn wir sie ihnen vorleben.

Kreativität

Kreativität ist der bei weitem häufigste Wert, der mir bei den Gesprächen, die ich für dieses Buch führte, begegnete. Ich war beeindruckt von den vielen kreativen Ideen, die meine Interviewpartner hatten, um sich selbst und ihren Familien ein erfülltes Leben zu ermöglichen. Ich staunte, was diese Leute zustandebrachten, um besser und kostengünstiger zu leben. Alle kehrten dem Status quo den Rücken und wandten sich vollkommen neuen Möglichkeiten zu, die ihnen sinnvoller erschienen. Sie mußten wirklich offen sein für neue Ideen und Lösungen. Wie anders ist das doch, als mit dem Strom zu schwimmen, weil das alle tun, ganz gleich, ob sie es für richtig halten oder nicht.

Als mein Freund Taso und ich für *Simple Living* die erste Kolumne über Rendezvous schrieben, wählten wir instinktiv den Titel »Kreative Verabredungen«. Warum? Nun, weil man kreativ sein muß, um eine Verabredung gleichzeitig interessant und kostengünstig zu gestalten. Die Leser schickten auch dieses Mal viele kreative Ideen. Ich freute mich ungeheuer über dieses enorme Maß an Innovationsgeist. Meine Interviewpartner waren dieselben Leute wie bei dem Kapitel über die Arbeit. Niemand tat das, was alle tun, wenn er nicht das Gefühl hatte, daß er es wirklich wollte.

Kreativität bedeutet, aus unserer Schublade herauszukommen, die Wände niederzureißen und die Hände auszustrecken. Nur so können wir neue Sichtweisen entdecken und Dinge tun, die unser Leben besser machen. Je weniger tief wir dabei in Schulden stecken, unsere Zeit vergeuden und unnötige Dinge kaufen, desto freier sind wir, um über innovative Lösungen nachdenken zu können. Wie schön ist es doch, neue Wege zu entdecken, und wie sehr erneuern sich dabei unsere Energien!

Kreativität kann auch in harte Arbeit ausarten. Das wird mir immer wieder bewußt, wenn ich an einen Satz von Red Smith denke, der in dem Buch *Sacred Moments* zitiert wird: »Schreiben ist ganz einfach. Man braucht nichts weiter zu tun, als auf das weiße Blatt Papier zu starren, das vor einem liegt, bis sich die Blutstropfen auf der Stirn zu bilden beginnen.« Wie bei allen Tugenden ist der wertvollste Weg meistens nicht der einfachste. Aus unserer Schublade herauszukommen, verlangt Energie. Ich erinnere mich an einen Mann, dessen Beruf es war, anderen das Blockhausbauen beizubringen. Seine Schüler klagten oft darüber, wie schwierig es war, sich die notwendigen Fähigkeiten anzueignen, und wie anstrengend das eigentliche Hausbauen war. Er fragte sie: »Sie halten das für harte Arbeit? Meiner Meinung nach ist es harte Arbeit, dreißig Jahre lang eine Hypothek abzuzahlen.«

Wenn wir in unserem eigenen Leben kreative Lösungen anwenden, sind wir frei, darüber nachzudenken, wie wir anderen auf kreative Weise helfen können. Das beste Beispiel dieser Art von Kreativität ist wohl Mutter Teresa. Sie sah ein Bedürfnis und erfüllte es. Haben wir einmal dieses Maß an kreativer Einfachheit erreicht, ist der innere Friede bereits in unserer Reichweite.

Für Ashley Hutchinson ist Geben dasselbe wie Nehmen

Als Ashley Hutchinson nach Kalkutta, Indien, reiste, waren ihre Taschen berstend voll mit abgehobenen Idealen. Sie würde etwas für die Armen tun. Als sie ankam, schrieb sie an ihre Freunde: »Das schlimmste, was man sich ausmalen kann, bereitet einen nicht auf das vor, was ich hier erlebe.« Sie gab den Armen und kehrte mit etwas Neuem nach Hause zurück: mit spirituellem Reichtum.

Hutchinson verwirklichte ihren lebenslangen Traum, gemeinsam mit Mutter Teresa in deren Heim für Sterbende in Kalkutta zu arbeiten. Das erste Mal hatte sie 1975 an Mutter Teresa geschrieben, um sie zu fragen, ob sie bei ihr arbeiten dürfe. »Ich hatte in mir den Ruf gehört«, sagt sie. »Jedesmal, wenn ich ein Bild von ihr sah oder von ihr hörte, spürte ich in mir das Verlangen, ihr Leben zu berühren. Also setzte ich mich eines Tages an die Schreibmaschine und schrieb ihr einen Brief. Als Adresse gab ich einfach Kalkutta, Indien, an, und hoffte, sie würde den Brief bekommen.« Mutter Teresa beantwortete den Brief, aber erst fünfzehn Jahre später war die Amerikanerin mit den hehren Idealen innerlich bereit für die Reise. »Der Ruf war nun so stark, daß ich wußte, ich könnte mein Leben nicht mehr ertragen, wenn ich nicht nach Kalkutta führe«, sagt sie.

In den fünfzehn Jahren davor zog Hutchinson ihre beiden Söhne groß, durchlebte eine Scheidung und führte ein Leben, das sie als normal beschreibt – Arbeiten und Dinge erwerben. Vor vier Jahren veränderte sich plötzlich etwas in ihr: »Ich wollte kein Auto mehr, und die Kleidung war mir nicht mehr so wichtig«, sagt sie. »Als das begann, sagten die Leute: ›So komm doch zur Vernunft. Wir leben schließlich im zwanzigsten Jahrhundert, und da kannst du nicht ohne Auto, Kreditkarte und CD-Player leben.‹ Aber ich tat es. Ich fühlte mich frei, und ich war glücklich! Das war die spirituelle Vorbereitung auf meine Indienreise.«

Hutchinsons Sehnsucht begann, eine magnetische Wirkung zu entfalten. Bald kamen Leute zu ihr, die ihr Informationen über Indien brachten und ihr Hilfe anboten. Eines Tages ging ihr Sohn in ein Buchgeschäft, um für seine Mutter Informationen über Kalkutta zu suchen. Da bot ihm ein Mann an, daß sie seine dortige Wohnung benützen könne. Sie erhielt auch acht Schachteln mit gespendeten medizinischen Hilfsgütern, die sie mitnehmen sollte. So nahm ihre Reise langsam realistische Konturen an.

»Ich traf Mutter Teresa«, erzählt Hutchinson. »Sie ist von einer Aura umgeben ... von einem Frieden ... ihre Augen sind ohne Alter und voller Licht.« Jeden Tag ging Hutchinson zur Arbeit in die Klinik – einen niedrigen Raum aus Beton mit niedrigen Pritschen auf dem Boden, auf denen Kranke und Sterbende lagen. Sie sah ein Ausmaß von Armut und Krankheit, das sie sich in ihren schlimmsten Träumen nicht ausgemalt hätte. Sie wusch Leprakranken die Füße und erfuhr, daß sie jeden Menschen lieben konnte.

Die Leute, die vor ihr dorthin gefahren waren, prophezeiten ihr, daß sie als veränderter Mensch zurückkehren würde. Und das stimmte. »Es ist die Art, wie ich die Dinge jetzt sehe ... vor allem den Überfluß und die Gier, zu der wir erzogen werden. Nun empfinde ich all dieses Zeug, das wir anhäufen, als erstickend. Ich kaufe jetzt ein oder zwei Pflaster anstelle einer ganzen Schachtel. Ich teile auch lieber mit anderen. In Kalkutta teilen alle miteinander, ganz gleich, wie wenig sie haben. Ich bewunderte auf einer Busfahrt einmal das Armband eines jungen Mannes. Er sagte, er würde sich geehrt fühlen, wenn ich es annähme. Ein anderes Mal saß ein altes Paar neben mir, das zwei Tangerinen hatte. Eine davon boten sie mir an. Die Einstellung ›das gehört mir‹ gibt es nicht. Die Menschen fühlen sich geehrt, wenn man etwas von ihnen annimmt.«

Hutchinson sagt, daß das Leben in Kalkutta auch nicht frei von Streß war, aber daß es eine ganz andere Art von Streß war als der, den viele Menschen in den Vereinigten Staaten kennen. »In den USA haben wir diesen starken ›Zeitstreß‹. In Kalkutta ist davon viel weniger zu spüren.

Trotzdem wollen die Leute in Kalkutta nach Amerika fahren, weil sie unser Land vom Fernsehen her kennen. Wir haben sie davon überzeugt, daß Dinge den Menschen glücklich machen. Sie wissen nicht, daß es bei uns Streß, Arbeitslosigkeit und Obdachlosigkeit gibt«, berichtet sie.

Hutchinson kehrte zurück, als der Niederkunfttermin ihrer Schwiegertochter näherrückte. Sie hatte sich vorgenommen, Elemente ihres Lebens in Kalkutta in ihr Leben in den Vereinigten Staaten zu integrieren. Wie sie sagt, ist das gar nicht so leicht. »Ich kehrte mit dem Gefühl zurück, daß ich dankbar für das bin, was ich habe, aber es ist schwierig. Als ich in Kalkutta war, hatte ich nur zwei Garnituren Kleidung. Wenn wir abends nach Hause kamen, wuschen wir die eine Garnitur in einem Eimer Wasser aus, und die andere trugen wir. Wie wäre das hier, wenn man einen Job hat? Jeden Tag mit derselben Kleidung ins Büro zu kommen? Die Leute hier akzeptieren das nicht.«

Etwas hat Hutchinson jedenfalls auch heute noch nicht: ein Auto. Sie fährt mit dem Bus oder geht zu Fuß. Sie ist froh darüber, daß sie kein Auto abzuzahlen braucht, nicht tanken muß und daß Reparaturen und Versicherung wegfallen. Die wenigen Male, die sie ein Auto braucht, mietet sie eines. »Es dauert länger, wenn man mit dem Bus fährt«, sagt sie, »aber ich habe gelernt, mich zu entspannen und über das Leben nachzudenken, anstatt mich von der Routine des Wechsels zwischen Arbeit und Privatleben gefangennehmen zu lassen. Das Gehen hilft mir, mehr Frieden zu finden. Wenn ich zum Beispiel zu Fuß zur Arbeit gehe, kann ich meine Gedanken besser sammeln.«

Eine solche Reise ist für jeden Menschen eine sehr persönliche Erfahrung, sagt Hutchinson. »Niemand kann sagen, daß es dort besser ist als hier, aber ich habe mich entschlossen, nicht zu urteilen. Ich habe dort viel über spirituellen Reichtum und über ein langsameres Leben gelernt. Früher mußte ich Tabletten gegen hohen Blutdruck nehmen. Die brauche ich jetzt nicht mehr. Und ich war furchtbar neidisch. Ich wollte alles, was die anderen hatten. Eifersucht plagte mich.

Die Indienreise bestätigte mich darin, daß das, was ich tat, für mich richtig war«, erzählt sie. »Die Leute sagen, ich sei verrückt, zurückzuwollen in diesen Schmutz und in dieses Elend. Aber ich habe beim Helfen festgestellt, daß Geben dasselbe ist wie Nehmen. Es erfüllt mich sehr.

In unserer Gesellschaft glauben wir, daß wir etwas verlieren, wenn wir es hergeben. Ich habe aber gelernt, daß wir dabei etwas gewinnen. Es sind übrigens keine Schuldgefühle, die mich dazu veranlassen, mein Leben hier einfacher zu gestalten oder nach Kalkutta zurückzukehren, um dort zu arbeiten. Ich glaube nicht, daß es den Leuten in Indien hilft, wenn ich hier hungere. Ich kann ehrlich und aus ganzem Herzen sagen, daß ich den Überfluß, in dem ich früher lebte, nicht mehr will. Ich habe einen neuen Reichtum gefunden. Die Menschen in Kalkutta halten ihr Haus offen. Sie fühlen sich von Besuchern nie belästigt, ganz gleich, welche Tageszeit es ist. Das ist ihr Reichtum, an dem sie andere teilhaben lassen. Ich konnte an keinem Vormittag eine Dorfstraße entlanggehen, ohne daß mich nicht jemand zum Tee eingeladen hätte.

»Sie erkennen die Einheit, die uns alle gleich macht. Diese unsichtbare Essenz, die wir alle in uns tragen.«

Was ist für Ashley Hutchinson der Sinn des Lebens? »Immer von Dank und Zufriedenheit erfüllt zu sein für das, was ich habe, und zu wissen, was mich wirklich glücklich macht: das Gefühl des Friedens, das ich empfinde, wenn ich mit anderen teile. Und nach dem zu leben, was ich brauche, und nicht nach dem, was ich will.«

ÜBER DIE FAMILIE

Erziehe dein Kind für seinen Lebensweg, dann
weicht es auch in seinem Alter nicht davon ab.

Sprichwort

Meine Mutter ist mein großes Vorbild, was das einfache Leben und Kinder betrifft. Als ich klein war, hatte sie immer Zeit für uns Kinder. Ihr Leben war so offen, daß wir nie das Gefühl hatten, in ihrem vollgestopften Terminkalender »untergebracht zu werden«. Sie lehrte mich, wie gut es ist, Kinder einfach »sein« zu lassen und ihnen fließende, unstrukturierte Zeit zu gönnen. Da ihr eigenes Leben nicht voller Termine war, konnte sie für ihre Kinder unbeschränkte Geduld aufbringen.

Pflegen Sie Ihre Familienzeit

Der Wunsch, mein Leben einfacher zu gestalten, erwachte in mir, als ich Kinder bekam. Sie wurden in den geschäftigen, erfolgsbewußten und egoistischen Achtzigern geboren, als viele Frauen sich dazu gedrängt sahen, voranzukommen und wichtig zu erscheinen. Es war eine Zeit, in der viele von uns mit ihrer Identität kämpften. Ich fragte mich, wie ich es wohl schaffen könnte, die Werte der Fünfziger, nach denen meine Mutter lebte, mit meinem Leben der achtziger und neunziger Jahre in Einklang zu bringen.

Als meine Kinder älter wurden und selbst Freundschaften zu schließen begannen, stellte ich fest, daß viele Kinder dieselben vollen Terminkalender haben wie Erwachsene: Tagesbetreuung von morgens bis abends, Fußball am Montag, Turnen am Dienstag, Schachklub am Mittwoch, dies am Donnerstag, jenes am Freitag. Natürlich war auch am Samstag keine Ruhe. Ich fühlte mich schon erschöpft, wenn ich nur daran dachte. Eltern, die wegen ihrer Art zu leben zu wenig Freizeit haben, setzen unabsichtlich oft auch ihre Kinder unter immer stärkeren Leistungsdruck. Im *Time*-Magazin wurde dieses traurige Phänomen einmal so beschrieben: »Wenn Eltern ihre Elternschaft hauptsächlich als eine Investition ihrer wertvollen Zeit begreifen, kann es passieren, daß sie ihre

Kinder als verbesserungswürdige Objekte betrachten und nicht als Menschen, denen sie helfen sollen, in ihrem eigenen Tempo zu wachsen.«

Einmal nahm ich an einem einwöchigen Gesundheitsseminar in einem Erholungsheim auf dem Land teil, zu dem ich meine Kinder mitbrachte. Der Wendepunkt, der mich zu einem einfacheren Leben führte, war folgendes Erlebnis: Ich beobachtete meine Kinder und ein paar andere dabei, wie sie einen ganzen Nachmittag lang Steine über einen Hügel rollen ließen, um zu sehen, wessen Stein am weitesten rollte. Einen ganzen Nachmittag lang! Ich dachte: Das ist es, wozu die Kindheit da ist. Kinder brauchen frei fließende, unstrukturierte Zeit, damit sie kreativ sein, nachdenken, grübeln, trödeln und erfinden können. Als ich nach Hause zurückkehrte, nahm mich die Hektik der Stadt sofort wieder gefangen. »Ach du meine Güte, wenn ich die Kinder nicht sofort ins Ballett und in den Karatekurs einschreibe, werden sie gegenüber den anderen ins Hintertreffen geraten. Alle anderen Kinder beginnen jetzt. Es ist höchste Zeit.« Und so weiter.

»Erlauben wir den Kindern, auf ihre eigene Weise glücklich zu sein – denn werden sie je eine bessere finden?**«**

Dr. Samuel Johnson

Dann erinnerte ich mich an das Steinerollen und fühlte mich zerrissen. Die Stadt war voll von verführerischen Aktivitäten für Kinder, und jede davon versprach irgendwie, meine Kinder erfolgreicher, interessanter, gebildeter, sportlicher oder intelligenter zu machen. Die meisten anderen Stadtkinder nahmen an solchen Kursen teil, und ich wollte meine Kinder nicht zu Außenseitern machen. Was tun ... was tun?

Nachdem ich lange mit mir gerungen hatte, entschied ich mich für eine bewußte Ausgewogenheit. Bewußte Ausgewogenheit bedeutet, daß ich mir meiner Motivation für meine Entscheidung voll bewußt bin. Wenn die Entscheidung auf Unsicherheit basiert, sehe ich mir genau an, warum ich unsicher bin. Typisch ist folgende Befürchtung: Wenn ich meine Kinder nicht auf der Stelle in jeden nur vorstellbaren Kurs einschreibe, werden sie ins Hintertreffen geraten, weil alle Kinder solche Kurse machen. Ich entschied, daß zwar einige dieser Aktivitäten sicher bereichernd waren, daß es aber ebensowichtig für die

Kinder war, ruhige, unverplante, unstrukturierte Zeit für sich zu haben. Wir konnten immer noch ein paar bereichernde Dinge tun, aber keine, die unser Familienleben stören würden.

Muttersein als spiritueller Weg

Melissa West

Es war ein feuchter Sommerabend im vergangenen Jahr. Ich saß mit meiner Mutter und meiner Tochter auf einer Veranda in Montgomery, Alabama. Auf einmal wurde mir bewußt, daß es nur einen Atemzug, einen Herzschlag lang her war, daß ich an der Stelle meiner Tochter gewesen war und mit meiner Mutter und Großmutter in der dampfenden, duftenden Abendhitze gesessen hatte. Nur einen Atemzug, nur einen Herzschlag später, so erkannte ich ebenfalls, würde ich an der Stelle meiner Mutter sein und mit meiner eigenen Tochter und Enkeltochter auf der Veranda sitzen. Wie schnell doch die Zeit vergeht. Wie schnell uns die Chance durch die Finger gleitet, unserer Elternrolle mit offenem Herzen gerecht zu werden. Wie wertvoll doch diese kurze Zeit ist, die uns mit unseren Kindern geschenkt ist. Fragen Sie sich einmal: »Wenn ich einen typischen Tag mit meinen Kindern durchlebte und dabei dieses zarte, bittersüße Bewußtsein der Flüchtigkeit und Fragilität meiner Zeit in meinem Herzen trüge, wie würde das mein Leben als Mutter verändern?«

Wir planen unsere Aktivitäten am Nachmittag nach der Schule, und nicht nach dem Abendessen. Ausnahmen gibt es höchstens einmal die Woche. (An Wochenenden sind wir flexibler.) Es ist mir nämlich wichtig, gemeinsam mit den Kindern in entspannter, gemütlicher Atmosphäre zu Abend zu essen. Wir setzen uns gemeinsam zu Tisch, zünden Kerzen an und sammeln uns. Dann sprechen wir über den Tag und erzählen einander, was wir gemacht haben. Das können wir nicht, wenn wir es eilig haben. Um dieses Familienleben zu bewahren, plane ich für bestimmte Abende auch keine Erwachsenenaktivitäten. Auch dann nicht, wenn ich einen Babysitter engagieren kann, der bei den Kindern bleibt, während ich zur Tür hinausflitze. Ich versuchte das ein paarmal, bis ich begriff, daß ich ein solches Leben weder für mich selbst noch für meine Kinder will. Für mich ist es ebenso unangenehm, andere Familienmitglieder hektisch zu erleben, wie selbst in übergroßer Eile zu sein. Welche Botschaft vermittle ich meinen Kindern, wenn ich zu geschäftig bin, um unsere Familienzeit zu wahren, oder wenn ich dauernd auf dem Sprung bin? Wenn gelegentlich etwas Wichtiges passiert, ist das natürlich etwas anderes. Aber regelmäßig? Nein. Natürlich heißt das nicht, daß ich nie etwas tue, was nur für Erwachsene bestimmt ist. Es bedeutet vielmehr, daß ich diese Aktivitäten rund um meine Familienzeit plane, anstatt zu versuchen, meine Kinder in den Lücken meines vollgestopften Terminkalenders »unterzubringen«. Manche Familien erklären zum Beispiel den Mittwoch oder den Donnerstag zu dem Tag, an dem jedes Familienmitglied etwas eigenes unternimmt. In diesem Fall sollte für die anderen Abende nichts geplant werden. Natürlich bedeutet das möglicherweise gewisse Einschränkungen, aber der Lohn ist ein ruhigeres, zentrierteres Familienleben.

Ich erinnere mich, daß ich als Kind nie das Gefühl hatte, von einer hektischen Aktivität zur nächsten geschleppt zu werden, und das wußte ich zu schätzen. Ich wußte es zu schätzen, mich allein in meinem Zimmer aufhalten zu können, am Küchentisch meinem Erfindergeist freien Lauf lassen zu können oder ziel- und planlos mit meinen Freundinnen zusammenzusein. Warum sollte ich für meine Kinder etwas anderes wollen als das, was ich für mich selbst schätzte? Natürlich gibt es Ausnahmen, aber sie dürfen nicht zur Regel werden. Es stimmt, daß ich zu allen möglichen Verlockungen für Kinder und Erwachsene nein sagen muß. Ich treffe die Entscheidung aber bewußt, und ich habe ein gutes Gefühl dabei.

Es hat übrigens noch etwas für sich, seinen Kindern Zeit zu widmen. Eine Studie der Addiction Research Foundation, einer kanadischen Stiftung zur Erforschung von Suchtverhalten, in der die Zusammenhänge zwischen Familienleben und Rauchen, Alkoholsucht und Drogenkonsum erforscht wurden, ergab, daß Jugendliche, die sagten, daß Beziehungen innerhalb der Familie für sie wichtig seien, und die Zeit mit ihren Familien verbrachten, ein viel geringeres Risiko zu Suchtverhalten und anderer problematischer Verhaltensweisen hatten.

Manchmal setzen vielbeschäftigte Eltern auf die sogenannte »Qualitätszeit«. Sie vereinbaren Termine mit ihren Kindern, die genauso ihren Platz im Terminkalender haben wie andere Termine. »Termine mit seinen Kindern auszumachen, ist sicher eine Art, die Beziehung zu pflegen«, sagt ein Anthropologe der University of California, »aber eine ziemlich unpersönliche. Eltern sollten möglichst viel unstrukturierte Zeit mit ihren Kindern verbringen.« »Trotz dieser Erkenntnis«, so das *Time Magazine,* »ist die Zeit, in der wir einfach mit unseren Kindern zusammen sind, die erste Zeit, die dem Rotstift zum Opfer fällt. Die eigentliche Kultur des Kindseins, die Kultur der Freiheit und der Fantasie verschwindet unter der Last eines hektischen Terminkalenders, und dabei fallen ganz einfache Dinge durch den Rost, wie zum Beispiel, seinen Kindern das Kartenspielen beizubringen.«

Seien Sie ein Rollenvorbild

Wir sollten nicht nur bewußte Entscheidungen für unsere Familien treffen, sondern auch versuchen, ein gutes Rollenvorbild zu sein. Jeder Grundsatz, der für die Vereinfachung unseres Lebens gilt, hat auch für die Vereinfachung des Lebens mit Kindern Gültigkeit. Das alles überlagernde Prinzip lautet: *Praktizieren Sie, was Sie predigen.* Es versteht sich von selbst, daß wir Eltern unseren Kindern nichts beibringen können, was wir ihnen nicht selbst vorleben. Wenn wir zum Beispiel mit einem Berg von Schulden leben, wie können wir dann unsere Kinder lehren, innerhalb ihrer Möglichkeiten zu leben? Wenn wir uns, vom Autopiloten gesteuert, durch den Tag hetzen lassen, wie können wir dann unseren Kindern die Freuden eines bewußten, sinnerfüllten Lebens vermitteln?

Aber es reicht nicht aus, daß wir praktizieren, was wir predigen. Mindestens ebensowichtig ist es, daß wir es mit Freude tun. Wenn wir Einfachheit als den Entzug angenehmer Dinge betrachten, können wir von unseren Kindern kaum erwarten, daß sie vom einfachen Leben begeistert sein werden. Aber wenn wir unser Leben auf eine positive Weise einfacher machen, erkennen die Kinder, daß diese Einfachheit mit Freude erfüllt und lohnend ist. Eine Möglichkeit, Einfachheit auf eine positive Weise zu präsentieren, besteht darin, daß wir unsere tagtäglichen Entscheidungen als das darstellen, was sie sind, und nicht als Deprivation. Unser Terminkalender ist ein Beispiel, und die Dinge, für die wir Geld ausgeben, ein anderes. Denken Sie einmal darüber nach: Wenn Ihre Kinder Sie dazu bringen möchten, daß Sie etwas kaufen, und Sie ein jedes Mal sagen: »Das können wir uns nicht leisten«, werden Ihre Kinder diese Art der Einfachheit als Mangel empfinden. Außerdem werden sie das Versprechen heraushören, daß Sie all diese Dinge kaufen werden, sobald Sie mehr Geld haben. Wenn wir unsere Antwort hingegen als bewußte Entscheidung präsentieren, verstehen Kinder (und auch Erwachsene), daß die jeweilige Entscheidung einfach ein Schritt zu einem besseren, ausgewogeneren Leben ist.

Ich möchte Ihnen ein finanzielles Beispiel aus meinem eigenen Leben geben: Als ich ein neues Auto anschaffen mußte, entschloß ich mich, einen gut erhaltenen Gebrauchtwagen für zweieinhalbtausend Dollar zu kaufen. Eines Tages fragten mich meine Kinder auf einer Fahrt, warum ich kein neueres, schöneres Auto gekauft hätte. Ich antwortete: »Nun, natürlich könnten wir uns ein schöneres Auto kaufen. Aber das würde bedeuten, daß ich länger arbeiten müßte, um es bezahlen zu können, und daß ich für euch nicht so viel Zeit hätte. Was meint ihr: Sollten wir uns wirklich ein neues Auto kaufen?« Hätte ich den Kopf gesenkt und die Frage nach dem neuen Auto mit einem traurigen: »Ach ja, ich wünschte, wir könnten uns ein neues Auto kaufen, aber Mommy kann sich einfach keines leisten« beantwortet, hätte ich ein negatives Rollenvorbild für ein einfaches Leben abgegeben. Tatsache ist: Ich *könnte* mir ein neues Auto leisten, wie alle Leute, die sich in Schulden stürzen oder ihre ganzen Ersparnisse auf den Tisch des Autohändlers legen. Aber ich habe die bewußte Entscheidung getroffen, weder das eine noch das andere zu tun. Ich ziehe die Freiheit, weniger zu arbeiten und mit meinen Kindern zusammenzusein, dem kurzlebigen Vergnügen vor, in einem teuren Metallkasten durch die Gegend zu fahren. Heute verstehen meine Kinder, daß wir für jedes Ding, das wir kaufen, etwas hergeben müssen. Sie verstehen auch, daß sie selbst wichtiger sind als materielle Dinge.

» Nichts hat einen stärkeren psychologischen Einfluß auf die Umgebung und vor allem auf die Kinder als das ungelebte Leben der Eltern. «

C. G. Jung

Wofür wir unser Geld ausgeben, sagt viel über das aus, was uns wichtig ist. Nachfolgend einige wichtige Bereiche, in denen Sie ansetzen können, um Ihr Leben mit Kindern einfacher zu machen:

242

Geld

Am wichtigsten ist, daß Sie freudig im Rahmen Ihrer finanziellen Möglichkeiten leben. Aber Sie können noch ein übriges tun: Die beste Methode, Ihren Kindern einen guten Umgang mit Geld beizubringen, ist folgende: *Nutzen Sie den Augenblick.* Sie brauchen nicht auf eine Lektion mit dem Titel »Einfach leben mit Kindern« zu warten, um Ihren Kindern diese Werte nahezubringen. Nutzen Sie einfach die Vielzahl der täglichen Ereignisse für einen lebendigen Anschauungsunterricht. Ein aktuelles Beispiel aus meinem eigenen Leben: Meine Tochter bekam zu ihrem zehnten Geburtstag von einer Verwandten einen Scheck über fünfundzwanzig Dollar. Ich nutzte diese Gelegenheit als »lehrreichen Augenblick«. Sie wollte sofort loslaufen und das ganze Geld ins nächste Kleidergeschäft tragen, um sich dort das Neueste vom Neuen zu kaufen. Natürlich hatte sie das Recht dazu, denn das Geld gehörte ihr und nicht mir. Trotzdem wollte ich den Versuch wagen, ihr eine kurze, aber wichtige Lektion im Umgang mit Geld zu erteilen.

Meine Tochter kannte meinen Grundsatz des Sparens bereits, denn ich hatte sie und meinen Sohn dazu angehalten, einen Teil des Geldes, das sie bekamen, zu sparen. Das war ihnen immer leichtgefallen, weil sie normalerweise nichts Bestimmtes im Kopf hatten, das sie sich sofort kaufen wollten. Aber diesmal war es anders. Meine Tochter wollte sich wirklich etwas zum Anziehen kaufen. Als ich ihr vorschlug, einen Teil des Geldes zu sparen, antwortete sie: »Ich werde etwas sparen, *nachdem* ich ins Geschäft gegangen bin. Ich möchte zuerst sehen, welche Kleider es gibt.«

Hoppla! Ich erklärte ihr, daß sie in diesem Fall mit Sicherheit das ganze Geld ausgeben würde. Sie würde in dem Geschäft jede Menge Kleider finden, die sie »unbedingt« haben müßte. Dann erklärte ich ihr das Prinzip, sich selbst zuerst zu bezahlen. (Wenn man Geld bekommt, gleichgültig, ob aus Ersparnissen, durch Zufall oder auf welche Art immer, sollte man einen Teil des Geldes auf ein Sparkonto legen, bevor man einen Pfennig davon ausgibt.) So kann man beginnen, sich einen Notgroschen zuzulegen oder ein Sparkonto aufzubauen. Das erklärte ich meiner Zehnjährigen in kindgerechter Sprache, aber sie wollte sich trotzdem zuerst in dem Geschäft umsehen. Ich ließ nicht locker, denn ich hielt mir vor Augen, wie wichtig es für sie war, daß sie diese Lektion lernte.

Außerdem war es eine wunderbare Gelegenheit, um sie ihr zu vermitteln. Meine Hartnäckigkeit zahlte sich aus, denn meine Tochter erklärte sich schließlich bereit, fünf Dollar zu sparen, *bevor* sie einen Fuß in das Kleidergeschäft setzte.

Ein paar Tage später bot sich die nächste Gelegenheit. Eine der Freundinnen meiner Tochter hatte soeben ein Paar Schuhe bekommen, die meine Tochter einfach auch haben *mußte*. Sie wollte, daß ich ihr ebenfalls solche Schuhe kaufte, wie es die Mutter des anderen Mädchens getan hatte. »Nein«, sagte ich. »Ich würde sie dir kaufen, wenn du neue Schuhe bräuchtest, aber ich habe dir schon Sommerschuhe gekauft. Außerdem hast du andere Schuhe, die dir gut passen. Mehr kaufe ich nicht.« Meine Tochter blieb hartnäckig. Schließlich entschloß sie sich, ihre Ersparnisse für die Schuhe auszugeben. Ich packte diese Gelegenheit beim Schopf, um ihr zu erklären, was es mit dem Wünschen auf sich hat. Ich sagte, ich wüßte sehr wohl, wie es ist, wenn man etwas unbedingt haben möchte und daß die Erwachsenen selbst (auch ich) oft blind unseren Wünschen folgen. Dann haben wir ein Haus voller Plunder und ein leeres Bankkonto. Schließlich sagte ich, sie könne ihre Ersparnisse für die Schuhe verwenden, aber sie müßte zehn Tage lang warten. Und ich fügte hinzu, daß sie in einigen Jahren wahrscheinlich etwas Größeres brauchen oder sich wünschen würde. Dann würde ihr das Geld dazu fehlen, wenn sie nicht zehn Dollar hier und fünfundzwanzig Dollar dort zur Seite legte. Letzten Endes vergaß sie die Schuhe.

Mein Sohn pflegte mich ständig zu bedrängen, ihm die kleinen Spielsachen aus den Münzautomaten zu kaufen, die überall in den Geschäften aufgestellt sind. Als er schließlich bemerkte, daß ich nicht bereit war, noch mehr Geld für diesen Krempel auszugeben, begann er, seine eigenen Quarter- und Nickelstücke zum Einkaufen mitzunehmen – »für alle Fälle«, wie er sagte. Nachdem er sich einige Male gezwungen gesehen hatte, diese »Investitionen« aus eigenen Mitteln zu tätigen, ließ sein Interesse nach, und er hörte auf, mir in den Ohren zu liegen. Andererseits kommt es durchaus vor, daß ich mich verführen lasse. Einmal war ich gemeinsam mit meinem Sohn in einem Keramikladen und erblickte dort entzückende, kleine Duftkerzen, die ein herrliches Aroma verströmten. Er wollte eine haben. Ich ließ ihn eine aussuchen, und wir freuten uns gemeinsam daran.

Das ist die nächste wichtige Regel im Umgang mit Geld: *Lehren Sie Ausgewogenheit.* Einfach zu leben, das heißt nicht immer, nein zu sagen und sich nie einen Luxus zu gönnen. Wenn Sie zu sparsam sind, wecken Sie Groll in Ihren Kindern. Dann haben Sie die Chance vertan, Ihren Kindern einen guten Umgang mit Geld beizubringen. Man kann sich so sehr in das Sparen und Einteilen verrennen, daß man vergißt, daß Geld nicht nur zum Bezahlen von Rechnungen und zum Planen der Zukunft da ist, sondern auch zum Vergnügen. Wenn Ihre Kinder mit Ihnen im Lebensmittelgeschäft sind und eine große Tüte Kartoffelchips oder Kekse wollen, die nicht auf Ihrer Einkaufsliste stehen, machen Sie ruhig mal eine Ausnahme. Manchmal ist es durchaus in Ordnung, ohne bestimmten Grund Extras zu kaufen. Manchmal ist es sogar in Ordnung, bei größeren Dingen über die Stränge zu schlagen. Wichtig ist nur, daß Sie die Ausgewogenheit nicht aus den Augen verlieren und sich für diese Dinge nicht in Schulden stürzen. (Vergessen Sie nicht, daß der Großteil der Konsumschulden die Summe vieler kleiner Käufe ist.) Um ausgewogen zu entscheiden, müssen wir bewußt durch den Tag gehen und uns beim Einkaufen unsere größeren Ziele der Ausgewogenheit und der Freiheit vor Augen halten.

Übrigens bin ich auch davon überzeugt, daß Kinder kein Vermögen zu kosten brauchen. Oft kaufen wir ihnen viel mehr Spielsachen und Kleidungsstücke, als sie brauchen. Das tun wir aus Schuldgefühlen, oder weil wir ihnen Dinge bieten möchten, die wir selbst als Kinder nicht hatten. Natürlich brauchen Kinder Spielsachen und Kleidung, aber sie brauchen keine ganzen Lkw-Ladungen voll.

Am meisten von allem brauchen sie unsere Zeit. Sehen wir uns einmal unsere Motive dafür an, warum wir soviel Geld für sie ausgeben. Könnte es sein, daß Schuldgefühle, Unsicherheit oder Machtstreben eine Rolle spielen? Wollen wir unseren Kindern wirklich beibringen, daß Geld ausgeben eine Möglichkeit ist, unsere Bedürfnisse zu befriedigen? Denken Sie daran, daß Umarmungen, Küsse und Zeit zum Spielen oder Zuhören nichts kosten. Suchen Sie andere, produktivere und gesündere Möglichkeiten, um Ihre Schuldgefühle abzubauen oder sich das Gefühl zu verschaffen, sicher zu sein und geliebt zu werden.

Noch mehr Regeln für den Umgang mit Geld

Richten Sie sich ein Sparkonto für sich selbst und für Ihre Kinder ein. Sie brauchen nicht zu warten, bis Sie fünfhundert oder fünftausend Mark dafür zur Verfügung haben. Die Kinder können beginnen, indem sie von einem Taschengeld von vier Mark eine Mark sparen. Ganz gleich, welchen Betrag Sie wählen – erklären Sie Ihren Kindern, was das Gute am Sparen ist und warum es wichtig ist, daß sie Geld zur Seite legen. Weitere Informationen über die Wirkungskraft des Sparens und die Gewinnmöglichkeiten durch Zinsen finden Sie im zweiten Kapitel. Zeigen Sie Ihren Kindern die Zinstabelle, oder nehmen Sie sie in Ihre Bank mit. Dort wird sich sicher ein freundlicher Bankangestellter finden, der ihnen erklärt, was es mit dem Sparen auf sich hat. Meine Freundin Barbara konnte mit vierundvierzig Jahren aus dem Erwerbsleben aussteigen, weil ihr Vater ihr diese Tabelle gezeigt hatte, als sie noch im Teenageralter war. Hätte er es nicht getan, hätte Barbara vom Sparen wahrscheinlich keine Ahnung gehabt. Die meisten verschuldeten Leute, mit denen ich spreche, sagen, daß ihre Eltern ihnen diese Prinzipien nie erklärt hätten.

Sprechen Sie mit Ihren Kindern über den Unterschied zwischen Wünschen und Bedürfnissen. Ich habe da eine Faustregel, die ich aber nicht immer zu hundert Prozent einhalte: Ich kaufe meinen Kindern zweimal im Jahr neue Schuhe – ein Paar für den Sommer, eines für den Winter. Das sind die Schuhe, die sie »brauchen«. Wenn sie während des Jahres noch andere Schuhe wollen, die ersten Schuhe aber noch nicht abgetragen sind, sage ich ihnen, daß das Schuhe sind, die sie »wollen«. Ich kaufe die, die sie »brauchen«. Schuhe, die sie »wollen«, müssen sie von ihrem eigenen Taschengeld bezahlen. Diese Regel läßt sich auf fast alle Anschaffungen übertragen. Ein weiteres Beispiel: Ihr Kind braucht ein Paar *Jeans* und will möglicherweise Designerjeans. Sie könnten anbieten, die Kosten der regulären Jeans zu tragen, und das Kind kann den Rest selbst bezahlen.
Sie können diese »Wünsche« natürlich auch dazu verwenden, dem Kind den Wert des Sparens zu erklären. Wenn Ihre Kinder bestimmte Luxusgüter einfach »haben müssen«, können Sie die Situation benutzen, um ihnen beizubringen, wie man sich Ziele setzt. Sie werden lernen, für ihr Ziel zu sparen. Wenn

sie zusätzliche Arbeiten im Haus übernehmen, können sie es vielleicht noch schneller erreichen.

Linda Barbanel beschreibt in ihrem Buch *From Piggy Bank to Credit Card*, wie eine Mutter mit dieser Situation umging: Jedesmal, wenn ihr kleiner Sohn sie um das neueste Spielzeug anbettelte, das er in einem Magazin oder anderswo gesehen hatte, ließ sie ihn das Bild ausschneiden oder das Spielzeug zeichnen. Dann legten sie das Bild gemeinsam in einen Umschlag. Ein solcher Umschlag durfte insgesamt nur fünf Bilder enthalten. Wenn er ein sechstes dazulegen wollte, mußte er eines herausnehmen, so daß nie mehr als fünf Bilder in dem Umschlag waren. Auf diese Weise lernte er, Prioritäten zu setzen. Zu Weihnachten oder zu seinem Geburtstag durfte er sich dann ein Spielzeug aus dem Umschlag aussuchen.

Lassen Sie Ihre Kinder für Extras selbst bezahlen. Als mein Sohn dem Lego-Klub beitreten wollte, der eine Mitgliedsgebühr von sieben Dollar verlangte, sagte ich ihm, daß ich die Hälfte bezahlen würde und daß er die andere Hälfte von seinen Ersparnissen nehmen könne. Er war einverstanden. Als meine Tochter auf ein Schulcamp fahren wollte, das fünfundsiebzig Dollar kostete, sagte ich ihr, daß ich die Hälfte bezahlen würde und daß sie sich die zweite Hälfte durch zusätzliche Hilfe im Haushalt verdienen könne. Dazu arbeiteten wir einen Plan aus, und sie erreichte ihr Ziel. So lernen Kinder, daß sie nicht alles haben können, was sie sich wünschen, und daß Vater oder Mutter keine Geldmaschinen sind. Sie werden dadurch auch gezwungen, zu entscheiden, was ihnen wichtig ist und was nicht. Vielleicht können Sie gemeinsam mit Ihrem Kind eine Liste von zusätzlichen Arbeiten erstellen, für die sie es bezahlen, und im voraus festlegen, wieviel die einzelnen Arbeiten wert sind. Wenn Ihr Kind dann das nächste Mal Designerjeans will oder etwas tun möchte, das Geld kostet, brauchen Sie nur auf die Jobliste zu deuten. Natürlich ist nichts dagegen einzuwenden, daß Sie sich selbst oder die Kinder von Zeit zu Zeit so richtig verwöhnen, denn die Ausgewogenheit sollte immer gewahrt bleiben.

Taschengeld. Beim Taschengeld gibt es zwei Modelle. Das eine besagt, daß man die Kinder für Haushaltsarbeiten bezahlen sollte. Das andere besagt, daß man Taschengeld bezahlen sollte, ohne es an Bedingungen zu knüpfen, weil die Kinder so den Umgang mit Geld lernen. Sie können sich die Entscheidung, welche Methode Sie anwenden wollen, erleichtern, indem Sie darüber nachdenken, welches Ziel Sie mit dem Taschengeld verfolgen. Wollen Sie den Kindern den Umgang mit Geld beibringen oder sie den Wert der Arbeit lehren? Beides hat etwas für sich, und deshalb ist es sinnvoll, sich für den Plan zu entscheiden, der Ihren Zielen entspricht.

Indem Sie Kinder für Arbeit bezahlen, zeigen Sie ihnen, daß man arbeiten muß, um Geld zu verdienen. Wir Erwachsenen wissen, daß wir finanziell bald auf dem Trockenen sitzen, wenn wir nicht arbeiten. Legen Sie klar fest, welche Arbeiten wieviel Geld wert sind. Wenn die Arbeit dann nicht innerhalb der vereinbarten Zeit erledigt ist, werden Ihr Kind und Sie von vornherein wissen, wieviel Geld dafür vom Taschengeld abgezogen wird.

Der zweiten Theorie zufolge sollten sich Kinder einfach aus dem Grund an der Hausarbeit beteiligen, weil sie Mitglieder der Familie sind. Sie sollten kein Geld damit verdienen. Erwachsene werden für Haushaltsarbeit schließlich auch nicht bezahlt. Sie tun sie, weil sie damit zum reibungslosen Funktionieren des Haushalts beitragen. Wenn Kinder nicht im Haushalt mithelfen, sollten sie nach dieser Theorie Vorrechte verlieren, kein Geld. Taschengeld wird hier nur bei schweren Übertretungen entzogen.

Ganz gleich, für welche Methode Sie sich entscheiden: regelmäßiges Taschengeld ist eine ausgezeichnete Möglichkeit, Kindern den Umgang mit Geld beizubringen. Das Taschengeld sollte wöchentlich ausbezahlt werden und jede Woche gleich hoch sein. Wenn die Kinder älter werden, sollte der Betrag steigen. Die Eltern sollten darauf achten, daß sie das Taschengeld freiwillig bezahlen. Sie sollten auf keinen Fall warten, bis die Kinder sie darauf aufmerksam machen. Schließlich wollen wir unseren Chef auch nicht um unser Gehalt bitten müssen.

Die meisten Geldexperten empfehlen, Taschengeld ab einem Alter von sechs oder sieben Jahren zu bezahlen. Es sollte so bemessen sein, daß die Kinder ein bißchen Geld für Vergnügungen haben und einen Teil sparen und eventuell auch verschenken können. Legen Sie die Höhe gemeinsam mit Ihren Kindern fest, indem Sie mit ihnen darüber sprechen, was sie zu brauchen glauben und warum. Außerdem ist es natürlich wichtig, daß der Betrag angemessen und für das familiäre Budget verkraftbar ist.

Wieviel Taschengeld Sie Ihrem Kind geben, sollte klar und deutlich im vorhinein festgelegt werden. Welche Ausgaben soll Ihr Kind von dem Taschengeld bestreiten können? Ich kenne zum Beispiel eine Zwölfjährige, die jede Woche zehn Dollar bekommt. Von diesem Geld muß sie ihre gesamte Kleidung bezahlen. Wenn sie etwas Besonderes will, muß sie sparen. Andere Kinder bekommen vielleicht zwei Dollar die Woche. Damit kann man natürlich keine großen Sprünge machen. Von manchen Kindern wird erwartet, daß sie als Gegenleistung für das Taschengeld bestimmte Haushaltsarbeiten erledigen, zum Beispiel ihr Zimmer in Ordnung halten, das Bett machen oder beim Tischabräumen helfen. Dafür bekommen sie sozusagen ein »Basisgehalt«. Wenn sie mehr Geld wollen, können sie zusätzliche Arbeiten im Haushalt übernehmen, die auf einer gut sichtbaren Liste eingetragen und mit bestimmten Beträgen dotiert sind. Setzen Sie sich einfach mit Ihren Kindern zusammen und besprechen Sie mit ihnen, soweit dies ihrem Alter und ihrer Reife entsprechend möglich ist, welche Ausgaben sie von ihrem Taschengeld selbst bestreiten müssen.

Eine Mutter mit vier Söhnen klebte die Liste mit Haushaltsarbeiten auf den Kühlschrank. Alle Arbeiten wurden verteilt. Am Ende der Woche wurde dann in 25-Cent-Stücken bezahlt. Als erstes wurde anhand der Liste überprüft, was erledigt worden war und was nicht. Für jede Arbeit, die unerledigt war, mußte ein 25-Cent-Stück zurückgegeben werden. Kein Schimpfen, keine Vorwürfe. Nach einiger Zeit bekam die Mutter nicht mehr viel Geld zurück. Zu »gewinnen« war ein Dollar die Woche. Für die Kleinen gab es vier verschiedene Aufgaben: Spielsachen aufräumen, »bitte« und »danke« sagen und das Abendgebet sprechen. Wenn das Kind eines dieser Dinge auch nur ein einziges Mal in der Woche vergaß, kostete das fünfundzwanzig Cents. Jedes Kind hatte sein eigenes Heft, in das diese Dinge eingetragen wurden. Am Ende des Jahres wurden die »Bücher geprüft«. Das Kind, das am wenigsten Quarterstücke zurückzahlen mußte, erhielt eine »Gehaltserhöhung« von einem Dollar. Wenn ein Junge nicht zu Hause war und seine Arbeiten nicht erledigen konnte oder bei einem Freund übernachtete, mußte er seinem Bruder einen Quarter bezahlen, damit der seine Arbeit für ihn erledigte.

Natürlich sollte auch gemeinsam festgelegt werden, welcher Teil des Taschengeldes gespart werden soll, und welcher Teil für freie Ausgaben zur Verfügung steht. Der gesparte Teil sollte sofort in ein separates Sparschwein oder auf ein

Sparkonto wandern. Manche Leute finden, das Sparkonto müsse ausschließlich aus dem Taschengeld gespeist werden, während andere die Ersparnisse des Kindes gern »aufpolstern«. Andere wieder verpflichten sich, »Zinsen« auf die Ersparnisse des Kindes zu bezahlen (etwa zehn Cents pro gesparte zwei Dollar). Manche Familien meinen, daß das Taschengeld dazu verwendet werden sollte, den Kindern auch den Wert des Schenkens nahezubringen. Sie vereinbaren mit den Kindern, daß sie nicht nur Geld zum Sparen, sondern auch zum Verschenken weglegen sollen. Ich kenne eine alleinerziehende Mutter mit sehr wenig Geld, die mit ihrem Sohn vereinbarte, daß er fünfundzwanzig Cents die Woche für Spendenzwecke zur Seite legen sollte. Am Ende des Jahres (um die Weihnachtszeit) entscheiden Mutter und Sohn gemeinsam, wer das Geld erhalten soll. Damit Ihr Kind den Wert des Schenkens wirklich erfährt, ist es am besten, es selbst entscheiden zu lassen, wohin das Geld gehen soll.

Besondere Situationen. Linda Barbanel erzählt eine Geschichte über eine Familie, deren Videorecorder kaputtging. Es wurde eine Familiensitzung einberufen, um zu entscheiden, was zu tun sei. Die Familienmitglieder kamen überein, daß der Videorecorder ein Luxusgut sei, das von allen benützt würde, und daß sich deshalb alle Familienmitglieder, auch die Kinder im Teenageralter, anteilsmäßig am Kauf eines neuen Geräts beteiligen sollten.
Ich kenne eine andere Familie, deren Kinder sich ein Nintendo wünschten. Sie legten monatelang ihr Taschengeld zusammen, um es kaufen zu können. Amy Dacyczyn, Autorin von *The Tightwad Gazette*, erzählt eine Geschichte über eine Situation, die vielen von uns bekannt ist. Eine Familie konnte die Kinder nicht dazu bewegen, unnötige Lampen abzudrehen. Alle Predigten über das Sparen von Strom und Geld verhallten ungehört. Schließlich sagten sie den Kindern, daß sie die Stromrechnung selbst bezahlen müßten. Raten Sie, was passierte! Richtig: Die Lampen wurden abgedreht.

Haushaltsarbeiten. Haushaltsarbeiten müssen erledigt werden, ganz gleich, ob sie an ein Taschengeld gebunden sind oder nicht. Es ist nicht immer leicht, die Kinder dazu zu bringen, ihren Beitrag zu leisten. Oft geht es nicht ohne Debatten und Kämpfe ab. Die beste Methode, die Haushaltsarbeiten zu verteilen, besteht darin, ein Familienmeeting einzuberufen, bei dem besprochen wird, wer was wann tun sollte. Achten Sie darauf, daß jedem bewußt ist, mit welchen Konsequenzen er zu rechnen hat, wenn eine Aufgabe nicht erledigt wird, und wann und wie die einzelnen Arbeiten durchgeführt werden sollen. Wenn alle bei der Erstellung des Plans mitreden, ist die Wahrscheinlichkeit, daß er eingehalten wird, höher. Eine Mutter von drei Kindern entwickelte ein Lotteriesystem. Sie schrieb die Arbeiten, die nach dem Abendessen zu erledigen waren, auf drei gleiche Kärtchen: Abwaschen. Abtrocknen. Frei (keine Arbeit). Dann faltete sie die Kärtchen zusammen und gab sie in eine Schüssel. Nach dem Abendessen zogen die Kinder ein Kärtchen und taten das, was sie gezogen hatten.

Sie können es auch mit Pappscheiben probieren, wie es Amy Dacyczyn tat. Amy, die sechs Kinder hat (vier davon alt genug für kleine Arbeiten im Haushalt), schnitt aus Pappe zwei Kreise mit einem Durchmesser von sieben und zehn Zentimetern aus. Sie teilte sie mit dem Stift in vier Segmente, und in die Segmente des größeren Kreises trug sie die Namen der Kinder ein. Auf den kleineren Kreis, den sie als innere Scheibe benutzte, trug sie vier Arbeiten ein: Helfen beim Geschirrspülen, Tisch decken, Tisch abräumen, Küchenhilfe. Dann zeichnete sie Pfeile auf die Scheibe, die die Drehrichtung angaben. Die Befestigung waren zwei mit Zwirn zusammengenähte Knöpfe, ein Druckknopf leistet ebenso gute Dienste. Der Küchenhilfetag folgt auf den Geschirrspülertag, denn das Essen für den nächsten Abend wird beim Geschirrspülen geplant. So kann das Kind, das am nächsten Tag beim Kochen helfen soll, mitentscheiden, was auf den Tisch kommen wird. Amy findet es wichtig, die Kinder in die Planung und Zubereitung der Mahlzeiten einzubeziehen. Denn wenn sie alt genug sind, können sie diese Dinge selbständig übernehmen – wenn sie früh genug damit vertraut gemacht wurden. Wenn die Kinder das Alter erreichen, in dem sie selbständig Erwachsenenaufgaben erledigen können, können auch die Eltern in das Rad aufgenommen werden. Natürlich können diese Arbeiten auch gemeinsam erledigt werden, denn das bringt schließlich mehr Spaß. Außerdem bietet das gemeinsame Arbeiten eine ideale Gelegenheit, um die familiären Bindungen zu festigen und zu vertiefen.

Einfachheit läßt sich in Gesellschaft Gleichgesinnter leichter erreichen. Ich bekam einmal einen Anruf von einer Journalistin aus Orange County, Kalifornien.

Sie fragte mich, wie, um alles in der Welt, Eltern ihr Leben einfach gestalten können, wo sie doch von wohlhabenden Menschen umgeben sind, die jede Menge Geld ausgeben. Das ist ein wirkliches Problem. Wir wollen unsere Kinder zwar so erziehen, daß wir ihnen unsere eigenen Werte und Verhaltensweisen nahebringen, aber natürlich wollen wir sie nicht dazu zwingen, ganz offensichtlich »anders« zu sein als die übrigen Gleichaltrigen. Wenn sie von sich aus »anders« sein wollen, ist dagegen nichts einzuwenden, aber wir sollten Kinder, die zu klein sind, um für sich selbst zu sprechen, nicht dazu zwingen. Wenn die Klassenkameraden Ihres Kindes also die neuesten Designerklamotten tragen, werden Sie es sich überlegen müssen, ob Sie Ihr Kind wirklich im nächstgelegenen Diskountladen einkleiden wollen. Was tun?

Eine extreme Möglichkeit besteht darin, umzuziehen oder die Schule zu wechseln. Wenn Sie das nicht tun wollen oder es im Augenblick einfach nicht günstig ist, könnten Sie sich überlegen, das Kind in einer weniger »statusbewußten« Schule einzuschreiben.

Natürlich können Sie auch an Ihrer Wohngegend und Schule festhalten und mit dem Kind aufrichtig darüber sprechen, wieweit Sie bereit sind, das »Dazugehören« zu finanzieren. Sie könnten zum Beispiel vereinbaren, eine bestimmte Summe für Kleidung auszugeben. Alles, was darüber hinausgeht, muß das Kind von seinem Taschengeld bestreiten. Das könnte ein guter Zeitpunkt sein, um dem Kind ein höheres Taschengeld zu geben, von dem es dann seine gesamte Kleidung bezahlt. Vielleicht wird Sie Ihr Kind mit seiner Phantasie bei der Zusammenstellung immer neuer Kreationen überraschen. Dasselbe gilt für Spielsachen und Unterhaltung. Sie könnten vereinbaren, diese Dinge bis zu einem bestimmten Betrag zu bezahlen, und das Kind übernimmt alles, was darüber hinausgeht.

Binden Sie Ihre Kinder in Ihre familiäre Budgetplanung ein. Als meine Kinder acht und zehn Jahre alt waren, entdeckte ich, daß sie mir beim Einkaufen von Lebensmitteln eine echte Hilfe sein konnten. Ich erstellte eine Einkaufsliste (manchmal mit ihrer Hilfe). Wenn wir dann gemeinsam einkaufen gingen, bat ich sie, das beste Angebot, sagen wir bei Mayonnaise, zu suchen. So lernten sie, auf Preise zu achten und sie miteinander zu vergleichen. Anstatt beim Einkaufen zu betteln oder zu jammern, betrachten sie es heute als Spiel, bei dem es darum geht, das beste Angebot zu finden. Man kann den Kindern auch von vornherein erklären, wieviel Geld für den Einkauf zur Verfügung steht. Dann geht es in dem Spiel darum, möglichst viele Lebensmittel von diesem Budget zu kaufen. Das zwingt alle Beteiligten dazu, sich zwischen einer zusätzlichen Tüte Chips oder einer »normalen« Haushaltsware zu entscheiden.

Wenn Ihre Kinder alt genug sind, können Sie sie auch beim Bezahlen Ihrer Haushaltsrechnungen helfen lassen. Natürlich kommt das Geld dazu von Ihrem Konto, aber die Kinder könnten sich gemeinsam mit Ihnen den Kontostand ansehen und dann entscheiden, welche Rechnungen wann bezahlt werden.

Beschäftigung außer Haus. Manche Familien lassen ihre Kinder schon im Alter von elf Jahren regelmäßig arbeiten (zum Beispiel als Zeitungsausträger), während andere Ferienarbeit bevorzugen, damit die Kinder nicht von der Schule abgelenkt werden. Meine Freunde Mary und Ron ließen alle drei ihrer Kinder im Lebensmittelgeschäft und im Blumenladen arbeiten oder Zeitungen austragen, sobald sie alt genug dazu waren. Damit erreichten sie mehr, als daß die Kinder lediglich einen Beitrag zum Familienbudget leisteten: Sie lernten den verantwortungsvollen Umgang mit Geld. Was für Ihre Situation und Ihr Budget am besten ist, müssen Sie selbst entscheiden. In manchen Familien ist es notwendig, daß die Kinder einen Teil ihrer Ausbildung selbst bezahlen. Wenn das auch für Sie gilt, sollten Sie sich mit Ihren Kindern zusammensetzen und mit ihnen besprechen, wieviel sie selbst beitragen müssen und wie sie das bewerkstelligen können.

Kinder lernen aus Fehlern im Umgang mit Geld. Lassen Sie Ihre Kinder im Umgang mit Geld ruhig Fehler machen. Sie lernen daraus. Wenn sie zum Beispiel darunter leiden, am Wochenende nicht genug Geld übrig zu haben, um mit ihren Freunden etwas zu unternehmen, sollten Sie ihnen kein Geld vorstrecken. Machen Sie das von vornherein klar. Sie müssen sich ihr Geld für die ganze Woche einteilen. Linda Barbanel schlägt vor, daß die Eltern ihre eigenen Mißgeschicke im Umgang mit Geld erzählen. (Wer von uns hätte keine solche Geschichte?) Es gibt zu diesem Thema ein ausgezeichnetes Buch für Kinder im Grundschulalter. Es heißt *The Peanut Butter and Jelly Book* und ist von Adam Eisenson. Das Buch handelt von Harry, dem Gorilla, der sein ganzes Geld für einen neuen Baseballhandschuh ausgibt, den er in einer Auslage sieht. (Das übliche ⁓ wir haben erst dann das Gefühl, etwas zu »brauchen«, wenn wir es in einem Geschäft sehen.) Harry erliegt der Versuchung und kauft den Handschuh. Am Ende der Woche ist er sehr hungrig und hat kein Geld, um Essen zu kaufen.

Eine Mutter beklagte sich darüber, daß ihre Tochter im Collegealter jede Menge Strafmandate und eine hohe Zahnarztrechnung angehäuft hatte und nichts davon bezahlen konnte. Das Mädchen hatte sein ganzes »Gehalt« aufgebraucht. Sollte die Mutter die Tochter loskaufen? Nun, natürlich sollten Eltern ihren Kindern in Notfällen helfen. Arztrechnungen sollten zum Beispiel bezahlt werden, wenn dies im voraus vereinbart wurde und wenn das monatliche Geld nicht ausreicht, um solche Kosten abzudecken. Aber Strafmandate sind die Folge verantwortungslosen Verhaltens. Eltern von Kindern aller Altersgruppen sollten von vornherein erklären, was sie zu bezahlen gewillt sind und was nicht. Wenn Eltern ihre Kinder ständig loskaufen, werden die Kinder nie lernen, ein Budget einzuteilen und zu sparen.

Werbung und Konsum

Die Werbung ist wahrscheinlich der stärkste Einzelfaktor, der aus unseren Kindern kleine Konsumenten macht (auch aus Erwachsenen!). Auch wenn wir ein einfaches Leben predigen und führen, werden unsere Bemühungen vergebens sein, wenn wir keine Kritikfähigkeit gegenüber der Werbung entwickeln und diese auch an unsere Kinder weitergeben. Hierzu die Statistik: Das amerikanische Fernsehen bringt durchschnittlich dreißigtausend Werbespots pro Jahr, die sich gezielt an Kinder richten. Das durchschnittliche amerikanische Kind sitzt sechs Stunden täglich vor dem Fernsehgerät. Etwa vierzig Millionen Kinder im Alter zwischen fünf und vierzehn Jahren kaufen Lebensmittel, Kleidung, Getränke, Spielsachen und Videos im Wert von fast siebzehn Milliarden Dollar und haben Einfluß auf weitere hundertfünfundsechzig Milliarden Dollar, die jährlich für den Konsum ausgegeben werden. Das sagen uns die Konsumexperten. Kinder können großen Konsumdruck ausüben, und bei vielen sind der soziale Hintergrund und der Konsum eng miteinander verbunden. Heute laufen die Kinder nicht mehr auf der Wiese herum und spielen Ball miteinander, sondern sie vertreiben sich die Zeit im Einkaufszentrum.

Und das ist nur der sichtbare Teil der Beeinflussung. Hier sind ein paar Informationen, die nicht so offenkundig sind und deshalb viel besorgniserregender: Ihre Kinder sind auch in der Schule und im Kino der Werbung ausgesetzt. Da in ganz Amerika die Schulbudgets gekürzt werden, wenden sich die Schulen an die Wirtschaft um Hilfe. Auf den ersten Blick sieht das aus wie eine wundervolle Partnerschaft. Bei näherem Hinsehen zeigt sich aber, daß viele dieser Unternehmen ihr empfängliches Publikum (die Schüler) für ihr Gewinnstreben nutzen. So sponsert ein Unternehmen zum Beispiel ein Nachrichtenprogramm einer High-School, das die Schüler dazu zwingt, sich täglich Werbespots über dieses Unternehmen anzusehen. Die Konsumentenvereinigung Consumers' Union berichtete, daß im Jahr 1990 zwanzig Millionen amerikanische Schüler an Lehrveranstaltungen teilnahmen, die von der Wirtschaft gesponsert wurden und die den Zwecken eines Unternehmens oder einer Branche dienten. Es folgen einige Beispiele aus dem Magazin *Sojourners:*

▼ Eine große Firma brachte zwölftausend amerikanische Schulen dazu, den Schülern ihr Channel-One-Programm aufzuzwingen. Laut Vertrag müssen sich die Schüler als Gegenleistung für kostenlose Videoausrüstung und eine Nachrichtenshow jeden Tag mindestens zwei Minuten Werbung ansehen.

▼ Das »Hot Looks, Cool Style«-Programm einer Kosmetikfirma spricht eine Million Mädchen an, die Kurse in wirtschaftlicher Haushaltsführung belegen. Angeblich mit dem Ziel, das Selbstwertgefühl der Mädchen zu heben, empfiehlt der Leitfaden in Postergröße Aktivitäten wie »Guter Haartag/Schlechter Haartag« und »Notwendigkeiten der Haarpflege«, bei denen die Mädchen drei Produkte aufzählen müssen, die sie auf einer Insel dabeihaben »müßten«. In dem Leitfaden, der an etwa dreißigtausend Lehrer verschickt wurde, finden sich unter anderem Styling-Tips und eine Anzeige für die Haarprodukte dieser Firma für Teenager.

▼ Eine Ölgesellschaft sponsert ein »Energy Cube«-Programm für den Physikunterricht an High-Schools, in dem wichtige Dinge wie ein effizienter Umgang mit Treibstoffen, Alternativen zu fossilen Treibstoffen und die globale Erwärmung überhaupt nicht berücksichtigt werden. Das Programm beinhaltet allerdings ein Spiel, das die Schüler dazu auffordert, die Erwärmung eines hypothetischen Planeten rückgängig zu machen. Die »richtige«

Antwort besteht nicht darin, die Verwendung fossiler Brennstoffe einzudämmen, sondern darin, die Klimaanlage aufzudrehen.

- Ein anderes Video einer Ölgesellschaft mit dem Titel *Polystyrene Plastics and the Environment*, stellt sich gegen »voreilige Schlüsse darüber, was für die Umwelt gut ist und was nicht«. Der Sprecher auf dem Video behauptet, daß Kunststoffe das »ideale Material« für Produktion, Recycling, Verbrennung oder einfach für die Lagerung auf Müllhalden seien. Diese Ölgesellschaft ist ein großer Hersteller von Kunststoffprodukten.
- Eine Plattenfirma versuchte, eine nationale Promotionaktion für den Song eines Popsängers als Geschichtsselektion zu präsentieren. Der Sänger ermutigt Schüler und Lehrer, den Song als Diskussionsthema zu verwenden. Diese Promotionaktion zur Bewerbung der CD mit dem Song, mit der mehr als vier Millionen Jugendliche angesprochen wurden, erhielt schließlich auch noch landesweit Beifall.

Meine Erfahrungen mit meinen eigenen Kindern sind ähnlicher Natur. Die Grundschule, die sie besuchten, war eine Kooperation mit einem großen Suppenhersteller eingegangen und regte die Schüler dazu an, die Etiketten der Suppenkonserven dieser Firma einzusenden. Je mehr Etiketten eingeschickt wurden, desto mehr Material für die Bibliothek erhielt die Schule. Nun ist es eine Sache, wenn ein Unternehmen einen bestimmten Prozentsatz seines Gewinns zu Spendenzwecken für Schulen verwendet; eine ganz andere Sache ist es, zum Konsum bestimmter Produkte aufzufordern und die Spende von Unterrichtsmaterial für die Schule von der Höhe dieses Konsums abhängig zu machen. Ein Verlag, der Motivationsbücher und Tonbänder herausgibt, verschickte an die Schulen ein Flugblatt über Selbstwertgefühl. Die Eltern konnten eine Gratisbroschüre über den Aufbau von Selbstwertgefühl anfordern. Ich dachte: »Warum nicht?« und tat es. Nachdem ich die Broschüre erhalten hatte – wer hätte das gedacht –, bekam ich abends einen Anruf aus der Telemarketingabteilung dieser Firma. Die freundliche Dame schlug mir vor, mich zu Hause zu besuchen und mir die »wundervolle« Produktlinie der Firma zu zeigen, die meinem Kind dabei helfen würde, sein Selbstwertgefühl aufzubauen. Ich lehnte ab und ärgerte mich, daß Kinder als Kanäle für aggressive Verkaufstaktiken benutzt werden.

Beobachten Sie, was an der Schule Ihres Kindes vor sich geht. Die Unternehmen erstellen heute schon Lehrpläne, nach denen die Kinder unterrichtet werden. In *E Magazine* war zu lesen: »Eine Firma, die Lehrpläne für Unternehmen erstellt, schwärmt von den Vorteilen der Werbung in Schulen: ›Lassen Sie uns Ihre Botschaft in die Klassenzimmer tragen. Die jungen Menschen dort befinden sich in einer Lebensphase, in der sie sich ihre Meinung bilden – eine Meinung, die sie ihr ganzes Leben lang begleiten wird ...‹ Da solche Materialien in der Schule präsentiert werden, wird ihnen zusätzliche Glaubwürdigkeit beigemessen, was ihrer Botschaft ein noch stärkeres Gewicht verleiht.«

Was kann man dagegen unternehmen? Tun Sie sich mit anderen Eltern zusammen und machen Sie gemeinsam Druck, daß Werbung aus öffentlichen Schulen ferngehalten wird. Verhindern Sie gemeinsam mit dem Elternverband oder dem Schulrat, daß die Lehrer nicht nach Lehrplänen unterrichten, die von der Wirtschaft erstellt wurden. Sprechen Sie mit Ihren Kindern über die Methoden des Marketing. Sehen Sie sich gemeinsam Werbespots und Anzeigen an und besprechen Sie, worauf sie abzielen und was unterschwellig vermittelt werden soll. Auch wenn Sie keine Kinder haben, können Sie einen Beitrag leisten, daß die Schulen über die notwendigen Mittel verfügen, so daß sie den Versuchungen der Werbeleute besser widerstehen können. Ohne aktive Beteiligung verlieren die Schulen ihre Unabhängigkeit und damit auch die Fähigkeit, eigenständig denkende Bürger hervorzubringen.

Sie können noch ein übriges tun: Hören Sie auf, Ihrem Kind Dinge zu schenken, nur weil Sie ein schlechtes Gewissen haben, daß Sie nicht genug Zeit mit ihm verbringen. Geschenke sind kein Ersatz für gemeinsam verbrachte Zeit. Wenn sie aber als solche benutzt werden, ist es kein Wunder, daß Kinder lernen, Geld mit Liebe gleichzusetzen. Eine in der Zeitschrift *Developmental Psychology* veröffentlichte Studie von Eltern und Teenagern aus dem Jahr 1995 ergab, daß die amerikanische Kultur ihre Bürger dazu verleitet, Geld gleich hoch einzuschätzen wie Familie, Gemeinschaft und persönliches Wachstum. »Und doch ... lassen die Forschungsergebnisse darauf schließen, daß diese materialistischen und sozialen Werte nicht miteinander in Einklang zu bringen sind«, fährt die Studie fort. »Es ist diese Unvereinbarkeit, die die Probleme des Materialismus ausmacht«, meint der Ko-Autor der Studie Tim Kasser, Assistenzprofessor für Psychologie am Knox College in Galesburg, Illinois.

Kasser behauptet, daß Menschen, für die Geld und Besitz eine große Rolle spielt, im allgemeinen öfter unter Depressionen und Ängsten leiden, und daß sie zu Verhaltensproblemen wie Lügen und Stehlen neigen. Sie sind ichbezogener als andere und neigen zu instabilen Beziehungen.

»Diese Einstellung bringt sie nämlich dazu, andere wichtige Aspekte des Lebens wie persönliches Wachstum, Liebe und Hilfsbereitschaft zu vernachlässigen«, meint Kasser. »Aber genau das sind die Dinge, die ihrem Wesen nach sinnvoll sind und glücklich machen.«

»Kinder, denen die Familie, die Schule oder Gleichaltrige kein Gefühl der Zugehörigkeit bieten, suchen sich dieses Gefühl eben anderswo«, meint Cosby Steel Rogers, Professor für familiäre und kindliche Entwicklung am Virginia Tech in Blacksburg, Virginia.

Kasser empfiehlt, den Kindern gegenüber zu begründen, warum man bestimmte Dinge nicht kauft. Er rät, dem Kind dabei zu helfen, zu ihren eigenen Schlüssen zu gelangen. Außerdem rät er, dem Kind zu zeigen, daß Sie es lieber haben als irgendwelche Dinge. »Es gibt viele Möglichkeiten, ein Kind zu verwöhnen und ihm zu zeigen, daß Sie es lieben; ihm Dinge zu schenken, ist nicht unbedingt das beste«, sagt Kasser. »Ich würde mich als Vater fragen, worüber ich mich als Kind am meisten gefreut hätte. Rückblickend bin ich mir sicher, daß mir eine Umarmung lieber gewesen wäre als ein Paar Markensportschuhe. Solange die Kinder klein sind, ist ihnen das vielleicht nicht immer bewußt, aber ich wette, es ist die Wahrheit.«

Und was ist mit dem Fernsehen?

Das Fernsehen ist das Medium, das Erwachsene und Kinder am meisten mit Werbung konfrontiert. Wenn Sie also die Wirkung der Werbung auf Ihre Kinder (auf sich selbst!) abschwächen wollen, sind Sie gut beraten, das verdammte Ding abzudrehen oder wenigstens die Fernsehzeit zu beschränken. Wir alle kennen die Studien, denen zufolge die Kinder besser lernen, wenn sie weniger fernsehen. Kinder sind auch kreativer und fantasievoller und lernen, sich selbst zu unterhalten, wenn sie nicht soviel fernsehen. Die Lehrer sagen, daß sie seit einigen Jahren starke Veränderungen im Verhalten der Kinder beobachten. Die Kinder haben schlechtere Manieren und schwächer ausgeprägte, soziale

Wie gut ist Ihr Familienleben?

▼ *Essen wir gemeinsam als Familie?*

▼ *Gibt es regelmäßige Familienveranstaltungen – wöchentlich, monatlich oder jährlich –, auf die die Kinder sich freuen können?*

▼ *Geben wir unseren Kindern Gelegenheit, zum Beispiel Kälte, Müdigkeit, Abenteuer, Verletzung, Herausforderung, Experiment, Frustration und Entmutigung aus eigener Erfahrung kennenzulernen?*

▼ *Welches Beispiel geben wir unseren Kindern als Eltern? Wollen wir, daß sie tun, was wir sagen, und nicht das, was wir selbst tun?*

▼ *Wenn wir vor der Wahl stehen, Geld oder Zeit für ein materielles Ziel oder für eine Familienaktivität aufzuwenden, hat dann die Familie Vorrang?*

▼ *Sind gute Schulnoten die wichtigsten Ziele, die Sie für Ihre Kinder im Auge haben?*

▼ *Bringen wir unseren Kindern bei, daß wir für das Wohlergehen anderer Mitverantwortung tragen?*

▼ *Geben wir unseren Kindern Gelegenheit zu wachsen, indem wir ihnen eigenes Geld zu verwalten geben?*

▼ *Wer hat bei uns zu Hause das Sagen – die Eltern oder das Fernsehen? (Wenn wir uns nicht die Zeit nehmen, unsere Kinder selbst zu erziehen, wird das Fernsehen auf jeden Fall die Fantasie, die ethischen Werte und den Lebensstil unserer Kinder beeinflussen.) Überwachen Sie die Sendungen, die sich Ihre Kinder im Fernsehen ansehen.*

Abdruck aus *Simple Living* Nr. 15, S.11.

Fähigkeiten als in der Vergangenheit. Wir dürfen nicht vergessen, daß das Fernsehen bildet, vor allem die Werbespots: Sie lehren die Kinder Egoismus, Impulsivität und Suchtverhalten.

Das beste Beispiel dafür, wie das Fernsehen die Konsumwut steigert, erlebte ich selbst an zwei aufeinanderfolgenden Weihnachten. In dem einen Jahr hatten meine Kinder öfter und länger ferngesehen. Als ich sie fragte, was sie sich zu Weihnachten wünschten, hatten beide riesige Wunschlisten, voll mit den Dingen, die im Fernsehen beworben wurden. Das nächste Jahr hatten sie kaum ferngesehen. Als ich sie fragte, was sie sich zu Weihnachten wünschten, fiel ihnen nichts ein. Überlegen Sie einmal, wie viele von diesen Plastikspielsachen, die man einfach haben »muß«, wir für unsere Kinder kaufen, nur um sie ein paar Wochen oder Monate später für immer in die hinterste Schublade zu verbannen. Was für eine Verschwendung von Zeit, Geld und Ressourcen.

Wenn Sie gemeinsam mit Ihren Kindern fernsehen, sprechen Sie mit ihnen über die Werbespots, die sie sehen. Wenn sie den angepriesenen Artikel kaufen, wird ihr Leben dann wirklich schöner sein, wie es die Werbung verspricht? Sprechen Sie mit Ihren Kindern. Wenn meine Kinder einen Werbespot sehen, sprechen wir über die Täuschung in der Werbung. Und was ist mit den Werbebotschaften, die wir nicht im Fernsehen sehen? Wo gibt es im Fernsehen Werbung für gesunde Lebensmittel oder dafür, ein besserer Bürger zu werden? Dem amerikanischen Center for the Study of Commercialism zufolge leert die Werbung nicht nur unsere Taschen aus, sondern sie erzeugt auch einen unstillbaren Heißhunger nach mehr. Außerdem fördert sie Neid, Angst und Unsicherheit. Wir bringen unseren Kindern nicht nur bei, Produkte zu kaufen, sondern wir bringen ihnen bei, sie in dem Glauben zu kaufen, daß sie sie attraktiver machen und ihnen Freunde verschaffen werden. Irgendwo las ich von einem Jungen, der im Fernsehen einen Werbespot für ein bestimmtes Spielzeug sah und seinen Vater zu bearbeiten begann, es ihm zu kaufen. Da erinnerte ihn der Vater daran, daß er dieses Spielzeug bereits besaß! Er hatte es in seine Kommode gestopft und kein einziges Mal benutzt. Das ist ein gutes Anschauungsbeispiel für die Macht der Werbung.

Wie bei allen großen Veränderungen ist es natürlich nicht leicht, das Fernsehgerät einfach »stillzulegen« oder die Fernsehzeit zu beschränken. Wenn Sie aber konsequent sind und wirklich ein Auge darauf haben können, welche und wie viele Sendungen sich Ihre Kinder ansehen, ist die Beschränkung der Fernsehzeit für Sie wahrscheinlich die Methode der Wahl. Eine Möglichkeit dazu ist die Erstellung eines Plans. Setzen Sie sich zu Wochenbeginn mit Ihren Kindern zusammen und lassen Sie sich die Sendungen aussuchen, die sie sich während der Woche ansehen möchten. Das Fernsehgerät wird nur für diese

Sendungen angestellt. Oder Sie könnten festlegen, daß nur an bestimmten Tagen ferngesehen werden darf. Eine weitere Möglichkeit besteht darin, aktiv und nicht passiv fernzusehen. Das folgende Beispiel stammt aus dem Buch *What to Do After You Turn Off the TV* von Frances Moore Lappe: »Ich mag das Fernsehen nicht, aber meine Kinder lieben es. Um das Ganze erträglich zu halten, schreibe ich manchmal Überschriften auf ein großes Blatt Papier, wie zum Beispiel gemeine Dinge, die Menschen tun, oder nette Dinge, die Menschen tun, Mädchen, die interessante Dinge tun, oder Jungs, die interessante Dinge tun, gesundes Essen oder Junk Food. Meine Tochter macht dann ein Kreuz vor die jeweilige Kategorie, aus der sie sich eine Sendung ansehen will. Manchmal vergleichen wir auch PBS und Network TV.«

Wenn Sie aber nicht glauben, sich langfristig als wachsamer TV-Polizist behaupten zu können, ist es besser, das Ding überhaupt loszuwerden. Eine Familie wartete damit bis zum Frühling, denn sie wußte, daß die Kinder in dieser Jahreszeit eher Baseball spielen, Fahrrad fahren, schwimmen und sich an schulischen Nachmittagsaktivitäten beteiligen würden. In dieser Zeit würden sie die Glotze nicht so sehr vermissen.

Eine andere Familie versuchte es, wie in *What to Do After You Turn Off the TV* beschrieben, bei ihren etwas älteren Kindern mit dem radikalen Entzug. Das sah so aus:

 Etwa einen Monat lang gab es Diskussionen. Ich hörte zu, antwortete und ignorierte ihre flehentlichen Bitten konsequent ... Und dann passierte etwas Magisches:

Sie begannen sich auf die TV-Abstinenz einzustellen. Ich pflegte zu meinen Freundinnen zu sagen, daß ich ab diesem Zeitpunkt beim Nachhausekommen das Gefühl hatte, zu den Waltons zu kommen. Sie redeten miteinander, machten ihre Hausarbeiten, spielten Brettspiele und übten sogar auf ihren Musikinstrumenten ... ungestört von diesem Faszinosum namens Fernsehen. Es war einfach herrlich.

Ob sie das Fernsehen vermißten? Zuerst sicher. Aber dann entdeckten sie, daß es auf ihre Mitschüler Eindruck machte, daß sie »keines hatten«. Sie wurden nachdenklich, und es gefiel ihnen immer besser, anders zu sein.

Ein zusätzlicher Vorteil von weniger Fernsehen ist – und das überrascht Sie vielleicht – die entstehende Langeweile. Lesen Sie ruhig weiter. Langeweile ist gut für Kinder! Jerry Mander, der Autor von *Four Arguments for the Elimination of Television,* schrieb folgendes:

 Ich gehöre noch der fernsehlosen Generation an. Bis ich vierzehn oder fünfzehn war, hatten wir kein Fernsehen. Und ich kann mich noch erinnern, wie es war, jeden Tag nach Hause zu kommen. Als erstes schaute ich in die Küche oder in den Kühlschrank, um nachzusehen, was für besondere Häppchen meine Mutter für mich aufgehoben hatte. Die verdrückte ich erst einmal. Dann, wenn sich langsam die Langeweile einzuschleichen begann, spielte ich ein bißchen mit dem Hund. Wieder Langeweile. Nichts zu tun.

Langsam glitt ich in eine Art Langeweile hinein, die ich als schrecklich empfand und die mit Angst und einer nagenden Spannung in meinem Magen einherging. Das Gefühl wurde immer unangenehmer, so unangenehm, daß ich mich schließlich dazu aufraffte, zu handeln – etwas zu tun. Ich rief einen Freund an, ich ging nach draußen. Ich ging Ball spielen. Ich las. Ich tat etwas.

Rückblickend betrachte ich diese Langeweile, das Gefühl des »nichts zu tun haben«, als einen Brunnen, dem so manche kreative Handlung entsprang. Wenn man alle jungen Menschen zusammennimmt, kann man sie sich als eine Art genetischen Kreativitätspool vorstellen. Man dringt zum Grund seiner Gefühle vor, man läßt die Dinge bis auf den niedrigsten Pegelstand abgleiten, und dann nimmt man sein Leben in die Hand. Man tut etwas, weil man nicht dort bleiben möchte, wo man ist. Man erlebt sich selbst in Bewegung, voll von Ideen, in Aktion.

Heute ist das alles anders. Sobald dieses unangenehme Gefühl einsetzt, greifen die meisten Kinder nach der Fernbedienung. Das Fernsehen blendet die Angst und die Kreativität aus, die aus der Langeweile heraus vielleicht entstehen könnten.

Leerräume sind vor allem gut für jene Kinder, deren Terminkalender genauso vollgestopft ist wie der ihrer Eltern. Viele Kinder stecken vom Augenblick des Aufstehens bis zum Abendessen in einer geschäftigen Tretmühle. Ihre Sommerferien verbringen sie nicht länger faul beim Fischen in der nahen Umgebung oder beim »Herumhängen« mit ihren Freunden. Heute folgt im Sommer ein hektisches Tagescamp dem nächsten. Die Kinder haben kaum mehr Zeit, einfach nur zu »sein«. Ist es ein Wunder, daß diese Kinder (und die Eltern) in dem Augenblick, in dem die Hektik nachläßt, zur Fernbedienung greifen? Wir haben keine Vorstellung mehr davon, was wir mit einem »Leerraum« tun sollen, und deshalb füllen wir ihn mit dem Geschwätz und der Passivität der Glotze. Wie hätte Thomas Edison die Glühbirne erfinden sollen und wie hätte Marie Curie die erste Frau sein können, die für ihre Radioaktivitätsforschung den Nobelpreis bekam, wenn sie von einer geplanten Aktivität zur nächsten gehetzt wären oder die verbleibenden freien Stunden mit Fernsehen verbracht hätten? Sie hätten keine Zeit gehabt, zu denken, zu träumen, kreativ zu sein und zu grübeln. Unsere Kinder brauchen in ihrem Leben denselben Raum.

Schaffen Sie Familienrituale

Eine weitere gute Möglichkeit, ein Leben mit Kindern zu zentrieren, besteht in der Schaffung von Familienritualen. Rituale sind kleine oder große Feiern, die Ihre Familie speziell und einzigartig machen. Rituale helfen auch Ihnen selbst, Ihr Tempo zu verlangsamen; sie zwingen Sie, nein zu äußeren Aktivitäten zu sagen, die störend wirken würden. Rituale bringen eine Struktur in unser hektisches Leben. Sie sind wichtig, weil sie allen Familienmitgliedern ein Gefühl der Zugehörigkeit vermitteln. Rituale helfen Kindern wie Erwachsenen, sich in der Welt zurechtzufinden, indem sie die Verwirrung mindern und das Gefühl der Sicherheit stärken. Es ist unsere Aufgabe als Eltern, ein bißchen Struktur und Führung in das Leben unserer Kinder zu bringen. Rituale können und sollten billig oder kostenlos sein. Je mehr Sie in Ihr Leben einbauen, desto eher wird Ihnen bewußt werden, daß Sie kein Vermögen auszugeben brauchen, indem Sie sich von anderen unterhalten lassen. Sie können das selbst nämlich viel besser. Leider gehören die Rituale zu den ersten Dingen, die verlorengehen, wenn die Hektik von unserem Leben Besitz ergreift.

Das George Washington Medical Center führte acht Jahre lange eine Studie mit hundert Haushalten durch. Diese Studie ergab, daß Familien, die streng darauf achteten, ihre Rituale einzuhalten, emotional und mental besser dastehen. Solche Familien

- legen Wert auf ihre Vergangenheit. Sie haben eine historische Sichtweise ihrer Familiengeschichte, die das Familienleben mit Sinn erfüllt.
- identifizieren sich stark mit einer ethnischen, religiösen oder anderen Gemeinschaft und halten diese Bindung mit Hilfe von Ritualen aufrecht.
- arbeiten daran, die Familienstruktur über die Generationen hinweg aufrechtzuerhalten.
- genießen die Stunden, in denen die Zeit stillsteht, weil Familienmitglieder von alten Zeiten erzählen; freuen sich auf die Dekorationen, Speisen und Stimmungen der einzelnen Feiern.

Rituale können traditionelle Feiern wie Geburtstage, Jahrestage, Bar Mizwa, Taufen oder auch Weihnachten oder Ostern sein. Aber auch kleinere familiäre Anlässe können in Form eines Rituals gefeiert werden. Dazu zählen regelmäßige Essenszeiten, Rituale vor dem Schlafengehen und gemeinsame Aktivitäten. Ein Ritual kann ganz einfach sein, wie zum Beispiel den Mittwoch abend zum »Familienabend« zu erklären. An diesem Abend nimmt sich niemand etwas Außerfamiliäres vor. Ich kenne ein Ehepaar, das jeden Sonntag nachmittag für die Familie freihält. Die beiden haben zwei kleine Söhne. Jeden Sonntag morgen freuen sich die Jungen auf »ihren« Tag, an dem sich jeder etwas aussuchen darf, das er gemeinsam mit einem Elternteil unternimmt. Die Eltern wechseln einander ab, so daß jedes Kind jeden Sonntag abwechselnd einen Elternteil allein für sich hat.

Sie können auch den Freitag abend zum »Familienabend« machen. An diesem Abend dürfen die Familienmitglieder abwechselnd entscheiden, was unternommen werden soll. (Achten Sie darauf, daß Sie Ihr im voraus festgelegtes Budget nicht überschreiten.) Wer an der Reihe ist, darf zum Beispiel ein Video auswählen, das sich alle gemeinsam ansehen, oder ein Brettspiel, das gemeinsam gespielt wird. Natürlich kann die Familie auch Eis essen oder kegeln gehen. Die Möglichkeiten sind wirklich zahllos. Ich kenne Familien, die an bestimmten

Abenden die Lieblingsessen der Familienmitglieder kochen. Samstag könnte beispielsweise Pizzatag sein. Die ganze Familie versammelt sich, um gemeinsam Pizza zu backen. Oder Sie können auch entscheiden, daß an diesem Abend die Küche kalt bleibt und daß alle in die Pizzeria gehen. Jeder Dienstag könnte Spaghettiabend sein. So haben alle Familienmitglieder etwas, worauf sie sich freuen können. Das erleichtert auch dem Koch seine Arbeit, denn wenn er im voraus weiß, was auf dem Speiseplan steht, wird er nicht um fünf Uhr nachmittags verzweifelt vor dem Kühlschrank stehen und überlegen, was er wohl kochen soll.

Ich habe eine Freundin, die aus einer Familie mit sechs Kindern kommt. Jeden Freitag freute sie sich darauf, mit ihrem Vater und ihren Geschwistern zur Bibliothek zu gehen und dort die Bücher auszusuchen, die sie die Woche über lesen wollten. Dieses Ritual war nicht nur für den Vater (der außer Haus arbeitete) und für die Kinder etwas Besonderes, sondern es brachte auch der Mutter, die Hausfrau war, einen wohlverdienten Abend für sich allein.

Wie in dem Buch *Chop Wood, Carry Water* erzählt wird, hatte eine andere Familie genug vom hektischen frühstücken und beschloß, den Tag gemeinsam in Ruhe zu beginnen. Sie frühstückte zusammen und sang gemeinsam ein kurzes Lied. »So schafft man einen bewußten Augenblick im Lauf der Zeit und begrüßt den Tag«, sagt diese Familie.

>> Kinder sind wie Spiegel. Wenn ihnen Liebe geschenkt wird, geben sie Liebe zurück. Wenn ihnen keine geschenkt wird, haben sie nichts zum Zurückgeben. Bedingungslose Liebe wird bedingungslos zurückgegeben, und bedingte Liebe wird bedingt zurückgegeben. <<

Ross Campbell, M. D.

Zu unseren Lieblingserinnerungen aus unserer Kindheit gehören oft die kleinen, alltäglichen Ereignisse in unseren Familien. Gab es in Ihrer Familie einen besonderen Tag, an dem gemeinsam gebacken wurde? Gab es Abende vor dem Kaminfeuer, an dem alle Monopoly spielten? Eine besondere Routine vor dem Schlafengehen?

Haben Sie schon einmal daran gedacht, ein Sammelalbum der Familie anzulegen? Einmal im Monat nehmen Sie das Buch zur Hand und kleben Bilder und andere Dinge hinein. Oder Sie schaffen eine Familiengalerie. Hängen Sie ein Anschlagbrett im Flur auf und lassen Sie die Kinder ihre Lieblingszeichnungen, Handarbeiten, Aufsätze oder Fotos aufhängen. Einen Tag im Monat können Sie dann zum »Galerieabend« erklären. An diesem Abend werden die Exponate ausgetauscht.

Aber es gibt auch ernsthaftere Rituale, die Sie zu einem Teil Ihres Familienlebens machen können. Das könnten zum Beispiel Diskussionsabende oder Abende sein, an denen über aktuelle Ereignisse gesprochen wird. Sie können abwechselnd ein Diskussionsthema wählen lassen, wie zum Beispiel: »Sollten Hausarbeiten in der Schule abgeschafft werden? Was spricht dafür, was dagegen?« Oder Sie wählen ein aktuelles Nachrichtenthema und stellen eine zugehörige ethische Frage. Achten Sie darauf, daß sich alle an die Benimmregeln halten: Sich die Standpunkte der anderen anzuhören, ohne sie zu unterbrechen oder verächtlich zu machen. Das sorgt nicht nur für gute Unterhaltung, sondern lehrt die Kinder auch, daß es gut ist, sich beide Seiten eines Themas vor Augen zu führen und auch Menschen mit anderer Meinung zu respektieren. Damit der Abend nicht allzu ernsthaft wird, können Sie ein anderes Ritual »daranhängen«, wie zum Beispiel gemeinsames Singen oder ein Lieblingsdessert.

Eine Methode, in Ihrer Familie das Gefühl der gemeinsamen Geschichte zu wecken, besteht darin, ein altmodisches Erzählritual einzuführen. Sie könnten die Familienmitglieder regelmäßig versammeln, um über Familiengeschichten zu sprechen. Loraine O'Connell schrieb in *Orlando Sentinel* von einer Werbeberaterin, der diese Geschichten lieb und wert waren:

 »Mein Vater war ein sehr strenger, autoritärer Mann, der hart arbeitete. Er drohte meinen Brüdern und mir unserer Faulheit wegen immer mit dem Zorn Gottes«, erinnert er sich. In den Gesprächen, die er mit seinem Vater führte, erfuhr er von dessen Erfahrungen in der Zeit der Depression. Infolge dieser langen Gespräche »konnte ich einen Teil dessen verstehen, was ich bisher für einen Persönlichkeitsmangel gehalten hatte«, sagte er. »Ich verstand, welchen Einfluß die Depression auf ihn gehabt hatte, und mir wurde bewußt, was für eine schreckliche Zeit das für ihn gewesen war.«

Sein Vater starb vor zwanzig Jahren, und der Sohn kann seine Geschichten nur noch in seiner Erinnerung abrufen. Also entschloß er sich, sich bei seiner Mutter die moderne Technik zunutze zu machen. Er nahm sie auf Video auf, als sie erzählte, wie sie an seinem ersten Schultag mit Pferd und Kutsche zur Schule gefahren waren, und andere Abenteuer ihres Lebens im Mittleren Westen.

»Sie saß auf einem bequemen Sofa im Wohnzimmer, und wir nahmen sie immer anderthalb Stunden lang auf«, sagt er. »Wenn sie müde wurde, sagte sie: ›Ich habe genug. Es reicht für heute.‹«

Die meisten von uns betrachten unsere Lebensgeschichten nicht als besonders interessant. Und trotzdem: Wenn wir über unsere Erfahrungen sprechen, können wir selbst viel mehr über unser Leben lernen als unsere Zuhörer. Wir gewinnen auch einen Einblick darin, welchen Einfluß wir auf das Leben anderer haben.

Spiritualität

Rituale sind eine wundervolle Methode, um Spiritualität in unser Familienleben zu bringen. Diese Rituale können wir unserem religiösen oder ethnischen Erbe entnehmen. Elizabeth Fishel, die Autorin des Buches *I Swore I'd Never Do That!: Recognizing Family Patterns and Making Wise Parenting Choices*, erinnert sich an eine Interviewpartnerin, die gegen das orthodoxe Judentum ihrer Jugendzeit rebelliert hatte. Für den ersten hohen Feiertag, an dem ihre Kinder alt genug waren, um zu verstehen, was vor sich ging, hatte diese Mutter nichts Besonderes geplant. Überraschenderweise verspürte sie eine große Leere. Sie merkte, wie sehr ihren Kindern ein spirituelles Erwachen fehlte. Aus diesem Gefühl des Verlusts heraus versammelte sie eine Gruppe von Familien, die die Feiertage gemeinsam begingen und sich wieder der Religion zuwandten.

In manchen Familien wird jeden Abend nach dem Abendessen ein spiritueller Text gelesen. Manchmal erkläre ich selbst einen Abend in der Woche zum Tugendabend. An diesem Abend wähle ich eine Tugend der Woche, wie Güte, Mitleid oder Ehrlichkeit, und spreche mit den Kindern darüber, wie wir diese

Tugend in der darauffolgenden Woche zu einem Teil unseres Lebens machen können, und wir sprechen über Situationen des wirklichen Lebens: Was tun, wenn wir sehen, wie Kinder auf einen wehrlos am Boden liegenden Kameraden einprügeln? Was ist Mitleid? Was, wenn wir Ball spielen, der Ball die Fensterscheibe des Nachbarhauses zertrümmert und der Nachbar nicht zu Hause ist? Was ist Ehrlichkeit? Im Winter halten wir unser Treffen vor dem offenen Kamin ab. Manchmal vollziehen wir ein Ritual namens »Loslassen«. Wenn wir eine unangenehme Charaktereigenschaft, eine schlechte Gewohnheit oder eine Sorge haben, die wir loslassen wollen, schreiben wir sie auf ein Blatt Papier und werfen es in die Flammen.

Ich lernte, wie wichtig Spiritualität und Rituale sind, als ich begann, mich mit Tugenden auseinanderzusetzen. Ich kam zu dem Schluß, daß ich mit meinen Kindern jede Woche über diese Dinge sprechen wollte. Also versuchte ich, solche Gespräche unterzubringen, wann immer es der Terminkalender zuließ. Natürlich ergab sich die Gelegenheit dazu nur sehr selten. »Dringendere« oder spannendere Aktivitäten kamen immer zuerst. Schließlich gab mir jemand den Tip, daß ich, um ein Ritual zu schaffen, meine Prioritäten festlegen und einen bestimmten Termin für diese Gespräche bestimmen müsse.

Natürlich können Sie auch regelmäßig mit Ihrer Familie meditieren. In spirituellen oder religiösen Platten- und Videogeschäften finden Sie sicher das Meditationsmaterial, das am besten für Sie geeignet ist. Kindern fällt es oft leichter, einer geleiteten Meditation zu folgen, als etwa die Bewußtseinsmeditation zu praktizieren, die ich im dritten Kapitel beschrieben habe. Der Zweck dieser Übung besteht darin, die Kinder an einen ruhigen Bereich in ihrem Leben zu gewöhnen.

Ganz gleich, auf welche Weise Sie die Spiritualität in Ihr Familienleben einbauen – Sie sollten auf jeden Fall die folgende, wichtige Regel berücksichtigen: Was Sie nicht in sich haben, können Sie Ihren Kindern nicht vorleben und es sie auch nicht lehren. Es ist viel besser, Ihr eigenes Ich zu nähren, als Ihre Kinder in der Sonntagsschule abzusetzen, während Sie ins nächste Café gehen oder joggen. Wenn Sie keine Liebe in sich haben, können Sie anderen auch keine Liebe schenken. Ihre vorrangige Aufgabe als Vater oder Mutter ist es, Ihre spirituelle Schale zu füllen, so daß Sie anderen etwas geben können. Das ist ähnlich wie die Vorschrift im Flugzeug, derzufolge sich die Eltern zuerst selbst die

Sauerstoffmaske anlegen sollen, bevor sie sie ihren Kindern anlegen, damit die Eltern am Leben und reaktionsfähig bleiben, um ihren Kindern helfen zu können. Dasselbe gilt für die Spiritualität.

Die Definitionen von Spiritualität sind so vielfältig wie die Kinder selbst. Für mich ist Spiritualität ein Weg, durch den wir uns öffnen können, um unser eigenes Höheres Selbst kennenzulernen. Je nach unserem persönlichen Glauben kann unser Höheres Selbst Gott oder eine höhere universelle Wahrheit sein. Aber es kann auch einfach der beste Mensch sein, der wir werden können. Spiritualität ist so wichtig, weil wir den Großteil unseres Lebens für banale, materielle Dinge aufwenden. Wenn wir uns wünschen, daß unsere eigenen Kinder eine ideale Ausgewogenheit zwischen Spiritualität und Materialismus finden, müssen wir ihnen diese Ausgewogenheit vorleben. Daran führt kein Weg vorbei.

Es ist hilfreich, verschiedene Wege der Spiritualität kennenzulernen. Die meisten dieser Wege sind durch Ideale und Überzeugungen charakterisiert, die uns helfen, mit unserem »Höheren Selbst« in Verbindung zu treten.

Wir können uns einer Kirche oder religiösen Vereinigung anschließen, oder wir können selbst lernen und wachsen. Dazu dienen uns die Meditation und das Lesen spiritueller Bücher. Wir können natürlich auch beides kombinieren. So ist es durchaus möglich, Katholik zu sein und regelmäßig zu meditieren. Suchen Sie sich einen spirituellen Weg, dem Sie folgen wollen, und bleiben Sie diesem Weg treu. Praktizieren Sie jeden Tag die Meditation der liebenden Güte, die ich im dritten Kapitel beschrieben habe.

Sie brauchen nicht zu warten, bis Sie in irgendeinen höheren Zustand des Nirvana gelangen, bevor Sie damit beginnen können, Ihre Kinder Spiritualität zu lehren. Als ich mich anschickte, meinen spirituellen Weg zu gehen, nahm ich die Kinder einfach mit. Ich hatte keine Ahnung, wohin mich mein Weg führen würde, aber während ich lernte, las und nachdachte, sprach ich mit meinen Kindern über die Dinge, die mich bewegten. Ich erzählte ihnen von einer bestimmten Denkschule und erklärte, warum sie nicht die einzig mögliche war. Manche glaubten daran, andere nicht, pflegte ich zu sagen. Dann erzählte ich ihnen von einer anderen Denkschule. So ließ ich ihnen einen kontinuierlichen, informellen, vergleichenden Religionsunterricht zuteil werden.

Nachdem man einmal begonnen hat, seiner eigenen Spiritualität auf den Grund zu gehen, gibt es viele Wege, wie man die Kinder einbeziehen kann. So führten meine Kinder und ich eines Abends ein langes Gespräch über besondere Menschen, die uns als Vorbild dienen konnten, wie etwa Gandhi oder Mutter Teresa. Wir sprachen darüber, wie sie ihr Leben gestalteten, um diese Güte in sich zu haben, die sie an andere weitergeben konnten. Das ist Spiritualität, wie sie leibt und lebt. Wenn es um Spiritualität und Kinder geht, sollte man aber eines berücksichtigen: Kinder *gehen* den Weg der Spiritualität. Das kontemplative Leben auf einem Berggipfel oder in einer Mönchsklause ist eine schöne Sache. Wenn Sie aber denken, daß Spiritualität nichts anderes sein kann, werden Sie eines Besseren belehrt, wenn Sie Kinder haben. Im *Bhagavad Gita* sagt Krishna zu Arjuna: »Ich habe dir bereits gesagt, daß die Suchenden auf dieser Welt auf zwei verschiedenen Wegen zu Erleuchtung gelangen können: Für die Kontemplativen ist es der Weg des Wissens, und für die Geschäftigen ist es der Weg des selbstlosen Handelns ... Du mußt alles, was du tust, auf eine sakrale Weise tun und dich freimachen von jeder Bindung an Ergebnisse ... Tu deine Pflicht, immer, aber ohne Bindung ... Die Sehnsucht nach den Früchten der Arbeit darf nie zum Beweggrund deiner Arbeit werden. Gib auch niemals der Trägheit nach. Sei bei allem, was du tust, mit deinem Herzen beim Herrn.«

Wenn Sie spirituell denken und wachsen, beginnen Sie auch, Ihre Kinder als spirituelle Wesen zu erkennen, von denen Sie lernen können. So kann Sie das ständige Quengeln eines Zweijährigen in eine Furie verwandeln, oder es kann Sie die Tugend der Geduld lehren. Wenn Ihr Kind auf dem Weg zum Einkaufen alle zwei Meter stehenbleibt, um einen Stein oder einen Käfer zu bewundern, können Sie sich ärgern, weil Sie so lange brauchen, oder Sie können selbst wieder staunen lernen wie ein Kind. Und wenn Sie die zwanzigste Mahlzeit der Woche zubereitet haben und das Kochen satt haben, können Sie sich die Tugenden der Liebe und des Dienens vor Augen halten. Sie zeigen Ihren Kindern Ihre Liebe, indem Sie ihnen dienen.

Wenn Sie ohne Bindung dienen, dann dienen und lieben Sie, ohne ein bestimmtes Ergebnis vor Augen zu haben. Sie lernen, Ihre Kinder als einzigartige menschliche Wesen, als eigene Persönlichkeiten zu betrachten. Ihre Aufgabe ist es nicht, sie in Miniaturversionen Ihrer selbst zu verwandeln, sondern sie zu den besten Menschen zu machen, die sie aus sich selbst heraus werden können. Tatsächlich ist es diese selbstlose, ziellose Art des Liebens und Dienens, die zu den höchsten Grundsätzen des spirituellen Lebens zählt. Anderen zu geben, ohne eine Gegenleistung von ihnen zu erwarten. Einfach zu geben um der Liebe willen. Was für ein Geschenk für Ihre Kinder!

Schaffen Sie eine Gemeinschaft für Ihre Kinder

Ein afrikanisches Sprichwort sagt: »Es braucht ein ganzes Dorf, um ein Kind großzuziehen.« Man könnte es nicht besser formulieren. Eine Gemeinschaft (das Dorf) macht auch Ihnen das Leben leichter. Ich selbst muß von Zeit zu Zeit einen Babysitter für meine Kinder engagieren, aber nur selten. Normalerweise rufe ich jemanden in der Nachbarschaft an, und mein Kind geht zum Spielen dorthin. Kinder anderer Familien kommen im Gegenzug zu uns. Keine Kosten. Keine Probleme. Die Kinder haben Spaß, und die Eltern wissen, daß die Kinder in guten Händen sind. Niemand schreibt die Stunden auf.

Eine Gemeinschaft aufzubauen erfordert ein bißchen Arbeit. Es ist aber die Mühe unbedingt wert. Als meine Tochter mit der Grundschule begann, gründete ich eine Pfadfindergruppe für sie. Als mein Sohn in das Alter kam, tat ich für ihn dasselbe. So lernte ich einige der Kinder in der Klasse und in der Nachbarschaft mitsamt den Eltern kennen. Es gab in unserer Gegend keine Pfadfindergruppen. Bei der ersten Gruppe für meine Tochter ging ich die Klassenliste durch und rief alle Eltern an. Ich fragte sie, ob sie mir bei der Gründung der Pfadfindergruppe helfen wollten. Bei meinem Sohn rief ich Freunde in der Nachbarschaft an, und sie riefen ihre Freunde an. Heute, Jahre später, sind beide Gruppen sehr aktiv. Beide haben die Form von Kooperativen, so daß alle Eltern einbezogen sind. Die Familien haben einander kennengelernt, und manche fahren sogar gemeinsam in Urlaub. Wenn meine Kinder zu einer dieser Familien zum Spielen gehen wollen, weiß ich genau, wer die Eltern sind. Wir unterhalten uns über unsere Probleme als Eltern, und die Kinder haben sich miteinander angefreundet. Gemeinsam mit einigen Eltern habe ich auch kleinere, unterrichtsvertiefende Nachmittagsgruppen gebildet. Durch diese häufigen Aktivitäten bleiben wir in Kontakt miteinander.

Eine andere Methode, die Eltern anderer Kinder kennenzulernen, besteht darin, daß ich in den Klassen meiner Kinder freiwillig helfe. Wenn Sie aus beruflichen Gründen tagsüber nicht anwesend sein können, können Sie sich an abendlichen Komitees beteiligen. Auch für Familien, die ihre Kinder selbst zu Hause unterrichten, gibt es jede Menge Aktivitäten, die sie gemeinsam mit anderen Familien tun können. Suchen Sie sich einen Verband von Eltern, die ihre Kinder selbst unterrichten. Wenn Sie dort nicht genügend Gesellschaft finden, können Sie selbst eine solche Gruppe gründen.

Natürlich gibt es noch viele andere Möglichkeiten, die Nachbarn kennenzulernen. Kirchen bieten eine wundervolle Gelegenheit, sich einer Gemeinschaft anzuschließen. Und warten Sie nicht darauf, daß Ihre Nachbarn Sie zu sich einladen. Alle klagen darüber, daß die Nachbarschaft nicht mehr das ist, was sie einmal war. Wann haben Sie Ihre Nachbarn das letzte Mal zum Essen eingeladen? Sie können auch ein Abendessen organisieren, bei dem alle Nachbarn selbst etwas zu essen mitbringen. Ich kenne einen städtischen Wohnblock, der jedes Jahr zum Nationalfeiertag Wasserschlachten und ein gemeinsames Picknick veranstaltet. Sie können eine Nachbarschaftsgruppe gründen oder sich einer bestehenden anschließen, oder Sie können eine Gruppe zur Verbesserung der Wohnsituation gründen. Versuchen Sie, Nachbarn kennenzulernen, die aus einer anderen Kultur kommen als Sie selbst. Wenn Sie das nächste Mal Ihren Rasen mähen, mähen Sie doch auch ein Stück des Nachbarrasens mit. Wenn Sie in einem Hochhaus leben, haben Sie in Ihrem Stockwerk genügend Kontaktmöglichkeiten. Meine Freundin Ethel wuchs in den fünfziger Jahren in der New Yorker Bronx auf. Sie erinnert sich gern an ihre Freunde, die sie überall in ihrem Nachkriegshochhaus hatte. Da die Mütter einander kannten, hatte niemand etwas dagegen, daß die Kinder einander ständig besuchten. Die Sicherheit einer solchen Gemeinschaft kann aber nur dann entstehen, wenn Sie Ihre Nachbarn kennen. Kreativität ist alles, ganz gleich, ob Sie in einem Einfamilienhaus oder in einem Wolkenkratzer leben.

Unsere Kinder brauchen die Sicherheit und die Vertrautheit von Nachbarn und Gemeinschaften. Wenn Sie zuviel zu tun haben, um Ihre Nachbarn persönlich kennenzulernen, werfen Sie doch einen Blick in Ihren Kalender, um festzustellen, auf welche Aktivitäten Sie verzichten könnten, so daß Sie mehr Zeit für Ihre Gemeinschaft haben. Wieder eine Gelegenheit, um Prioritäten zu setzen und Entscheidungen zu treffen.

Kindergeburtstage

Meine Kinder waren schon zu aufwendigen, teuren Geburtstagsfeiern eingeladen, und auch zu einfachen. Eine ihrer liebsten Partys war eine ruhige, die fast nichts kostete. Ihre Freundin wurde vier Jahre alt. Ihr Geburtstag war im Sommer. Die Eltern sagten ihr, sie könnte ihre beiden besten Freunde einladen, und das waren meine beiden Kinder. Wir fuhren alle gemeinsam ans Meer zu einem Strand, der etwa eine Fahrstunde von unserem Haus entfernt lag. Schon vor der Feier hatten die Eltern eine Schatzsuche organisiert. Sie hatten Fahnen auf Stöcken befestigt, und jede Fahne trug eine Zahl. Und sie hatten drei kleine »Beutesäcke« genäht. Die Karten wurden bei der Ankunft gezeichnet, und die Fahnen wurden versteckt, während die Kinder spielten. Dann bekam jedes Kind ein buntes Halstuch und eine Augenbinde, damit es aussah wie ein Pirat. Die Karte führte sie dann über Stock und Stein durch den Sand, über angeschwemmte Äste und andere Strandhindernisse, bis sie schließlich den für sie vergrabenen »Schatz« fanden und ihn in ihren Beutesack stecken konnten. Nach der Schatzsuche verspeisten wir einfache, nahrhafte Dinge und den Geburtstagskuchen. Für den Rest des Tages bauten wir Sandburgen, erforschten die Umgebung und zeichneten neue Schatzkarten.

Geburtstagspartys für Kinder brauchen kein Vermögen zu kosten – und zwar weder an Zeit noch an Geld. Sie erfordern nicht einmal eine unbegrenzte Fantasie. Die Buchhandlungen und Bibliotheken sind voll von Büchern mit kreativen Ideen für Kindergeburtstage. Im Winter können Sie die Schatzsuche auch im Haus veranstalten, oder, wenn Sie an keinen Strand fahren können, in Ihrem Hof. Sie können mehr Kinder einladen, und, entsprechend ihrem Alter, schwierigere Hinweise ausarbeiten. Für die Party zum achten Geburtstag meines Sohnes versteckten wir den »Schatz« für jedes Kind an einer anderen Stelle des Hauses. Bestimmte Bereiche (wie zum Beispiel mein Büro) waren gesperrt. Der Rest war frei zugänglich. Sie können sich kleine Rätsel ausdenken, die die

Kinder lösen müssen, oder Sie können mit den Kindern ein »Wer-ist-der-Täter«-Spiel spielen, bei dem sie herausfinden müssen, in welchem Zimmer das »Verbrechen« geschah und mit welcher Waffe es begangen wurde.

Die kleineren Kinder lassen sich während der gesamten Party mit einfachen Spielen beschäftigen, die nichts kosten. Es folgen zwei Beispiele:

▼ Schuhe tauschen für vier oder mehr Mitspieler. Alle ziehen ihre Schuhe aus und legen sie in die Mitte eines Kreises. Dann muß jeder Mitspieler zwei verschiedene Schuhe anziehen (nicht die eigenen, und kein zusammengehöriges Paar). Dann wird es lustig: Die Teilnehmer müssen nach ihrem zweiten Schuh Ausschau halten (der von jemand anderem getragen wird) und versuchen, ihren Fuß neben den passenden Schuh zu stellen. So ist ein Fuß irgendwo innerhalb des Kreises, und der andere außerhalb. Alle verknäulen sich ineinander und unterhalten sich großartig.

▼ Oder Sie spielen »starker Wind«. Dieses Spiel eignet sich für fünf Mitspieler oder mehr. Ausrüstung: Stühle, in einem Kreis aufgestellt, ein Stuhl weniger als die Zahl der Mitspieler. Alle Spieler setzen sich, bis auf einen, der sich in die Mitte des Kreises stellt. Der stehende Spieler sagt zum Beispiel: »Es erhebt sich ein starker Wind für ... alle Brillenträger!« Nun müssen alle Brillenträger aufspringen und versuchen, sich auf einen anderen freien Platz zu setzen. Der Spieler in der Mitte versucht ebenfalls, einen Sitzplatz zu ergattern. Derjenige, der übrig bleibt, ruft als nächstes: »Es erhebt sich ein starker Wind für ... alle, die weiße Socken tragen ... alle, die Makkaroni mit Käse mögen ... alle, die ihre Zähne am Morgen nicht geputzt haben!«

Sie können in Ihrem Hof oder in einem Park auch kleine Wettbewerbe veranstalten. Vier Jahre lang feierten wir den Geburtstag meiner Tochter, der in den Sommer fällt, in einem Park. Die Kinder waren immer besonders begeistert vom »Donut-Spiel«. Dazu nimmt man einen Bindfaden, den man an zwei Bäumen oder Pfosten befestigt. Dann bindet man runde Donuts (die mit dem Loch in der Mitte, die aussehen wie Schwimmreifen) an kürzere Bindfäden, die man an dem langen befestigt. Hängen Sie gleich viele Donuts auf wie Kinder teilnehmen. Dann müssen sich die Kinder zu Teams formieren. Sie müssen zu den Donuts laufen, und jeder versucht, die Donut zu verspeisen, ohne die Hände zu gebrauchen. Dabei gewinnen alle, denn jeder verspeist letzten Endes seinen Donut!

Von diesem Spiel gibt es Hunderte Varianten und Hunderte Bücher, die sie beschreiben. Wie wäre es mit einem Gürtelspiel? Die Kinder teilen sich in zwei Teams. Halten Sie für beide Teams dieselbe Ausrüstung bereit: ein Herrenhemd mit vielen Knöpfen, einen Gürtel mit Löchern und eine Erwachsenenhose. Jedes Kind muß sich diese Dinge anziehen (alle Knöpfe und Schnallen schließen!) und sie wieder ausgezogen haben, bis das nächste Kind des Teams kommt, um dasselbe zu tun. Keine Preise notwendig. Das Spiel ist einfach lustig!

Natürlich gibt es auch Alternativen zu »normalen« Geburtstagspartys. Eine davon ist das Zelten. Im letzten Jahr, als meine Tochter zehn wurde, ging ich gemeinsam mit vier anderen Müttern mit zehn Kindern zelten. Wenn genug Eltern helfen, kann das für alle sehr lustig sein. Vergessen Sie nicht Marshmallows, Schokolade und Kekse!

Sie brauchen übrigens nicht in die Berge zu ziehen, um zu zelten, sondern Sie können das Zelt auch in Ihrem Garten aufstellen. Wenn Sie keinen Platz dazu haben, dürfen Sie vielleicht den Garten eines Freundes oder eines Nachbarn benutzen. Stellen Sie Zelte auf und machen Sie ein Feuer. Braten Sie Kartoffeln, erzählen Sie Geistergeschichten und singen Sie Lieder mit den Kindern, als wären Sie irgendwo in einem einsamen, entlegenen Wald.

Wenn Sie einen Kindergeburtstag planen, können Sie auch andere Werte berücksichtigen. Ich kenne eine Familie, die in ihrem Haus lustige Geburtstagspartys für ihre Kinder veranstaltet. Auf den Einladungen steht aber: Bringt keine Geschenke, nur euch selbst! Über Essensspenden für Obdachlose freuen wir uns. Die Kinder dieser Familie sind sich darüber einig, daß sie genügend Spielsachen haben. Sie wollen nichts weiter als die Gesellschaft ihrer Freunde.

Genauso wichtig ist es, daran zu denken, warum die Partygäste gekommen sind: um diesen besonderen Tag miteinander zu feiern. Für die Geburtstagsparty meines Sohnes im letzten Jahr bedeckten wir den Tisch mit weißem Packpapier. Neben jeden Teller stellten wir eine Tasse mit Farbstiften. Als sich die Kinder setzten, baten wir sie, hinzuschreiben, was sie an meinem Sohn mochten. Sie konnten ihren Platz verzieren, wie es ihnen gefiel. Dieses »Tischtuch« sagte meinem Sohn, daß er etwas ganz Besonderes war, und es erinnerte die anderen Kinder daran, daß sie den Geburtstag eines Freundes feierten.

Helfen Sie Ihren Kindern, glückliche Menschen zu werden

Indem wir weniger Wert auf materielle Güter legen, können wir uns stärker darauf konzentrieren, glücklichere Menschen zu werden. In meiner Familie wende ich mindestens genausoviel Zeit dafür auf, meine Kinder zu glücklichen und guten Menschen zu erziehen, wie ich in ihre sonstige Bildung investiere.

Das hebräische Wort *tzedaka* bedeutet »Gerechtigkeit«. Es leitet sich von dem Wort *tzedeka* ab, das einen gerechten Menschen bezeichnet. Die jüdische Tradition lehrt, daß wir Partner der Schöpfung sind und daß es zu unseren Aufgaben gehört, das Zerstörte in unserer Welt wieder zu heilen. Die Herausforderung für Eltern aller Glaubensrichtungen besteht darin, den Kindern diese Werte auf sinnvolle Weise nahezubringen und sie ihnen vorzuleben.

Eine Familie rief einen Topf für »gefundenes Geld« ins Leben. Die Kinder verzierten eine Schachtel, die in der Küche aufgestellt wurde. Das Geld, das auf Küchenkästen, Regalen oder in der Waschmaschine gefunden wurde, wanderte in diese sogenannte Tzedaka-Schachtel. Außerdem wurde Geld in die Schachtel geworfen, wenn es während der Woche irgend etwas zu feiern gab. »Wenn man eine Prüfung schaffte, ein tolles Tor schoß, einen Geburtstag feierte oder einfach eine hektische Woche hinter sich gebracht hatte, teilte man sein Glück, indem man Geld in die Schachtel warf«, schreibt Dale Schreiber, Mutter von drei Kindern, die im Newsletter *Parenting for Peace and Justice* zitiert wurde. »Unsere Kinder sahen, wie ihre Beiträge sich vermehrten. Eines von ihnen fand fünf Dollar in einem Einkaufszentrum, die in die Tzedaka-Schachtel wanderten.«

Nach einiger Zeit entschied die Familie, eine Wohlfahrtsorganisation in der Nachbarschaft zu unterstützen. Die Kinder schickten das Geld mit einem Begleitschreiben dorthin und bekamen eine nette Anwort, die ihnen zu Bewußtsein brachte, daß sie einen Beitrag zu einer besseren Welt leisten konnten.

Eine amerikanische Indianerin lehrte ihre Kinder, alles zu teilen, was sie hatten. Beulah Caldwell, die im Beirat von *Parenting for Peace and Justice* mitarbeitete, sagt, daß ihre Mutter sie gelehrt habe, ihr Essen mit Fremden zu teilen,

Andere Möglichkeiten, einen Geburtstag auf erfrischende Weise zu feiern

▼ *Bitten Sie alle Gäste, ein selbstgemachtes Geschenk mitzubringen.*

▼ *Bitten Sie alle, gebrauchte Spielsachen, Bücher und Sportausrüstung in gutem Zustand mitzubringen, die an andere weitergegeben werden können.*

▼ *Bitten Sie die Kinder vor der Geburtstagsfeier, ein Kuponheft für Ihr Kind zusammenzustellen. Die Kupons könnten folgende Dinge zum Inhalt haben: Eine Spielstunde im Haus eines Freundes; eine Übernachtung im Haus einer Freundin (mein Sohn schenkte das seinem Freund zum Geburtstag, und das Geschenk war ein echter Hit); ein gemeinsam verbrachter Tag oder ein gemeinsames Mittagessen in der Schule; ein Abendessen bei einem Freund; ein samstäglicher Schwimmbadbesuch mit einer Freundin, eine Reitstunde oder etwas anderes, was beide gern tun. Die einzige Grenze, die diesen Geschenken auferlegt ist, ist die der Fantasie. Vergessen Sie nicht, in dieses Kuponheft auch Geschenke der Familienmitglieder aufzunehmen.*

▼ *Die Partygäste können eines ihrer eigenen Spielsachen oder Bücher mitbringen, als Geschenk verpackt. Lassen Sie die Kinder ein Los ziehen, so daß jeder ein Geschenk bekommt.*

sich um Fremde zu kümmern und ihnen das Gefühl zu geben, in ihrem Haus willkommen zu sein. Materialismus oder Besitz spielten keine Rolle. Wichtig war die Achtung vor allen lebenden Wesen.

»Gerecht« zu sein, das bedeutet auch, daß wir uns bewußt sein müssen, wie wir mit unseren natürlichen Ressourcen umgehen und welcher gerechte Anteil an den Ressourcen der Erde uns zusteht. Wir können uns selbst und unsere Kinder jeden Tag daran erinnern, daß jeden Tag Tausende von Malen ein Kontakt zwischen den Menschen bei uns und Menschen in anderen Ländern hergestellt wird. Das verbindet uns wie eine Familie und verstärkt die Beziehungen zwischen den Völkern. Schuhe werden in Brasilien hergestellt, die Telefonbücher werden von Datatypistinnen auf den Philippinen in die Computer eingegeben. Radlerhosen werden in Mexiko fabriziert. Die Bananen, die wir essen, stammen aus Somalia. Der Gummi unserer Schuhsohlen kommt aus Thailand, und unsere Baseballbälle und Handschuhe werden in Haiti hergestellt. Wenn wir uns diese Verbindungen bewußt machen, können wir Konsum- und Lebensentscheidungen bewußter und verantwortungsvoller treffen.

Patenschaft ist ein anderes Wort, mit dem wir unsere Kinder daran gewöhnen können, an andere zu denken, denen es nicht so gutgeht. Eine Familie hat auf dem Eßtisch eine »Weltbank« aufgestellt. Manchmal verzichten die Kinder auf ein Dessert oder auf einen Snack und werfen ein paar Münzen in die Bank. Wenn die Bank ausgeleert wird, geht der Inhalt an Hilfsprojekte für Kinder.

Diese Familie hat auch eine »Shalom«-Schachtel, die neben der »Weltbank« auf dem Eßtisch steht. In dieser Schachtel werden die verschiedenen Bittbriefe gesammelt, die für die Spende in Frage kommen. Alle drei Monate beim Abendessen oder bei einer Familienversammlung werden die Briefe gelesen und die Kinder gefragt, an welche Gruppen gespendet werden soll und wieviel. So lernen sie, wer Hilfe braucht und anhand welcher Kriterien entschieden werden kann, wem geholfen werden soll.

Obwohl Geldspenden eine gute Sache sind, ist es doch noch wertvoller, Zeit zur Verfügung zu stellen. Sie können Ihre Kinder (durch Ihr Beispiel!) lehren, daß wir unsere Mitgliedschaft in der Gemeinschaft unter Beweis stellen, indem wir unsere Zeit oder unsere Güter Bedürftigen zur Verfügung stellen. In jeder Stadt gibt es Asyle und Versorgungseinrichtungen, die sich um Obdachlose kümmern, mittellose Kranke pflegen oder anderen Bedürftigen helfen. Sie und Ihre Kinder (wenn sie alt genug sind) können lernschwachen Grundschulkindern helfen, sich um obdachlose Familien kümmern und in Pflegeheimen und Krankenhäusern aushelfen. In jeder Kirchengemeinde erhalten Sie Auskunft, wo Ihre Zeit und Ihre Energie besonders dringend gebraucht werden.

Sie können auch die Schule Ihrer Kinder zur Initiierung eines Freiwilligenprogramms anregen. Die öffentliche Schule, die meine Kinder besuchen, organisierte vor einigen Jahren ein solches Programm. Sie tat sich mit einigen Wohlfahrtsorganisationen zusammen, und alle Kinder arbeiteten eine bestimmte Zeit für das von ihrer Klasse ausgewählte Programm. In Palo Alto, Kalifornien, riefen Schüler einer High-School ein Gemeindejugendprogramm ins Leben. Schüler der Oberstufe aus vier Schulen machten ausfindig, wo Hilfe nötig war, kümmerten sich direkt um diese Bedürfnisse und bezogen auch ihre Altersgenossen in diesen Gemeindedienst ein. Studenten der nahegelegenen Stanford University dienten als Mentoren und arbeiteten gemeinsam mit den Schülern an den Hilfsprojekten.

Die Schüler zweier Schulen in Dallas, Texas, müssen Gemeinschaftsarbeit leisten, um ihre Zeugnisse zu erhalten und in die nächste Klasse aufzusteigen. Jede Klasse wählt einen Schüler zu ihrem Repräsentanten, und dieser arbeitet mit einem erwachsenen Gemeindeprojekt-Koordinator zusammen. Die Repräsentanten eignen sich Führungs- und Organisationsqualitäten an, indem sie die Teilnehmer für die einzelnen Projekte auswählen und ihren Fortgang gemeinsam mit den Klassenkollegen verfolgen.

Es gibt eine Vielzahl von Möglichkeiten, anderen zu helfen. Eines der ersten Projekte der Pfadfindergruppe meines Sohnes bestand darin, ein Spielhaus zu bauen. Unser ursprüngliches Ziel war dabei, unsere Achtjährigen für die Arbeit an einem Projekt zu gewinnen, das die Bindungen zwischen ihnen festigen würde. Dann gingen wir noch einen Schritt weiter. Wir entschlossen uns gemeinsam, das Spielhaus einem Heim für mißhandelte Frauen zu schenken. Eine der Mütter machte einen Baumarkt ausfindig, der das nötige Holz spendete, und einen Tischler, der seine Arbeitszeit zur Verfügung stellte. Die Jungen waren sehr stolz, als wir das fertige Spielhaus nach monatelanger Arbeit auf einen Lastwagen verluden, der es zu dem Frauenhaus brachte.

Wenn Ihre Kinder alt genug sind, können sie im Sommer Freiwilligenarbeit leisten. Eine Möglichkeit für Jugendliche und ältere Kinder, sich diese direkte Erfahrung anzueignen, besteht darin, sich einem lokalen, nationalen oder weltweiten Hilfsprogramm anzuschließen. Nichts kann Kinder und Jugendliche stärker zu einem einfacheren Leben motivieren als diese Erfahrung aus erster Hand. Nachdem eine Collegestudentin mit Kindern in Wohnprojekten gearbeitet hatte, hatte sie, wie sie sagt, gelernt zu fragen: »Brauche ich das wirklich?« Diese Frage stellte sie sich jedes Mal, wenn sie etwas kaufte, auch wenn es nur eine Packung Kaugummi war. Sie fragte sich auch, warum so viele Menschen so reich sind, während andere kaum etwas zu essen haben. Ihre Freiwilligenarbeit, so hoffte sie, würde es den Kindern in den Wohnprojekten ermöglichen, ihre Kindheit ein wenig mehr zu genießen und sie in die Lage versetzen, höhere Ziele anzustreben und konsequent an ihnen festzuhalten.

Ein weiterer Student verbrachte einen Sommer in Kalkutta, wo er in Mutter Teresas Gemeindehaus arbeitete. Als er zurückkehrte, hatte er eine andere Einstellung zum Dienen. Es war ihm bewußt, daß Dienen nicht heißt, anderen zu helfen, sondern einfach, seine Mitmenschen als Menschen zu behandeln. Er stellte fest, daß Politik und Gesetzgeber nichts tun würden, solange die Menschen kein Selbstwertgefühl entwickelten und solange sie nicht lernten, anderen Wertschätzung entgegenzubringen.

Das Amigos-Programm

Das Amigos-Programm wurde 1965 gegründet, um jungen Menschen die Möglichkeit zu geben, Führungsqualitäten zu entwickeln. Außerdem war es dazu gedacht, die Gesundheit der Menschen in Lateinamerika zu verbessern und das kulturübergreifende Verständnis der Menschen beider Kontinente zu vertiefen. Nach Abschluß eines umfassenden Trainingsprogramms werden die High-School-Schüler und Collegestudenten ständigen Gesundheitsprojekten in Entwicklungsländern zugeteilt. Im allgemeinen leben sie in entlegenen Gebieten bei Familien in kleinen Dörfern, und ihre Arbeit wird von anderen Freiwilligen überwacht, die bereits über mehr Erfahrung verfügen.

Adri Kolff war sechzehn Jahre alt, als sie sich dem Amigos-Programm anschloß. Sie verbrachte einen Sommer in einem kleinen Dorf in Ecuador. Als sie nach Hause in die Vereinigten Staaten zurückkehrte, sah sie, wie sie sagt, alles mit anderen Augen. »Ich lernte zu schätzen, was ich habe, und außerdem lernte ich, daß man all dieses Zeug nicht braucht, um glücklich zu sein. Die Menschen in meinem Dorf hatten großartige Beziehungen innerhalb der Familie und waren glücklich, auch wenn mir ihr Leben manchmal hart erschien. Die familiären Bindungen sind in Ecuador stark. Die Leute verbringen viel Zeit zusammen. Sie arbeiten gemeinsam und kümmern sich umeinander.«

Wie Adri berichtet, gab es auch zwischen den Familien eine starke Gemeinschaft. Einige teilten sogar eine gemeinsame Küche. Es kam vor, daß jemand spontan für die ganze Familie kochte. Adri sagt, daß sie nie genau wußte, welche Kinder zu wem gehörten, weil sich alle um die Kinder der anderen kümmerten.

Die Sinnlichkeit des Einfachen

Tun Sie Ihren Kindern heute auf eine ganz besondere Weise etwas Gutes. Eines Sonntags, als ich erwachte, war ich müde und wünschte mir, verhätschelt zu werden. Dann wurde mir bewußt, daß meine Kinder wahrscheinlich genau denselben Wunsch hegten. Also backte ich ihnen ganz besondere, belgische Waffeln mit Erdbeeren, stellte die Teller auf ein mit einem leinenen Tischtuch bedecktes Tablett und brachte ihnen das Frühstück in ihre Zimmer. Sie waren vollkommen begeistert, daß sie im Bett frühstücken und dazu so lange brauchen durften, wie sie wollten. Manchmal lasse ich ihnen am Abend ihr Lieblingsschaumbad ein und bringe ihnen heiße Schokolade und Honigmandeln an die Badewanne.

»Die Leute dort wollten nie mehr haben, als sie hatten«, sagt Adri. »Ich sah sie nur ein einziges Mal Geld sammeln. Das war, als es darum ging, Dokumente für eine Hochzeit zu beschaffen ... aber im Grunde war Geld etwas völlig Unwichtiges in ihrem Leben.«

Ihre Häuser boten das, was notwendig war, um ihre Bedürfnisse zu erfüllen, mehr nicht. Jede Familie besaß vielleicht ein paar Töpfe mit Mais oder Kohl, Regale mit Reis- und Nudelsäcken und einen kleinen offenen Herd, auf dem das Essen gekocht wurde. Das Schlafzimmer bestand in einem hölzernen Bett mit Wolldecken, vielleicht einem kleinen Tisch und einem Sessel. Die Kleider wurden an einem Stock aufgehängt. Beim Essen saßen sie auf dem nackten Boden, und zu den Mahlzeiten kamen alle zusammen. »Sie gaben uns immer mehr als sie hatten«, erzählt Adri.

Es gab nur wenig oder gar keine Hausarbeit zu tun. Die Leute standen etwa um sechs Uhr mit der Sonne auf, frühstückten und gingen auf die Felder zur Arbeit. Ihre Kleider wuschen sie auf Steinen mit einem Stück Seife. Wie Adri sich erinnert, war das kein Problem, weil sie so wenige Kleider hatten. Die nassen Kleider wurden dann in der Sonne getrocknet. Wenn die Kinder neun oder zehn Jahre alt waren, begleiteten sie ihre Eltern zur Arbeit aufs Feld. Das war ihre Art zu leben.

Durch diese Erfahrung lernte Adri, sich nicht wie früher Sorgen zu machen, wenn sie einmal nichts zu tun hat. »Ich bin es ganz zufrieden, nur herumzuhängen ... ich brauche auch viel weniger als früher. Manchmal, wenn ich in einem Geschäft bin, habe ich das Gefühl, daß ich etwas haben möchte, aber dann mache ich mir bewußt, daß ich all dieses Zeug nicht mehr brauche, um mich zu unterhalten.«

Und sie erinnert sich, was es bewirkte, daß die Dorfbewohner sich um so wenige Dinge Sorgen machten. »Diese oberflächlichen Sorgen, daß eine Vase kaputtgehen könnte oder daß sie jemand überfallen und berauben könnte, gab es nicht. Warum sollte jemand Menschen bestehlen, die er als seine Brüder und Schwestern betrachtete?«

Adris Freund Lamont Glass hat dreimal an einer Amigos-Reise teilgenommen. Dank seiner Erfahrungen hat er, wie er sagt, heute eine entspanntere Lebenseinstellung. Er braucht in seinem Leben nur wenige materielle Güter. »Ich erkannte, daß ich in meinem Leben sicher finanzielle Ziele angestrebt hätte, wenn ich nicht an dem Programm teilgenommen hätte«, erzählt Lamont. »Wenn man nie auf etwas verzichtet hat, dann glaubt man, man braucht all diese Dinge. Aber wenn man dann zufriedene Menschen sieht, die nicht fünfzehn Hemden im Kasten hängen haben, stellt man fest, daß man auch nicht so viele braucht. Es ist einfach eine Gewohnheit, immer mehr zu wollen, als man braucht.«

Lamont sagt auch, daß er heute eine fatalistischere Lebenseinstellung hat. »Wenn mir etwas Schlechtes oder etwas Gutes zustößt, dann denke ich: Oh, das ist das Leben, und nicht: Oh, das ist gerecht, oder das habe ich nicht verdient. Ich bin von diesen Einsätzen mit einem anderen Bewußtsein zurückgekehrt«, fährt Adri fort. »Ich habe immer noch Termine einzuhalten, gehe aufs College und mache mir Sorgen über bestimmte Dinge. Aber ich bin jetzt viel entspannter. Ich setze meine Prioritäten nach dem, was wichtig ist. Ich kann einen Schritt zurücktreten und das betrachten, was ich tue. Und ich kann die Dinge so nehmen, wie sie kommen.«

ANHANG

Literaturhinweise

Einführung

Thoreau, Henry David, *Walden oder Leben in den Wäldern*, Zürich 1971

Kapitel 1, Über die Zeit

Easwaran, Eknath, *Take Your Time*, Tomales 1994
Easwaran, Eknath, *Der Ruf des Universums, neue Sensibilität für das Leben*, Freiburg i. Br. 1992
Gaedemann, Claus, *Ich habe immer Zeit*, Kreuzlingen 1992
Keys, Ralph, *Timelock*, New York 1991
Lakein, Alan, *How to Get Control of Your Time and Your Life*, New York 1996
Rechtschaffen, Stephan, *Timeshifting*, New York 1996
Spencer, Johnson, *Eine Minute für mich*, Reinbek 1995

Kapitel 2, Über das Geld

Mit weniger leben, zur Philosophie des Geldes

Binswanger, Hans Christoph, *Geld und Natur*, Stuttgart 1995
Dieren, Wouter van, *Mit der Natur leben*, Basel 1995
Dominguez, Joe, Robin, Vicky, *Your Money or Your Life*, New York 1993
Longacre, Doris Janzen, *Living More with Less*, Scottsdale 1980
Needlman, Jacob, *Geld und der Sinn des Lebens*, Frankfurt/Main 1993
Nilson, Peter, *Zurück zur Erde, der Mensch, die Landschaft und das Gleichgewicht der Natur*, München 1996
Simmel, Georg, *Philosophie des Geldes*, Frankfurt/Main 1992

Ratgeber zum Umgang mit Geld

Deul, Baumgarten, *Grünes Geld*, Waldthausen 1997
Hammond, Bob, *Life without Debt*, New York 1995
Klöckner, Bernd W., *Mehr Geld fürs Alter*, Frankfurt/Main 1997

Röger, Bernd, *Mein Geld fest im Griff*, Planegg/München 1997

Upgang, Mechthild, *Finanzratgeber für Frauen*, Frankfurt/Main 1998

Software/Internet

Birkelbach, Jörg, Spetsmann, Hartwig, *Finanzinformation und Wertpapieranalyse
    per Computer*, Wiesbaden 1998

Microsoft Money, Microsoft (Windows 3.1 und Windows 95)

Money Investing Update, täglich aktuell vom Wall Street Journal
    http://update.wsj.com

Schieb, Jörg, *Internet. Nichts ist leichter als das*, Berlin 1998

Spekulieren im Internet, Quelle: http://www.cyber-finance.com

Kapitel 3, Über die innere Einfachheit

Dass, Ram, *Auf dem Weg zum Herzen, Spiritualität und praktische Nächstenliebe*,
    München 1993

Ealy, C. Diane, *Lebe kreativer, Ein Handlungsbuch für Frauen*,
    München 1998

Frankl, Victor E., *Der Mensch vor der Frage nach dem Sinn*, München 1992

Fromm, Erich, *Vom Haben zum Sein*, Weinheim 1990

Kabat-Zinn, Jon, *Wherever You Go, There You Are*, New York 1994

Kornfield, Jack, *Buddhas kleines Weisungsbuch*, München 1994

Kornfield, Jack, *Frag den Buddha - und geh den Weg des Herzens*,
    München 1995

Moore, Thomas, *Die Seele lieben, Tiefe und Spiritualität im täglichen Leben*,
    München 1995

Nouwen, Henri J.M., *Ich hörte auf die Stille, Sieben Monate im Trappistenkloster*,
    Freiburg 1978

Schenk, Herrad (Hrsg.), *Vom einfachen Leben. Glücksversuche zwischen Überfluß
    und Askese*, München 1997

Kapitel 4, Über die Arbeit

Hendrichs, Bernd, *Mein Büro ist mein Zuhause, Ihre Chancen in der neuen Welt der Telearbeit*, Stuttgart 1996

Jarow, Rick, *Persönliches Wachstum im Beruf, wie wir uns die Arbeit schaffen, die wir lieben*, Bern/München 1997

Krystal Phyllis, *Die inneren Fesseln sprengen, Befreiung von falschen Sicherheiten*, Seeshaupt/München 1995

Kutscher/Weidinger/Hoff, *Flexible Arbeitszeitgestaltung, Praxis-Handbuch zur Einführung innovativer Arbeitszeitmodelle*, Wiesbaden 1996

Potter, Dr. Beverly, *Beating Job Burnout*, Berkeley 1993

Telearbeit, *So machen Sie sich fit für die Arbeitsform der Zukunft*, München 1998

Vollmer, Helga, *Ich fühle mich fix und fertig. Das Burnout-Syndrom*, Wien 1996

Wittig, Albert, Susan, *Work of Her Own*, New York 1992

Zois, Chris, Fogarty, Patricia, *Wenn die Seele schlappmacht*, Hamburg 1994

Kapitel 5, Über einfache Freuden ...

Adair, Lara, *Slowing Down in a Speeded Up World*, Berkeley 1994

Bender, Sue, *Everyday Sacred*, New York 1995

Bender, Sue, *So einfach wie das Leben, eine Frau bei den Amischen; die Geschichte einer Wandlung*, München 1996

Deepak, Chopra, *Lerne lieben, lebe glücklich. Der Weg zur spirituellen Liebe*, Bergisch Gladbach 1998

Emerson, Ralph Waldo, *Natur*, Zürich 1988

Kramer, Diane und Jonathan, *Neue Lebenskraft durch Spiritualität, 10 Strategien, um die Last des Alltags abzustreifen*, München 1998

Luoden, Jennifer, *The Couple,s Comfort Book*, New York 1994

Murphy, Dr. Joseph, *Die Macht Ihres Unterbewußtseins. Das große Buch der inneren und äußeren Entfaltung*, München 1998

Riedl, Lothar (Hrsg.), *Die Suche nach Glück und Sinn*, München 1998

Welwood, John, *Durch Liebe reifen*, München 1998

Kapitel 6, Über Werte und Tugenden

Fellmann, Eric, *Die Quellen positiven Denkens. Entdecken Sie die Macht von Glaube, Hoffnung und Liebe für Ihr Leben*, München 1998

Greiwe, Ulrich, *Die Kraft der Vorbilder; Ihre Rolle gestern, heute, morgen*, München 1998

Hendl, Conrad, *Stark durch Gefühle, Lebenserfolg durch emotionale Intelligenz*, München 1998

Kasl, Charlotte Davis, *Finding Joy, 101 Ways to Free Your Spirit*, New York 1994

Lebell, Sharon, *Epictetus: The Art of Living*, San Francisco 1994

Popov, Linda Kavelin, *Sacred Moments, Daily Meditations on the Virtues*, New York 1996

Ressel, Hildegard, *Was ich wirklich brauche. Inneren und äußeren Ballast abwerfen und wieder unbeschwert leben*, Bern/München 1998

Thomä, Dieter, *Lebenskunst und Lebenslust. Ein Lesebuch vom guten Leben*, München 1996

Kapitel 7, Über die Familie

Beck-Gernsheim, Elisabeth, *Was kommt nach der Familie? Einblicke in neue Lebensformen*, München 1997

Braun, Andrea, *Weniger ... ist oft mehr. Wie wir mit kindlichem Konsum umgehen und Suchtgefahren vorbeugen können*, München 1998

Bohm, David, *Der Dialog, Das offene Gespräch am Ende der Diskussion*, Stuttgart 1996

Buzyn, Etty, *Laßt mir doch Zeit zum Träumen. Leistungsdruck und Streß – Wie Eltern ihren Kindern helfen können*, Freiburg 1997

Carter, Betty, *Macht und Liebe, Wege aus der Ehekrise*, Salzhausen 1997

Charlton, Neumann-Braun, Aufenanger (Hrsg.), *Fernsehwerbung und Kinder*, Leverkusen 1995

Feibel, Thomas, *Multimedia für Kids*, Reinbek 1997

Feibel, Thomas, *Kinder-Software-Ratgeber 1998*, Haar/München 1998

Lappe, Frances Moore, *What to Do After You Turn Off the TV*, New York 1995

Mander, Jerry, *Four Arguments for the Elimination of Television*, New York 1985

Müller, Melissa, *Die kleinen Könige der Warenwelt, Kinder im Visier der Werbung*, Frankfurt/Main 1997

Pipker, Mary, *Die intakte Familie, Wie wir lernen, wieder miteinander zu reden*, München 1998

Preuschoff, Gisela, *Kinder zur Stille führen, meditative Spiele, Geschichten und Übungen*, Freiburg 1996

Rogge, Jan-Uwe, *Kinder können fernsehen. Vom sinnvollen Umgang mit dem Medium*, Reinbek 1994

Schiff, P.E., Barocas, I., *Weil Geld nicht auf Bäumen wächst. Kinder lernen den richtigen Umgang mit Geld*, Frankfurt/Main 1995

Wir haben uns bemüht, die Quellen für die in diesem Buch aufgeführten Zitate nachzuweisen. Leider ist uns dies nicht in allen Fällen gelungen. Für eventuelle Hinweise sind wir dankbar.